本系列由澳门大学法学院策划并资助出版

澳门特别行政区法律丛书
葡萄牙法律经典译丛

澳门特别行政区法律丛书
葡萄牙法律经典译丛

法律关系总论

（第一卷）

主体与客体

Teoria Geral da Relação Jurídica

（Vol. I）

Sujeitos e Objecto

〔葡〕曼努埃尔·德·安德拉德 /著
(Manuel de Andrade)

吴奇琦 /译

社会科学文献出版社
SOCIAL SCIENCES ACADEMIC PRESS (CHINA)

澳門大學
UNIVERSIDADE DE MACAU
UNIVERSITY OF MACAU

This edition is an authorized translation from the Portuguese language edition originally published in 1997 as *Teoria Geral da Relação Jurídica-Volume I*, Reimpressão by Almedina. All rights reserved. The quality of the Chinese translation and its coherence with the original text is the responsibility of Social Sciences Academic Press (China).

此版本是葡萄牙语版本的授权翻译版本，原著由 Almedina 出版社于1997年重印出版，名为《法律关系总论（第一卷）》(Teoria Geral da Relação Jurídica-Volume I)。

著作权持有人保留所有权利。

社会科学文献出版社负责其中文翻译的质量及其与原文的一致性。

"葡萄牙法律经典译丛"编辑委员会

编译项目委员会主任
唐晓晴

编译项目委员会副主任
尹思哲（Manuel Trigo）
奥古斯都（Augusto Garcia）

责任编辑
邓志强　王　薇　蒋依娃

编辑部成员
王　薇　蒋依娃　吴奇琦

咨询委员会成员
吴志良　华年达
黄显辉　林笑云
欧安利　苏基朗
马许愿　葛　伟
黎日隆　邱庭彪

总　序

"葡萄牙法律经典译丛"是澳门大学法学院在累积超过二十年教学科研成果的基础上，充分发挥自身优势，组织院内院外中葡双语精英（包括法律和法律翻译方面的专家）倾力打造的一套大型丛书。随着这套书的陆续出版，中国读者将有机会全方位接触在大陆法系内颇有特色，而且与中华人民共和国澳门特别行政区现行法律秩序关系密切的葡萄牙法学。

实际上，这套丛书的出版一开始就肩负着众多任务。首先，它当然是一个学术研究项目：系统地将一个国家或地区的代表性法学著作翻译成中文，对乐于博采众长的汉语法学家群体而言，肯定有比较法意涵。这些法学论著不仅深刻影响了葡萄牙本国的立法和司法活动，而且直接影响了继受葡萄牙法的非洲、拉美和亚洲法域（包括中国澳门）。深入研究相关著作既有助于他山攻玉、前车引鉴之事，又有利于中国与有关国家的交流理解。其次，由于澳门是中华人民共和国的一个特别行政区，而澳门现行法体系主要是继受葡萄牙法而来，系统地研究葡萄牙法学相当于是对中国多元法制中一个组成部分的一次观照。最后，这套丛书本身也是对澳门社会内部一些要求的响应。自20世纪80年代末，澳门开始在本地进行法学教育以来，就一直有声音指出既能以中文出版又能深刻揭示澳门现行法体系的法学文献奇缺。虽然经过二十多年的努力，状况有所改善，可是仍然难言足够。在一个双语（中、葡）运作的实证法体系中，以葡萄牙语为母语的法律职业者只参考葡语著作，而以汉语为母语的同行则难以接触同样的材料，这会使这个社会的法律职业人渐渐走向信息不对称（甚至割裂）的状况。这对于澳门法律和社会的长远发展不是好事。因此，这套译著的推出对于澳门的法学教育和法律实务都大有裨益。

尽管翻译葡萄牙法学著作的意义非同一般，然而在比较法的语境下，援引法国法、德国法或英美法和援引葡萄牙法的分量肯定是不一样的。法学界一般认为，古代的罗马法、近现代的法国法和英国法以及自19世纪末到20世纪的德国法和美国法是法律概念和法学知识的输出者。因而，在实践论辩中援引上述法域的理论或立法实践在某种意义上是诉诸权威（有时被冠以"先进"之名）。当然，权威论证一直是法律修辞的一个重要组成部分，可是在比较法这幅色彩斑斓的画卷中，权威肯定不是唯一的颜色。不论学者也好，社会行动者也好，也许只有在历史的特定时刻和特殊的主观状态下才会频繁地诉诸权威。当自身已经累积了一定的自信而再将目光投向外界时，可能就不再是寻找庇荫与垂怜，而是对同一天空下的不同经验、体验或生活方式的旁观与尊重，偶尔也可能灵光一闪而备受启发。果真如此，葡萄牙法就是一个非常值得关注的对象。早在其律令时代，葡萄牙法就与西方法学史上著名的西班牙《七章法》有着千丝万缕的关系。到了法典化时期，葡萄牙法虽然算不上时代的弄潮儿，但是其跟随欧洲法学主流的步伐一点不慢。1867年的《塞亚布拉法典》以《法国民法典》的新框架和新思维重整了律令时代的旧规则，并保留了旧法的很多传统内容；1966年的《民法典》则追随《德国民法典》的步伐，将原本充满法国法和旧律令印记的《民法典》改成五编制，同时又吸收了20世纪上叶制定的《意大利民法典》和《希腊民法典》的一些元素。这样曲折的发展过程注定了葡萄牙法学的面貌是丰富多彩的（真实地展示了大陆法系法、德两大流派如何融为一体），而且值得比较法学者关注。

最后，感谢社会科学文献出版社领导和编辑的大力支持，他们的辛勤劳动是本丛书能在中国与读者见面的重要原因。

项目委员会主任
唐晓晴教授

作者简介

曼努埃尔·德·安德拉德（Manuel de Andrade），全名曼努埃尔·奥古斯都·多明格斯·德·安德拉德（Manuel Augusto Domingues de Andrade），简称 M. Andrade，是现行葡萄牙民法典总则草案负责人，他被公认为葡萄牙史上最伟大的法学家之一，也是 20 世纪葡萄牙民法学转向和革新的重要推手，对葡萄牙民法学的发展影响极深。

曼努埃尔·德·安德拉德在 1899 年 11 月 11 日生于葡萄牙斯塔雷雅（Estarreja）市的卡内拉斯（Canelas）堂区。1922 年取得葡萄牙科英布拉大学（Universidade de Coimbra）法学学士学位。1924 年成为科英布拉大学法学院的助理教授，1932 年升任教授。1934 年，他的博士学位答辩极其优秀地以 20/20 分满分通过，让其取得科英布拉大学法学博士资格。他讲授的科目包括比较民事立法、民事诉讼法、商法、民法（法律关系总论）、债法。除了教职之外，他还担任过斯塔雷雅市行政官、法学院秘书长、律师公会科英布拉区委员会委员、《立法与司法见解评论》（*Revista de Legislação e de Jurisprudência*）编辑，以及民法典编纂委员会成员。在 20 世纪 40 年代的葡萄牙，他是积极推广利益法学的代表学者。

在他生前出版的一众著作当中，最为突出的是其 1934 年的博士学位论文《法律解释理论研究》（*Ensaio sobre a Teoria da Interpretação das Leis*），以及 1944 年的《法律关系总论》（*Teoria Geral da Relação Jurídica*）第一卷。在其逝世后，《法律关系总论》完整的第一卷才连同第二卷被公开发表。他的这一部遗作《法律关系总论》，被誉为"葡萄牙现代民法学奠基之作"，是1966年《葡萄牙民法典》制定时的重要理论依据。该部著作在葡萄牙法学文献中引用率极高，甚至可以毫不夸张地说，几乎在所有葡萄牙民法学以至私法学著作的参考文献列表中，都可以找到他的这部代表作。该书至今仍为葡萄牙法律系学生必读的参考书，已经再版重印九次。

1958年12月19日，曼努埃尔·德·安德拉德在科英布拉逝世，享年仅59岁。遗体自1964年5月1日起安葬于卡内拉斯的墓园。1981年7月13日，获葡萄牙共和国总统追授其大军官级圣地亚哥宝剑勋章（GOSE, Grande-Oficial da Ordem Militar de Sant'Iago da Espada）。为了纪念这位葡萄牙法学界泰斗，兰赫尔·德·沈拜奥基金（Fundação RANGEL DE SAMPAIO）也设立了名为"曼努埃尔·德·安德拉德博士奖"的奖学金，每年颁发给以总平均分最高分毕业的科英布拉大学法学院本科学生。此外，科英布拉大学法学院的六号室亦以其名字命名。其出生地斯塔雷雅市甚至还有一条"曼努埃尔·安德拉德博士教授路"（Rua Professor Doutor MANUEL ANDRADE）。

曼努埃尔·德·安德拉德是葡萄牙现代民法学转折点上一位至关重要的标志性人物。继同属科英布拉大学的吉列尔梅·莫雷拉（Guilherme Moreira）等先辈之后，曼努埃尔·德·安德拉德［以及瓦兹·塞拉（Vaz Serra）等人］进一步把德国法元素融入葡萄牙民法学说。在散发着浓烈理性自然法主义气息的1867年《葡萄牙民法典》［学界常按其编撰者塞亚布拉（Seabra）的名字称其为《塞亚布拉法典》］生效的当时，学术界的这一场运动，最终促成了现行的1966年《葡萄牙民法典》的诞生。于该次转型中，"法律关系"扮演了一个十分显要的角色。在曼努埃尔·德·安德拉德的继续推广下，"法律关系"体系模式进一步在葡萄牙法上确立，这一点在立法上和学说上都有很清晰的体现。其一，在法典体例结构方面，《葡萄牙民法典》和《澳门民法典》的总则分为两编，第一编是"法律、法律之解释及适用"，第二编是"法律关系"，这种编排完全印证了曼努埃尔·德·安德拉德在本书第一句话便开宗明义地提出的划分：民法总则包括"法律的一般理论"和"法律关系的一般理论"这两大理论。至于总则第二编"法律关系"的四个分编，亦即"人""物""法律事实""权利之行使及保护"，也对应了作为全书结构上四大部分的法律关系四元素，亦即"主体""客体""法律事实""保障"。其二，在民法教科书以及教学的编排方面，迄今许多葡萄牙民法学（甚至非民法学）著作，在架构上都仍然依循这种法律关系四元素的编排方式。

曼努埃尔·德·安德拉德对葡萄牙民法学的深远影响力，也随着法律继受延伸至澳门民法学。卡洛斯·莫塔·平托（Carlos Mota Pinto）和奥兰多·德·加华尤（Orlando de Carvalho）两位教授，都是曼努埃尔·德·安德拉德在科英布拉大学的民法学教席的后继者。两人分别所写的两部同名著作《民法总论》（*Teoria Geral do Direito Civil*），都被译成中文，成为澳门大学法学院中文学士课程民法总论科的参考书目。卡洛斯·莫塔·平托的《民法总论》对曼努埃尔·德·安德拉德的《法律关系总论》乃是亦步亦趋，只要翻开两部著作比照一下，便很容易发现，卡洛斯·莫塔·平托的书中除却新旧法的法条更新之外，有不少内容都是直接撷取自曼努埃尔·德·安德拉德的《法律关系总论》，而且是后者的缩略版，另外在篇章架构上也明显是照参了后者。至于奥兰多·德·加华尤的《民法总论》，全书则有相当部分是对曼努埃尔·德·安德拉德在《法律关系总论》中的观点所作的补充注解。所以，在曼努埃尔·德·安德拉德的《法律关系总论》中，往往可以清楚和详细地看到理论的源头。例如，澳门民法学某些文献所采纳的颇为独特的权利定义，便是源自曼努埃尔·德·安德拉德，当中包含了他自己的原创成分（所谓"期望的权力"或者说"期望力"，*poder de pretender*）。追根溯源，曼努埃尔·德·安德拉德甚至可谓澳门民法学的祖师。

中译本序

如今被翻译出版的本作，虽然是在伟大的民法学家曼努埃尔·德·安德拉德逝世后不久才于1960年出版，但不出数年，便已实至名归地成为葡萄牙民法学说的经典，乃一代又一代法律人的民法基础培训所不可或缺。

正如费雷尔·科雷亚（Ferrer Correia）与鲁伊·德·阿拉尔考（Rui de Alarcão）在葡萄牙语原著首次出版时于序中所说明的那样，该版本的《法律关系总论》乃这位大师给科英布拉大学（Universidade de Coimbra）法学院二年级课程编制的教材。这些教材有一部分是印刷版，有一部分则是复印版。它们广传于学生之间，甚至校园之外。关于法律关系结构、法律关系主体与客体的那部分，早已于1944年便以《民法（法律关系总论）》[*Direito Civil* (*Teoria Geral da Relação Jurídica*)][1]为题出版。数年后，曼努埃尔·德·安德拉德开始出版第二版。该版虽然是修订版，但也尚未完整。至于法律事实总论，则有五部印刷版分册和后续各式教材出版，而这位大师生前最后一次出版教材，是在1953年[2]。后来得以更广泛地传播并让本作成为葡萄牙民法总则经典著作的，则是由曼努埃尔·德·安德拉德的这两位学生——费雷尔·科雷亚和鲁伊·德·阿拉尔考，在1960年所出版的

---

[1] *Direito Civil: Teoria Geral da Relação Jurídica*, versão das lições ao curso do 2.º ano jurídico revista por Manuel A. Domingues de Andrade, por Porfírio Augusto Junqueiro, Coimbra, Casa do Castelo, 1944。更早的文献，尚参见：*Direito civil português*: visto através das lições de Manuel Augusto Domingues de Andrade ao II ano da Faculdade de Direito, no ano lectivo de 1938-39, por Araújo Barros e Orbílio Barbas, Coimbra, Casa do Castelo, 1939.

[2] Manuel Augusto Domingues de Andrade, *Teoria Geral da Relação Jurídica*, publicação devidamente autorizada das lições ao 2.º ano jurídico por Ricardo Velha, Coimbra, 1953.

版本。从那时起，本作便被陆续重印，再无改动[1]。

在葡萄牙民法学于20世纪初因为吉列尔梅·莫雷拉（Guilherme Moreira）而开始转向继受德国学说之后，在20世纪民法发展史上最具标志性的大学教材，便是曼努埃尔·德·安德拉德的本作，以至于他经常被人们认为是20世纪最伟大的葡萄牙民法学者，无论是与他相处过的无数学生，抑或只是经由其作品接触他的人，皆是如此[2]。曼努埃尔·德·安德拉德在阐释民法的一众基本概念与复杂问题时［无论是如今被翻译出版的《法律关系总论》，还是在鲁伊·德·阿拉尔考协助下撰写的《债法总论》（*Teoria Geral das Obrigações*, Coimbra, Almedina, 1958）皆然］，都以其一贯清晰熟练的文字表达功力，经由对问题的自身思考，寻求并取得了众多原创的贡献。他总是试图识别出包括法律安定性与法律肯定性在内的各种涉事利益，从中求得平衡，找出最适合此等利益权衡的解决方案。

众所周知，由于普遍适用于整个民法以至法律的其他领域，法律关系一般理论在法律人的培养上有着根本性的价值。法律关系、本义权利与形成权、法律义务、屈从、法律期待与法律负担、法律人格与权利能力、行为能力、法律关系的主体与客体、法律事实、法律行为，诸如此类的基本概念，都是在法律关系一般理论中加以识别、定义与研究的，但法律关系一般理论在民法以外甚至私法以外，对其他部门法而言同样有着无庸置疑的用处，因为它其实包括了一些属于法律一般理论的概念。

在法律关系一般理论中，每一个环节都充斥着难题。法律人要面对的，是不同的利益、各式各样的利益衡量、各有理据的学说分歧。举例而言，法人制度的各个方面、意思与表示不一致的各种情形、意思瑕疵的各种情形、代理、法律行为的解释或填补、法律行为的有效性、法律行为基础（或预设）欠缺或落空（变更）等有关的学说与解决方案，皆是如此。

---

[1] Manuel Augusto Domingues de Andrade, *Teoria Geral da Relação Jurídica*, Coimbra, Livraria Almedina, 1960. 本作被多次重印，例如1964年第一次重印、1966年第二次重印、1972年第三次重印、1974年第四次重印、1987年第七次重印、2003年第九次重印。

[2] 尤其参见 Guilherme Braga Da Cruz, "Manuel de Andrade, Oração Fúnebre", *Boletim da Faculdade de Direito* ("*BFD*"), Coimbra, 34 (1958); Adriano Paes da Silva Vaz Serra, "Manuel de Andrade, Civilista", *BFD*, 35 (1959), págs. 1-40; Ferrer Correia, "Lembrando Manuel de Andrade", *BFD* 65 (1989), págs. 459-465; Orlando de Carvalho, "Indi Partissi Povero e Vetusto, Meditação sobre Manuel de Andrade Trinta Anos Depois da sua Morte", *BFD* 45 (1989), págs. 467-488; Jorge Sinde Monteiro, "Manuel de Andrade e a Influencia do BGB sobre o Código Civil Português de 1966", *BFD*, 75, 2003, págs. 181-208。

中译本序

曼努埃尔·德·安德拉德把"法律关系"这个概念元件用作分析工具，围绕法律关系的各项元素来构造本作，睿智敏锐地探讨这些问题，加以思忖，带来了各种创新贡献。法人民事能力、虚伪情形下善意第三人之间的冲突、意思瑕疵错误的作用要件、法律行为的解释与填补、预设与法律行为基础，即其适例。

这部著作的结构明显受德国学说对法律关系探讨的影响，尤其是受路德维希·恩内克策鲁斯（Ludwig Ennecerus）那部著名的教科书[1]所影响。曼努埃尔·德·安德拉德在阐述完法律关系的概念与结构之后，对法律关系主体进行了研究，既有一般性的探讨，也对法人事宜加以展开，而且对后者更是有创新的思考，诸如法人的分类法与权利能力便是如此。至于自然人，他则是就法律行为能力这项法律行为要素进行探讨。接下来，他阐述了法律行为客体的一般理论，包括物（以及整个物的理论）与财产在内。然后，在葡萄牙语版本和中文版本的第二卷，则是探讨了法律事实一般理论，阐述了一众基本概念，并研究了权利的取得、变更与消灭。在法律行为一般理论中，除了法律行为的概念与元素，也分析了法律行为的分类法，然后则是法律行为的各项要素。他还探讨了法律行为能力、意思表示（详论了意思与表示的不一致、意思瑕疵、法律行为的代理、法律行为的解释与填补），以及法律行为标的。他也为偶素（一般性典型附属条款）设有一个分编，当中包括了条件、期限、负担，并探讨了预设。他对预设的思考，后来大大影响了构成法律行为基础的情事发生变更的学说。最后，他尚阐述了法律行为的不生效力与无效，以及时间对法律关系的影响（尤其消灭时效）。

曼努埃尔·德·安德拉德在民法总则各个问题上的立场，尤其是他在《法律关系总论》中的立场，后来于1966年民法典预备工作文件的拟定上，一次又一次地获得采纳。从一开始，也就是自1946年起，他便已是民法典编纂委员会的一员（他负责起草总则的先期草案）[2]，一直到他在1958年逝世为止。

---

[1] Ludwig Ennecerus/Hans-Carl, *Allgemeiner Teil des bürgerlichen Rechts*, *Halbband 1*, *Allgemeine Lehren*, *Personen*, *Rechtsobjekte*, 14.ªed., Tübingen, Mohr, 1952, e Halbband 2, *Entstehung*, *Untergang und Veränderung der Rechte*, *Ansprüche und Einreden*, *Ausübung und Sicherung der Rechte*, 14.ªed., Tübingen, Mohr, 1952. 它们都被收录进 Ennecerus、Kipp 与 Wolff 所创办的那套 *Lehrbuch des bürgerlichen Rechts*。

[2] 除下注所列的那些先期草案外，尚参见 Manuel de Andrade, "Esboço de um anteprojeto de código das pessoas e da família/Na parte relativa ao começo e termo da personalidade jurídica, aos direitos de personalidade, ao domicílio", *BMJ*, 102（1961），págs. 140-166。

在民法典的预备上，就债法的领域而言，负责拟定债法卷总则全部预备工作文件等的阿德里亚诺·瓦兹·塞拉（Adriano Vaz Serra），固然同样值得被强调。但就民法典的总则而言，特别是就法律关系这个民法典其中一个最重要的编而言，曼努埃尔·德·安德拉德的影响，尤其是如今出版的他这部著作的影响，毫无疑问是支配性的。

只要翻查一下鲁伊·德·阿拉尔考——这位曼努埃尔·德·安德拉德的学生所撰写的那些预备工作文件[1]，便不难得出这样的结论。他正是在1960年将《法律关系总论》出版的人之一。如今被译成中文出版的本作，其所采纳的解决方案（有时甚至是其表述），是1966年葡萄牙民法典内许多规范的直接思想源头。例如：第217条第1款（明示表示与默示表示）、第218条（沉默具有表示的价值）、第240条第1款（虚伪的概念）、第241条第1款（相对虚伪）、第243条（向善意第三人主张虚伪）、第244条（真意保留）、第246条（绝对胁迫与欠缺表示意识）、第249条（表示传达错误）、第251条（关乎法律行为客体或受意人其人的动机错误）、第253条与第254条（欺诈与欺诈效果）、第255条与第256条（精神胁迫与胁迫效果），还有其他许多规范。由于有些法律体系的现行民法典，正是以1966年葡萄牙民法典为基础加以调适而成，所以对这些法律体系而言，认识《法律关系总论》无疑同样有莫大的助益。1999年的澳门民法典，便是如此[2]。

1　Rui de Alarcão, "Do Negócio Jurídico, Anteprojecto para o novo Código Civil", *Boletim do Ministério da Justiça* ("*BMJ*") 105 (1961), págs. 249-279; "Breve Motivação do Anteprojecto sobre o Negócio Jurídico na parte relativa ao Erro, Dolo, Coacção, Representação, Condição e Objecto Negocial", *BMJ* 138 (1964), págs. 71-122; "Simulação, Anteprojecto para o novo Código Civil", separata do *BMJ* 84 (1959), págs. 305-328; "Interpretação e Integração dos Negócios Jurídicos, Anteprojecto para o novo Código Civil", *BMJ* 84 (1959), págs. 329-345; "Forma dos Negócios Jurídicos, Anteprojecto para o novo Código Civil", separata do *BMJ* 86 (1959); "Reserva Mental e Declarações Não Sérias. Declarações Expressas e Declarações Tácitas. O Silêncio", *BMJ* 86 (1959), págs. 225-231; "Invalidade dos Negócios Jurídicos, Anteprojecto para o novo Código Civil", sep. *BMJ* 89 (1959), págs. 199-267; "Erro, Dolo e Coacção. Representação. Objecto Negocial. Negócios Usurários. Condição, Anteprojecto para o novo Código Civil", sep. *BMJ* 102 (1961), págs. 167-180.

2　V. Tong Io Cheng, "O Código Civil Português e o seu impacto na recodificação do direito Civil de Macau e na codificação em curso na República Popular da China", in *50 Anos do Código Civil: em Homenagem aos Profs. Doutores Vaz Serra, Antunes Varela e Rui de Alarcão*, coord. por António Pinto Monteiro, Coimbra, Almedina, 2019, págs. 425-439. 新近文献，参见 Paulo Mota Pinto, "A Parte Geral do Código Civil de Macau e do Código Civil Português e a Parte Geral do Código Civil da República Popular da China de 2020", Macau, 2024, em https://odireitoonline.com/ (texto a publicar no *Boletim da Faculdade de Direito da Universidade de Macau*).

中译本序

再者，如今出版的曼努埃尔·德·安德拉德的本书，也决定性地启发和影响了后来的葡萄牙民法总论学说，这一点明显见于奥兰多·德·加华尤（Orlando de Carvalho）的教材[1]，尤其明显见于卡洛斯·阿尔贝托·达·莫塔·平托（Carlos Alberto da Mota Pinto）的教材[2]（它们在1966年民法典公布后，开始在很大程度上成了该著作的更新版）。

除了论域广泛之外，这位科英布拉的民法大师在《法律关系总论》中，如同在其一众著作中那样，都同样以学术上的严谨和分析上的功力，留给我们影响了好几代法律人的教材，在严格不苟的科英布拉学派里，培养了满门的法律人，包括一众教授，为这个他从来都不求闻达地效劳的学派留下了罕见的显赫遗产。

凡此种种，都不只表明了有理由让广大中文读者也认识这部葡萄牙民法学文献中的真正经典，更表明了是真正有必要这样做。这是因为，除了直接或间接在过去培养并将在未来继续培养一代又一代法律人，这部葡萄牙民法学文献中的真正经典，更是影响了葡萄牙民法典（那是其中一部依其原貌或经调整后，在全世界最多法律体系中仍然生效的欧洲的民法典），并因而同样影响了澳门民法典。

是故，谨此祝贺澳门的民法学者们、译者吴奇琦老师、葡萄牙法律经典译丛的统筹者、澳门大学法学院与社会科学文献出版社，促成了这又一部葡萄牙语法学文献经典的出版。

保罗·莫塔·平托（Paulo Mota Pinto）
科英布拉大学法学院教授
科英布拉，2025年3月

---

1 Orlando de Carvalho, *Teoria Geral da Relação Jurídica* (*Bibliografia e Sumário Desenvolvido*), Coimbra, 1970, e depois *Teoria Geral do Direito Civil, Sumários Desenvolvidos para uso dos alunos do 2.º ano* (1.ª *Turma*), do Curso Jurídico de 1980/81, Centelha, 1981, reimpressão em *Teoria Geral do Direito Civil*, Coimbra, Coimbra Editora, 2012。1980/1981年的版本由黄显辉翻译成中文，由澳门大学法学院在2004年出版，为法律丛书文库的其中一本。

2 Carlos Alberto da Mota Pinto, *Teoria Geral do Direito Civil*, 1.ª ed., Coimbra, Coimbra Editora, 1976（在那之前也有影印版）。第二版出版于1983年，第三版出版于1985年。最新版则是 *Teoria Geral do Direito Civil*, 5.ª ed. por António Pinto Monteiro e Paulo Mota Pinto, Coimbra, Gestlegal, 2025。第三版已被翻译成中文，由法律翻译办公室与澳门大学法学院在澳门联合出版。

Prefácio à publicação em língua chinesa de Manuel de Andrade, *Teoria Geral da Relação Jurídica*, Volumes I e II

A obra cuja tradução agora se publica, apesar de apenas publicada em 1960, já depois do falecimento do grande Civilista que foi Manuel de Andrade, tornou-se a justo título em pouco anos um clássico da doutrina civilística de língua portuguesa, constituindo elemento essencial na formação básica em direito civil de gerações inteiras de juristas.

Como explicam Ferrer Correia e Rui de Alarcão no prefácio que acompanhou a primeira publicação em português, a *Teoria Geral da Relação Jurídica* é a versão das lições do grande Mestre ao segundo ano do curso de Direito na Faculdade de Direito da Universidade de Coimbra, versão que, em parte impressa e em parte copiografada, há muito corria entre os alunos, como também para além do próprio meio escolar. Em parte, no que se refere ao conceito e estrutura da relação jurídica, e aos seus sujeitos e objeto, tais lições tinham já sido publicadas, em 1944, sob o título de *Direito Civil (Teoria Geral da Relação Jurídica)* [1] . Poucos

---

[1] *Direito Civil: Teoria Geral da Relação Jurídica*, versão das lições ao curso do 2.º ano jurídico revista por Manuel A. Domingues de Andrade, por Porfírio Augusto Junqueiro, Coimbra, Casa do Castelo, 1944. Já antes, v. *Direito civil português*: visto através das lições de Manuel Augusto Domingues de Andrade ao II ano da Faculdade de Direito, no ano lectivo de 1938-39, por Araújo Barros e Orbílio Barbas, Coimbra, Casa do Castelo, 1939.

Prefácio à publicação em língua chinesa

anos depois, Manuel de Andrade começou a publicar uma 2.ª edição, refundida, mas que ficou incompleta. Sobre a teoria geral do facto jurídico, foram publicados cinco fascículos impressos e sucessivas variantes das lições, sendo de 1953 a última publicada em vida do Mestre[1]. A versão das lições com o título *Teoria Geral da Relação Jurídica* que veio a alcançar maior difusão, e a estabelecer-se como obra clássica sobre a parte geral do direito civil português, foi publicada em 1960 por Ferrer Correia e Rui de Alarcão, discípulos de Manuel de Andrade, tendo desde então sido objeto de sucessivas reimpressões sem alterações[2].

Depois da viragem da civilística portuguesa que se operou no início do século XX com Guilherme Moreira, no sentido da receção da doutrina alemã, pode bem dizer-se que a obra universitária que mais marcou o desenvolvimento do direito civil no século XX foi a de Manuel de Andrade-a ponto de este ser frequentemente considerado o maior Civilista português do século passado, quer por inúmeros discípulos que com ele ainda conviveram, quer por aqueles que apenas tiveram contato com a sua obra[3]. Manuel de Andrade expõe os conceitos básicos e problemas complexos de direito civil (quer na *Teoria Geral da Relação Jurídica*, que agora se traduz e publica, quer na *Teoria Geral das Obrigações*, Coimbra, Almedina, 1958, com a colaboração de Rui de Alarcão) com a habitual clareza e mestria na expressão escrita, procurando e obtendo contributos originais, de reflexão própria sobre os problemas. Procura sempre o equilíbrio entre os interesses em presença, que identifica, e a solução mais adequada à ponderação daqueles, incluindo também a segurança jurídica e a certeza do Direito.

---

[1] Manuel Augusto Domingues de Andrade, *Teoria Geral da Relação Jurídica*, publicação devidamente autorizada das lições ao 2.º ano jurídico por Ricardo Velha, Coimbra, 1953.

[2] Manuel Augusto Domingues de Andrade, *Teoria Geral da Relação Jurídica*, Coimbra, Livraria Almedina, 1960; v., por ex., reimpressão 1964, 2.ª reimpressão 1966, 3.ª reimpressão 1972, 4.ª reimpressão 1974, 7.ª reimpressão 1987, 9.ª reimpressão 2003.

[3] V., designadamente, Guilherme Braga Da Cruz, "Manuel de Andrade, Oração Fúnebre", *Boletim da Faculdade de Direito* ("*BFD*"), Coimbra, 34 (1958), Adriano Paes da Silva Vaz Serra, "Manuel de Andrade, Civilista", *BFD*, 35 (1959), págs. 1-40, Ferrer Correia, "Lembrando Manuel de Andrade", *BFD* 65 (1989), págs. 459-465, Orlando de Carvalho, "Indi Partissi Povero e Vetusto, Meditação sobre Manuel de Andrade Trinta Anos Depois da sua Morte", *BFD* 45 (1989), págs. 467-488, Jorge Sinde Monteiro, "Manuel de Andrade e a Influencia do BGB sobre o Código Civil Português de 1966", *BFD*, 75, 2003, págs. 181-208.

É bem sabido que, pelo seu carácter geral, de aplicação em todo o direito civil, e mesmo noutros domínios do direito, a teoria geral da relação jurídica tem um valor fundamental na formação do jurista. A identificação, definição e estudo de conceitos básicos como os de relação jurídica, direito subjetivo e direito potestativo, dever jurídico, sujeição, expectativa e ónus jurídico, personalidade e capacidade jurídica, capacidade de exercício de direitos, sujeitos e objeto da relação jurídica, facto jurídico, negócio jurídico, etc., dá-se na teoria geral da relação jurídica, tendo, porém, indiscutível utilidade também para outros ramos do direito, mesmo além do direito civil e até do direito privado-incluindo, na verdade, conceitos que são parte de uma teoria geral do direito.

Na teoria geral da relação jurídica levantam-se a cada passo dificuldades, em que o jurista se depara com diferentes interesses e com diversas ponderações de interesses, bem como com divergências doutrinais justificadas. Assim, por exemplo, em relação a aspetos da disciplina das pessoas coletivas, às doutrinas e soluções sobre os casos de divergência entre a vontade e a declaração e de vícios da vontade, sobre a representação, ou sobre a interpretação ou integração de negócios jurídicos, a sua invalidade, a falta ou queda (alteração) da base do negócio (ou pressuposição), etc.

Aceitando como instrumento de análise o operador conceitual "relação jurídica", e estruturando a obra em torno dos elementos da relação jurídica, Manuel de Andrade trata desses problemas com saber e agudeza, tecendo considerações e dando contributos inovadores, por exemplo, sobre a capacidade civil das pessoas coletivas, sobre conflitos entre terceiros de boa fé no caso de simulação, sobre os requisitos de relevância do erro – vicio da vontade, sobre a interpretação e a integração de negócios jurídicos, sobre a pressuposição e a base do negócio, etc.

Com uma estrutura claramente influenciada pelo tratamento da relação jurídica pela doutrina germânica, e designadamente pelo famoso manual de Ludwig Enneccerus[1], na

---

1   Ludwig Enneccerus/Hans-Carl, *Allgemeiner Teil des bürgerlichen Rechts*, *Halbband 1*, *Allgemeine Lehren*, *Personen*, *Rechtsobjekte*, 14.ªed., Tübingen, Mohr, 1952, e Halbband 2, *Entstehung*, *Untergang und Veränderung der Rechte*, *Ansprüche und Einreden*, *Ausübung und Sicherung der Rechte*, 14.ªed., Tübingen, Mohr, 1952, integrados no *Lehrbuch des bürgerlichen Rechts*, fundado por Enneccerus, Kipp e Wolff.

Prefácio à publicação em língua chinesa

presente obra Manuel de Andrade, depois de expor o conceito e estrutura da relação jurídica, trata da teoria geral dos sujeitos da relação jurídica, quer em geral, quer desenvolvendo a matéria das pessoas coletivas-com considerações inovadoras, por exemplo, sobre a sua classificação e capacidade jurídica. Já as pessoas singulares são tratadas a propósito da capacidade negocial, como elemento essencial do negócio jurídico. Expõe em seguida a teoria geral do objeto da relação jurídica, incluindo também as coisas (e toda a teoria das coisas) e o património. Depois, no que na versão portuguesa e na versão chinesa corresponde já ao volume 2.º, trata da teoria geral do facto jurídico, expondo os conceitos básicos e tratando da aquisição, modificação e extinção de direitos. Na teoria geral do negócio jurídico, além do conceito e elementos deste, são analisadas as suas classificações e, seguidamente, os elementos essenciais do negócio jurídico. Trata-se da capacidade negocial, da declaração de vontade (com amplo tratamento dos problemas da divergência entre a vontade e a declaração e dos vícios da vontade, da representação e da interpretação e integração dos negócios jurídicos) e do objeto negocial. É também dedicado um subtítulo aos elementos acidentais (cláusulas acessórias típicas gerais) do negócio jurídico, incluindo a condição, termo, modo, e trata da pressuposição-com considerações que muito influenciaram a doutrina subsequente sobre a alteração das circunstâncias que formaram a base do negócio. A finalizar, são expostas as matérias da ineficácia e nulidade dos negócios jurídicos e da influência do tempo nas relações jurídicas (em particular, a prescrição extintiva).

As posições de Manuel de Andrade sobre problemas da parte geral do direito civil, designadamente na *Teoria Geral da Relação Jurídica*, foram recorrentemente tidas em conta na elaboração dos trabalhos preparatórios do Código Civil de 1966, em cuja comissão redatora participou desde o início, em 1946 (tendo ficado incumbido de preparar o anteprojeto de Parte Geral)[1], até ao seu falecimento em 1958.

É certo que, pelo papel de grande relevo que teve na preparação do Código

---

[1] Além dos anteprojetos indicados na nota seguinte, v., aliás, Manuel de Andrade, "Esboço de um anteprojeto de código das pessoas e da família/Na parte relativa ao começo e termo da personalidade jurídica, aos direitos de personalidade, ao domicílio", *BMJ*, 102 (1961), págs. 140-166.

Civil, merece também ser destacado, no domínio do direito das obrigações, o nome de Adriano Vaz Serra, a quem coube, além de outros, a elaboração da totalidade dos trabalhos preparatórios respeitantes à parte geral desse livro de direito das obrigações. Mas na Parte Geral do Código Civil, e em especial no título sobre as relações jurídicas—um dos mais relevantes do Código Civil—, a influência dominante foi, sem dúvida, a de Manuel de Andrade, em particular na obra que agora se publica.

É o que sem dificuldade se conclui pela simples consulta dos trabalhos preparatórios do Código Civil da autoria de Rui de Alarcão [1], discípulo de Manuel de Andrade que colaborou na publicação da *Teoria Geral da Relação Jurídica* em 1960. No Código Civil português de 1966 existem, aliás, várias normas inspiradas diretamente em soluções (ou por vezes mesmo em formulações) resultantes da obra agora dada a conhecer ao público em língua chinesa-assim, por exemplo, os artigos 217.°, n.° 1 (declaração expressa e declaração tácita), 218.° (valor declarativo do silêncio), 240.°, n.° 1 (conceito de simulação), 241.°, n.° 1 (simulação relativa), 243.° (arguição da simulação contra terceiros de boa fé), 244.° (reserva mental), 246.° (coação absoluta e falta de consciência da declaração), 249.° (erro na transmissão da declaração), 251.° (erro sobre os motivos relativos ao objeto do negócio ou à pessoa do declaratário), 253.° e 254.° (dolo e efeitos do dolo), 255.° e 256.° (coação moral e efeitos da coação), e várias outras. O conhecimento da *Teoria Geral da Relação Jurídica* é, pois, sem dúvida de grande utilidade também para aquelas ordens jurídicas em que vigoram

---

[1] Rui de Alarcão, "Do Negócio Jurídico, Anteprojecto para o novo Código Civil", *Boletim do Ministério da Justiça* ("*BMJ*") 105 (1961), págs. 249-279; "Breve Motivação do Anteprojecto sobre o Negócio Jurídico na parte relativa ao Erro, Dolo, Coacção, Representação, Condição e Objecto Negocial", *BMJ* 138 (1964), págs. 71-122; "Simulação, Anteprojecto para o novo Código Civil", separata do *BMJ* 84 (1959), págs. 305-328; "Interpretação e Integração dos Negócios Jurídicos, Anteprojecto para o novo Código Civil", *BMJ* 84 (1959), págs. 329-345; "Forma dos Negócios Jurídicos, Anteprojecto para o novo Código Civil", separata do *BMJ* 86 (1959); "Reserva Mental e Declarações Não Sérias. Declarações Expressas e Declarações Tácitas. O Silêncio", *BMJ* 86 (1959), págs. 225-231; "Invalidade dos Negócios Jurídicos, Anteprojecto para o novo Código Civil", sep. *BMJ* 89 (1959), págs. 199-267; "Erro, Dolo e Coacção. Representação. Objecto Negocial. Negócios Usurários. Condição, Anteprojecto para o novo Código Civil", sep. *BMJ* 102 (1961), págs. 167-180.

Prefácio à publicação em língua chinesa

códigos civis que tiveram por base o Código Civil português de 1966, com adaptações-como é o caso do Código Civil de Macau de 1999 [1].

Acresce que o livro de Manuel de Andrade que agora se publica inspirou e influenciou decisivamente a doutrina portuguesa posterior sobre teoria geral do direito civil, o que é patente nas lições de Orlando de Carvalho [2], e, sobretudo, de Carlos Alberto da Mota Pinto [3] (que começaram por ser em grande uma atualização desta obra depois da publicação do Código Civil de 1966).

Além de abordar um leque variado de temas, na *Teoria Geral da Relação Jurídica* o Mestre civilista de Coimbra aplicou o mesmo rigor científico e esforço de análise que punha nas suas obras, e deixou – nos, assim, umas lições que marcaram gerações de juristas, formaram professores e juristas em geral na escola da exigência e do rigor, legando à Escola que serviu, sem nunca procurar fama ou honrarias, um património de prestígio como muito poucos.

Tudo isto são razões que, mais do que justificarem, já impunham verdadeiramente que também fosse dado a conhecer ao público de língua chinesa este verdadeiro clássico da literatura civilística portuguesa, que direta e indiretamente formou e continua a formar gerações de juristas, e que influenciou também o Código Civil português (um dos Códigos Civis europeus que, nessa

---

[1] V. Tong Io Cheng, "O Código Civil Português e o seu impacto na recodificação do direito Civil de Macau e na codificação em curso na República Popular da China", in *50 Anos do Código Civil: em Homenagem aos Profs. Doutores Vaz Serra, Antunes Varela e Rui de Alarcão*, coord. por António Pinto Monteiro, Coimbra, Almedina, 2019, págs. 425-439, e, recentemente, Paulo Mota Pinto, "A Parte Geral do Código Civil de Macau e do Código Civil Português e a Parte Geral do Código Civil da República Popular da China de 2020", Macau, 2024, em https: //odireitoonline.com/ (texto a publicar no *Boletim da Faculdade de Direito da Universidade de Macau*).

[2] Orlando de Carvalho, *Teoria Geral da Relação Jurídica* (*Bibliografia e Sumário Desenvolvido*), Coimbra, 1970, e depois *Teoria Geral do Direito Civil, Sumários Desenvolvidos para uso dos alunos do 2.º ano* (1.ª *Turma*), do Curso Jurídico de 1980/81, Centelha, 1981, reimpressão em *Teoria Geral do Direito Civil*, Coimbra, Coimbra Editora, 2012. A edição de 1980/1981 foi traduzida em língua chinesa na coleção de Textos Jurídicos por Vong Hin Fai, em edição da Faculdade de Direito, Universidade de Macau, 2004.

[3] Carlos Alberto da Mota Pinto, *Teoria Geral do Direito Civil*, 1.ª ed., Coimbra, Coimbra Editora, 1976 (há edição anterior policopiada); 2.ª ed., 1983, e 3.ª ed., 1985; atualmente, *Teoria Geral do Direito Civil*, 5.ª ed. por António Pinto Monteiro e Paulo Mota Pinto, Coimbra, Gestlegal, 2025. A 3.ª ed. foi traduzida em língua chinesa e publicada em Macau, em edição conjunta do Gabinete para a Tradução Jurídica e da Faculdade de Direito da Universidade de Macau, 1999.

versão ou modificado, vigora ainda em mais ordens jurídicas em todo o mundo), e que, por essa via, influenciou também o Código Civil de Macau.

Estão, pois de parabéns os Civilistas de Macau, o tradutor Ng Kei Kei, o coordenador da coleção de Clássicos Jurídicos Portugueses, a Faculdade de Direito da Universidade de Macau e a *Social Sciences Academic Press* (China), que promovem a publicação de mais este clássico da literatura jurídica em língua portuguesa.

Coimbra, março de 2025
Paulo Mota Pinto
Professor Catedrático da
Faculdade de Direito da Universidade de Coimbra

代译序

本来，既然我已经为"葡萄牙法律经典译丛"作了总序，该说的都已经说了，再单独为译丛中的某一作品写序，似乎就没有理由了。然而，考虑到此书的原作者故去已久，而译者吴奇琦又多次表示希望我为其译稿讲句话，迟疑再三之后还是答应了。

《法律关系总论》一书是葡萄牙民法德国化重要推手曼努埃尔·德·安德拉德教授的代表性著作。该作品于20世纪40年代（1944年）定稿以来一直是葡萄牙科英布拉大学民法课的标准教材以及司法实务的权威参考。更重要的是，在安德拉德以及其同代法学家的推动下，葡萄牙展开了"第二次法典化"运动，将原来充满法国法味道的《塞亚布拉法典》替换成德国式的五编制民法典。

在这个过程中，《法律关系总论》一书发挥着重要的作用。1966年葡萄牙民法典总则草案的主要起草人鲁伊·德·阿拉尔考（Rui De Alarcão）教授正是安德拉德的学生，在其带动下，安德拉德的理论与术语直接进入了这部诞生于20世纪后期的德国式民法典。

出于上述原因，在新的民法典生效后，安德拉德的这一部经典著作依然没有因实证法的变迁而沦为废纸。更重要的是，科英布拉大学在20世纪后期出版的两部新的民法总论教材［也就是由卡洛斯·莫塔·平托（Carlos Mota Pinto）及奥兰多·德·加华尤（Orlando De Carvalho）所著，后来在澳门被翻译成中文的两部民法总论教材］均是以安德拉德的这一部著作为蓝本或母体而完成的。平托的《民法总论》有大量内容直接引述此书；而奥

1

兰多的《民法总论》直接声明只补充安德拉德所未竟之事,并叮嘱学生必须继续以安德拉德的教材为基础学习材料。

经过其学生的传播,安德拉德的民法思想和理论基本已经在澳门生根,然而不无遗憾的是安德拉德的原著一直没有被翻译成中文。

曼努埃尔·德·安德拉德教授的《法律关系总论》作为"葡萄牙法律经典译丛"第一批著作出版既是理所当然,也是偶然。说理所当然,是因为该书确为葡萄牙民法著作中的经典,译丛不将其纳入有负经典之名。

说偶然,是因为该书的翻译之所以能够早早完成并率先出版,可以说并不是编委会的原计划,而是由译者吴奇琦个人执着所促成的结果。

由于对学术的好奇,吴奇琦尚在本科学习阶段便在没有出版保证、没有报酬承诺、没有他人帮助的情况下展开了对该书的翻译。一段时间后,经艾林芝老师的推荐,其部分译稿传到我手里。我随即被这位年轻人所表现出的法律素养和语言表达能力所吸引。若干年后,吴奇琦以极优异的成绩完成了硕士论文(该论文获得答辩委员的高度评价),留校任教之余,也进入了博士学习阶段。正是在这个时候,澳门大学法学院与法律出版社开展了"葡萄牙法律经典译丛"的出版计划,我立刻就想起吴奇琦以前的译稿,因而与其商谈翻译全书的可能性。吴奇琦爽快答应并非常有效率地完成了全书的翻译。这本书也就赶得及作为第一批译著出版了。如今,澳门大学法学院又与社会科学文献出版社开展了译丛的扩大合作,本书也因而在此新计划中再版。

唐晓晴

序

在曼努埃尔·德·安德拉德辞世将近两年后的今天，我们把他的这部作品公之于众。它与这位大师为法学院二年级编写的教材，在版本上并无二致。部分为印刷版、部分为复印版的这些教材，不但广传于学生之间，甚至在校园之外，亦见其踪。

阐述法律关系的概念与结构，以及其主体与客体的上述著作，由曼努埃尔·德·安德拉德于1944年以"民法（法律关系总论）·第一卷"［*DIREITO CIVIL*（*Teoria geral da relação jurídica*），*Vol. I*］为题付梓（由Casa do Castelo，Coimbra出版）。此等教材的出版，由当时的学生波菲里乌斯·奥古斯托·容凯罗（Porfírio Augusto Junqueiro）负责。然而，如该书导言所述，它们"乃出自课程导师之手"，所以只需要"保留编撰及印制上的原有纰漏，因此无论是原版本身，还是排字校样，他都没有再加以校勘"。

一晃数年，在重新编撰上述著作后，曼努埃尔·德·安德拉德开始出版该著作的第二版。但该版亦尚未完整，因为它还没有包括"法人的消灭"与"法律关系客体"的部分（更准确而言，新版只包括了本书第一卷截至第168页的内容）。

至于探讨法律事实总论的五部印刷版分册，最终亦相继出版。作者在书中概述了法律事实后，便继而对法律行为理论进行剖释（概念、元素与分类）。法律行为理论的余下内容——此乃内容最广和最重要的部分——还有关于时间对法律关系的影响的课题，也公诸大众，虽然那只是陆续以各式复印版为之。而最后一次，就在1953年［出版工作托付于里卡多·维尔拉（Ricardo Velha）］。

长久以来，曼努埃尔·德·安德拉德一直有意对或以印刷版，或以打字机打印版流通的教材进行修订，以便完全以印刷版的形式出版一部《法律关系总论》。唯羁身俗务，却使这个愿望迟迟未能实现——直到，那无从规避的永诀之日终于来临。

如果这位让人怀缅的大师，其当初出版本书的未了夙愿，在当下又再无法实现，让其作品能依原貌印行的话，那真的是一件不可宥恕的事。这部作品的精言辟论，确立了它在葡萄牙法学理论中毋庸置疑的首席地位，亦堪让本作有着迫切的出版需求。

不过，是次出版并不仅仅是激励了我们为葡萄牙法学文献作出杰出贡献的理念而已。与此同时，它也让我们能以一种很特别的方式，在回忆里，对身为葡萄牙历来最伟大法学家之一的他，再度致以崇敬之意。随着我们把曼努埃尔·德·安德拉德的声线——那是一种卓尔不凡、备受欢迎和敬重的声线——以这种方式传扬开来，我们再一次怀着最深切的钦佩之心，以及弥久不衰的思念之情，拜服其前。

请容我们再多说两句。如前所述，本版本仅限于再现那些已经问世的文本，尽管它们大部分都只是复印版而已。因此，第一卷自第168页起，不外是前述1944年作品的再版。至于该页之前的内容，也只是重现了上述未完成的第二版作品而已。而第二卷截至第68页，则尽为前揭五部印刷版分册。其余内容，也是悉数再现上述的1953年复印版本。

前面讲过，这一众文本乃是只字未改地示于人前的。唯应注意，在一些问题上——但并不多，而且重要性相对不大——今天必须考虑新的法律规定。但读者们也将不难察觉到这一点。无论如何，我们要尤其记得以下法律的修改：《行政法典》（特别是1959年9月28日第42536号命令的修改）、1954年5月20日第39660号命令（主要关于法人认可的事宜）、1948年6月22日第2030号法律、新的《道路法典》（由1954年5月20日第39672号命令核准，并经1954年11月24日第39929号命令、1955年8月8日第40275号命令修改）、《物业移转税与继承及赠与税法典》（由1958年11月24日第41969号命令核准）、最新的《民事登记法典》（1958年11月22日第41967号命令）、《物业登记法典》（1959年10月8日第42565号命令）以及《公证法典》（1960年4月20日第42933号命令）。

A. 费雷尔·科雷亚（A. Ferrer Correia）

鲁伊·德·阿拉尔考（Rui de Alarcão）

Contents

目 录

引章　法律关系的概念与结构 ·· / 1
1. 讨论范围 ··· / 1
2. 法律关系的概念·"法律关系"一词的各种意义·法律关系
与法律制度 ·· / 1
3. 法律关系的内部结构：A）概说·B）阐释：Ⅰ）权利：
a）本义的权利·b）所谓的形成权·Ⅱ）法律义务与屈从·C）
若干总览 ·· / 5
4. 法律关系的元素·列举及扼要定义 ······································· / 16
5. 后续内容的说明 ··· / 23

第一部分　法律关系主体总论

第一章　概　论 ·· / 27
6. 权利（或义务）主体·法律人格的概念·法律人格与法律能力·
权利能力与行为能力·无主体权利是否合理 ·········· / 27
7. 权利与其拥有人的联系·可能呈现的形态：Ⅰ）直接（或无间）
联系与非直接（或间接）联系·Ⅱ）可分离联系与不可分离
联系 ·· / 32
8. 义务与相关主体的联系·可能呈现的形态：Ⅰ）直接或无间联系
与非直接或间接联系·Ⅱ）可分离联系与不可分离联系 ·········· / 35
9. 法律关系主体的类型：自然人与法人 ································· / 37

第二章　自然人 ·· / 39
10. 从略 ·· / 39

第三章　法　人 ·· / 40
§1. 概念与结构 ··· / 40

1

11. 法人人格的概念·该制度拟满足的利益·法人的真正本性或
    存在方式·我们采用相关术语的理由·在结构观点下法人的
    两种根本类型的介绍：社团与财团 ………………………………… / 40
12. 法人的构成元素：Ⅰ）组织基础：概念·构成·Ⅱ）认可：
    概念·要求进行认可的理由·认可与单纯许可 ………………… / 49
  §2. 法人的学理分类 ………………………………………………… / 58
13. 讨论范围·概述 ………………………………………………… / 58
14. 社团与财团·区分标准·该两种法人互相融合或交叉的可能性 …… / 58
15. 公法人与私法人·区分标准 …………………………………… / 60
16. 公法人的次分类 ………………………………………………… / 62
17. 私法人的次分类 ………………………………………………… / 64
  §3. 法人的立法分类 ………………………………………………… / 67
18. 非营利性法人与合营组织·区分标准·关于各种各类的
    合营组织的简介 ………………………………………………… / 67
19. 永久性法人与临时性法人 …………………………………… / 71
20. 民事法人与教会法人·现时的区分标准·教会法人的次分类 …… / 72
21. 行政公益法人·概念·类型 …………………………………… / 74
  §4. 法人的设立 ……………………………………………………… / 75
22. 讨论范围 ………………………………………………………… / 75
23. 社团组织基础的形成：A）公法人社团·B）私法人社团 ……… / 76
24. 财团组织基础的形成：A）公法人财团·B）私法人财团：
    Ⅰ）透过遗嘱·Ⅱ）透过生前行为 …………………………… / 77
25. 认可：A）公法人的认可·B）私法人的认可·类型·公法人
    及私法人的认可时间·谁有权限作出特许性认可 ……………… / 85
  §5. 法人的民事能力 ………………………………………………… / 91
26. 后续内容的说明 ………………………………………………… / 91
27. 法人在民事行为能力方面的状况·基本理论·所谓的法人机关·法
    人机关是真正意义上的"器官"还是只是代理人 ……………… / 92

目 录

28. 法人在民事权利能力方面的状况的一般理论·原则·限制 ………… / 97

29. 法人民事责任问题·关于民事责任的若干一般概念·Ⅰ）法人的合同责任·Ⅱ）法人的非合同责任·其可否接受·内容阐释 …… / 100

30. 法人取得财产的能力·《民法典》第 35 条的处理方式·第 35 条的立法缘由 ……………………………………………………… / 126

§ 6. 法人的消灭 ………………………………………………………… / 132

31. 导致消灭的原因·概论·Ⅰ）公法人·Ⅱ）私法人：A）社团·B）财团 ……………………………………………………… / 132

32. 法人消灭后其财产的归属·总览·Ⅰ）公法人·Ⅱ）私法人：a）私益私法人·b）公益私法人：1）永久性公益私法人·2）临时性公益私法人 ………………………………………… / 137

第二部分 法律关系客体总论

第一章 概 论 ……………………………………………………… / 147

33. 法律关系的客体（权利的客体）·概念·法律关系（或权利）的客体与内容 ……………………………………………………… / 147

34. 法律关系客体的类型·直接客体与间接客体 ……………………… / 149

35. 关于各种可行的法律关系客体的说明：1）人·2）有体物·3）某些无体物：人格利益与无形财产·疑难：1）指向己身的权利·2）指向权利的权利·总结与后续内容的说明 …… / 150

第二章 物与财产 ……………………………………………………… / 156

36. 物的法律概念·不可或缺的性质·可有可无的性质·它与其他意义上的物的比较·它与权利客体的比较 ……………………… / 156

37. 财产的概念·于其无关重要的性质·主张有价性并非财产的要件的见解 ……………………………………………………… / 160

3

38. 财产与法律领域·财产与财产能力·区分财产与财产
能力的意义·财产古典理论的介绍：阐释与评论 ……………… / 164

39. 财产的分离·概述·如何识别独立财产：采纳债务责任标准
进行识别·仅出现相对或部分独立财产的可能性·在葡萄牙
法律中财产分离的例子 …………………………………………… / 170

40. 共同共有财产 ……………………………………………………… / 175

第三章 物的分类 ……………………………………………… / 178

41. 有体物与无体物 …………………………………………………… / 178

42. 不动产与动产·区分的意义·体现出区分的意义的若干方面·导致
两者在法律上受不同对待的思想观念 …………………………… / 179

43. 不动产的界定：Ⅰ）本性使然或人为使然的不动产：农用房地产
与都市房地产·区分的意义·区分标准：a）根据《民法典》
规定·b）在不动产租赁事宜方面的区分标准·c）在物业税
事宜方面的区分标准 ……………………………………………… / 181

43.（续）Ⅱ）法律规定使然的不动产：a）产出·b）非本质构成
部分·c）不动产性权利·d）统合公债基金 …………………… / 185

44. 动产的界定：Ⅰ）本性使然的动产·Ⅱ）法律规定使然的动产 ……… / 196

45. 有关前述区分的若干解释性规范 ………………………………… / 197

46. 可替代物与不可替代物·定义·区分的意义 …………………… / 198

47. 可消耗物与不可消耗物·定义·区分的用处·与前述
分类的比较 ………………………………………………………… / 200

48. 可分物与不可分物·定义·区分的意义 ………………………… / 202

49. 单一物与合成物·区分的方式·区分的价值 …………………… / 205

50. 主物、属物与从物：定义·区分的意义；孳息：概念·种类·法律
制度；改善：概念·种类·法律制度 …………………………… / 209

51. 融通物与非融通物 ………………………………………………… / 219

52. 公有物、地域性公有物与私有物·A）公有物·公有物的一般性界定标准（财产公有性的一般性认定标准）·拨作公用的概念阐释·公有物制度·公有物性质的得丧方式 ………… / 221

52.（续）B）地域性公有物·C）私有物 …………………… / 231

译后记 ……………………………………………………… / 233

"葡萄牙法律经典译丛"已出书目 ………………………… / 237

引章　法律关系的概念与结构

1. 讨论范围

民法的总则，包括两大理论：

一、法律（direito objectivo）的一般理论；

二、法律关系的一般理论。[1] 归根结底，在某种意义上，它其实也就是权利（direito subjectivo）的一般理论。

我们已经学习过上述第一个理论了。接下来要讨论的，是第二个理论。

法律关系一般理论的要点仍然有待论述，而那将会是本课程的研究对象。

一开始，需要先讲述一些重点概要。因此，我们将尝试界定法律关系的概念与结构。然后，则再来探讨从法律关系延伸开来的各项元素的一般理论。这些理论，都各自构成我们课程中该部分的各大分支。

2. 法律关系的概念·"法律关系"一词的各种意义·法律关系与法律制度

"法律关系"（relação jurídica）一词，在法律语言中有着各种意义。[2]

---

[1] 显然，在此仅指民法法律关系而已。或者更笼统地说，仅指私法［狭义（stricto sensu）的民法，以及商法：参见第 3 条］法律关系而已。因为，也许除了一些极为次要的区别之外，商事法律关系的一般理论，其实跟本义的民事法律关系的一般理论是一样的。所以，我们就把各种公法法律关系（例如诉讼关系、刑事关系、税务关系等）撇开不谈。我们所关注的只是私法法律关系，换言之，亦即国家或其他任何较小的公共实体完全不参与，或者仅以脱下统治权（jus imperii）外衣的方式参与，因而（至少在本质上）就像只有私人牵涉其中般受法律（Direito）规管的关系（参见第 3 条）。

[2] 关于本编码中的内容，参见 ENNECCERUS‑NIPPERDEY, Allgemeiner Teil des bürgerlichen Rechts，编码 64。有西班牙语译本的这部作品，内容相应于 ENNECCERUS‑KIPP‑WOLFF 经典的德国民法研究（译者按：指 Lehrbuch des Bürgerlichen Rechts）的第一册。

1

"法律关系"一词的各种意义

广义言之，法律关系是一切法律上攸关（juridicamente relevante）*（产生法律后果），亦即受法律规管的现实（社会）生活状况或关系。³

可是，我们往后所探讨的法律关系，其含义则是比较狭窄的。这一重含义上的法律关系，虽然也是一切受法律规管的社会生活关系，然而，这种规管必须具有某种典型特点。那是怎样的一种特点？且看以下定义：

狭义（stricto sensu）的法律关系，仅指法透过赋予一个（法律意义上的）人一项权利，以及相应地向另一个人施加一项义务或屈从，从而进行规管的社会生活关系。⁴

这样就只剩下权利、义务与屈从这几个用语需要界定了。对此，我们暂时仅仅述其要略，好让我们能够马上对这些概念有一个大概的认知。

权利（direito subjectivo）可以被定义为法律秩序向一个人赋予的这样一种权能或权力（faculdade ou poder）：请求或期望他人作出特定积极行为（亦即作为）或消极行为（亦即不作为），或者，仅以其（附有或不附有手

---

* 有译为"有法律意义"或"法律上有意义"。这本来不失为一个好的译法，但由于这一编码以及后文的内容多次出现"法律意义上的"（em sentido jurídico）这个词组，而两者所指又有所不同（前者指的是法律会考虑、和法律有关联的，后者则指某个用语各种含义中的法律含义，例如法律意义上的人、法律意义上的物），因此，有鉴于汉语"意义"一词的这种多义性在这里会造成混乱，译者不采用"有法律意义"或"法律上有意义"这一译法。也有译为"在法律上具有重要性"，但这种译法容易令人误以为这里涉及一种程度上的区别，以致产生错误联想（是否存在法律会理会，却又认为不"重要"的事情？），因此译者也不采用这一译法。译者使用汉语"攸关"一词，是因为它既有"关联""相干"的意思，亦可表达"重要性"而又不会造成上述误导，故"法律上攸关"应该是一种可取的译法。在法律事实理论上，relevância jurídica 常被作为术语使用，以表达文中所指的特定含义，因此，把它译为"法律攸关性"虽然偏离日常用语，但反而正好能凸显其学术用语意味。——译者注

3 ENNECCERUS 于其前揭著作，编码 64, 1 中写道："因此，买受人与出卖人之间的关系，乃是法律关系。配偶之间那些受法律规管的关系亦然。但友谊则不然，因为它并不会产生任何法律效果，而且法律也没有对其要件方面作任何规范。"然而要注意的是，在葡萄牙法律中，友谊是具有某种法律攸关性（relevância jurídica）的：当没有血亲的时候，会在父母的朋友中挑选亲属会议（那是其中一种监护机关）的成员（第 207 条第 1 附段）；如果法庭上的证人是其中一名诉讼当事人的朋友，则在评价其证言时，可以也应当对此加以注意（第 2514 条最后部分；《民事诉讼法典》第 643 条，I，最后部分）。

4 ENNECCERUS 于其前揭著作，编码 4, 2 中写道："然而，尚有另外一些法律关系。它们仅被视为将来的权利义务的潜在渊源，而这些将来的权利义务，只有在其他的一些要件嗣后实现时方会出现。例如血亲关系、住所等，便是如此。"但引文中所指的那些关系，显然只是广义法律关系而已，而非我们在文中所界定的狭义法律关系。

引章
法律关系的概念与结构

续的）意思行为或以其意思行为再结合后来公共当局的行为（司法裁判）从而对他人（相对方或称他方当事人）产生不可抗拒的特定法律效果的权能或权力。

至于另外两个用语的定义方面，仅需指出的是，在第一种情况下（涉及请求或期望的权力），法律权力*（poder jurídico）所指向的人的状态，称为法律义务（dever jurídico），而在另一种情况下（涉及产生法律效果的权力），则称为屈从（sujeição）。

可见，这些表述虽然非常近似，却有不同含义。

但在法律语言中，即便在这里，狭义的"法律关系"一词（我们现在并不讨论广义者）仍然可被用来表达各种不同的意义。因此，我们需要区分以下两者：

a）抽象意义上的法律关系与具体意义上的法律关系；

b）单一或简单的法律关系与复数或复合的法律关系。

a）当我们谈及抽象意义上的法律关系时，我们并非着眼于任何一项已被实际建立，因而已具体特定的法律关系。我们所指的，仅仅是一项想象的、观念上的法律关系而已，亦即我们在法律生活中所遇到的若干具体例子的一个蓝本、模范或典型。举例言之，只要不是着眼于特定的买受人或出卖人，而是着眼于任何可能存在的买受人与出卖人，那么，出卖人向买受人请求价金所依据的法律关系，即属抽象意义上的法律关系。

当我们谈及具体意义上的法律关系时，我们所指的是一项确实存在并已经具体化的法律关系，亦即特定的人之间源自某项法律事实的一项关系。这项关系已经实际发生或产生，而非仅仅可能出现而已。

---

* 有必要对这一译语稍加说明。葡语 poder jurídico 的德语对应词是 Rechtsmacht，而在汉语文献中后者以往一般被翻译为"法律上之力"或"法力"，意指"法律上的力量"。这是因为，权利正是法律体系向当事人赋予的力量，让其"法律上（jurídico）可以（poder）"做某事。至于后文将会出现的 poder de vontade，则对应德语 Willensmacht，学界一般译为"意思力"或"意思之力"，指以意思来进行掌控管领。葡语 poder 相当于德语 Macht，两者皆有"力""力量""权力""权势""权能"等含义。其他语言也有这种情况，例如英语 power、法语 pouvoir。在汉语文献中，也有人在这方面将"力""权力"等交互使用。译者认为，似乎无须过分拘泥于遣词。更何况，"权力"也并不局限于"公权力"。另外，葡萄牙学者们也经常指出，常被译为"权力"的 poder 和通译为"权能"的 faculdade，其实在学说以及立法上都经常被不加区分地使用。易言之，除非使用者希望赋予它们特殊含义，否则两者字面虽异，其趣实同。用 faculdade 和 poder 来解释权利这一做法，其实可以追溯到中世纪学者们把权利（ius）定义为 *facultas* 或 *potestas*（*facultas seu potestas*）的传统。——译者注

3

例如，某出卖人 A 向某买受人 B 请求后者所购买的某物的价金，所依据的法律关系，便是具体的法律关系。

总而言之，可以说：抽象法律关系是一项潜在或者说可能发生的关系，而具体法律关系则是一项实在或者说已然出现的法律关系。

b）单一或简单的法律关系，仅仅包含一组向某人赋予的权利（法律权力）和相应地向他人施加的义务或屈从。

然而，当若干项权利和义务或屈从，皆出自同一项法律事实时，我们也可以将这些权利和义务或屈从的总体称为法律关系。

以买卖合同为例，我们会发现，该合同会在当事人之间产生多项权利以及相应的法律义务。一方面，出卖人有请求支付价金的权利，而买受人则有支付价金的义务；另一方面，买受人有请求交付物的权利，而出卖人则有实现该给付的义务。一项买卖合同也有可能在当事人之间产生更多的权利和义务，但前面所讲的那些是必然会出现的，因为那是一项买卖关系最简单的表现。

如果只着眼于单一项权利以及相应的法律义务或屈从，那么有关的法律关系便是一项单一或简单的法律关系。

但如果着眼于源自某一项法律事实的多项权利以及义务或屈从（例如，所着眼的是上述买卖例子中，该两组权利和相应义务的总体），这时候，有关的法律关系便是一项复合或复数的法律关系。

最后，需要指出的是，无论是具体关系还是抽象关系，都可以应用上述区分方法。同样地，无论是简单关系还是复合关系，也都适用另一种区分方法。也就是说，两种区分方法之间并无层级关系。没有任何一者从属于另一者。任一者的外延范围，都不广于另一者的。两者互相独立，而且都各自涵盖了法律关系这个领域的全部。任一者皆以其相当于区分基准的一条分界线，完全地分割了该领域。因此，这两种区分标准是互相交错的。

法律关系与法律制度

法律制度（instituto jurídico），是由若干项规范组成的联合体（complexo）（有时候，它可以只由一项规范形成）。它所包含的是关于某一项抽象法律关系的规制。如是者，我们有亲权制度、监护制度、买卖制度、婚姻制度、法定继承制度等。

显然，我们可以用"法律制度"一词，来表示关于单一种法律关系的规整，也可以用该词来表示关于彼此关联的若干种法律关系的规整。

各项法律制度，则再借着彼此间的联系，互相衔接起来，进而形成体系——首先，是形成各个法律规制的个别体系，然后，再形成法（Direito）的总体系。

最后，需要说明一下法律关系与法律制度两者的区别。就具体法律关系而言，在此并无混淆的余地。一项具体法律关系，绝不可能被称为法律制度。然而，就抽象法律关系而言，它们的区别就不那么明显了。不过，还是可以将它们清清楚楚地区分开来的。

法律关系，是被规管的事宜或对象。而归根结底，法律制度则是关于该对象的、由若干规范或原则组成的法律规整或规制本身。

因此，即使不说两者是不同观点下的相同事物，它们至少也是一体之两面。所以，就不难理解为何在当今法律语言中，两者会被不加区分地使用了。

3. 法律关系的内部结构：A）概说·B）阐释：Ⅰ）权利：a）本义的权利·b）所谓的形成权·Ⅱ）法律义务与屈从·C）若干总览

我们用法律关系的内部结构这种表述，来指称法律关系的内容。

我们可以用一条直线来代表法律关系。这条线的两个端点是两个人。法律关系，就是在他们之间建立起来。他们是法律关系的主体（sujeito）。另外，这项法律关系，可以指向特定的客体（objecto）（我们往后将对它有更深入的讨论），例如一个物、一个人等。此外，该项法律关系乃是源出于特定原因，而这个原因必定是一项获法律赋予这样一种效果的事实或事件。它被称为法律事实（facto jurídico）。

最后，为了不让向权利拥有人赋予的法律权力，以及相应的义务或屈从沦为一纸具文，法律于是制定了一些制裁，或者更笼统地说，法律秩序预设了一些适当的强制手段，好让这种法律权力尽可能获得实现，并且恰到好处地获得实现。这就是保障（garantia）。

然而，虽然对法律关系的存在而言，这四个元素都是必要的，但它们却都以某种方式处于这项关系的外部。法律事实显然就是这样，而在某种意义上，其他的元素也是如此。

毫无疑问，可以说主体本身就处于其所参与的、作为（至少）两人之间法律联结的法律关系里面。但其实他们并不在关系的中心或者说核心，而是在其末端，易言之，亦即处于其外侧。法律关系的中心或核心，是指法律关系赖以在两个相关主体之间建立起来的联结、拘束或联系。在本章节内，我们的焦点，就放在这个联结的构造之上。

A) 概说

这一概说部分，乃是推衍自上文所界定的法律关系的概念本身。

正如该处所见，法律关系可以分解为两部分：一边是权利，而另一边则是义务或屈从。

我们已经对这些概念作了简介。接下来，我们将会对它们的某些具体细节进行阐述，但仅限于那些最为重要的（无论这是基于它们本身的重要性，还是基于学理所惯常给予的重视）而已。

B) 阐释

我们下面会分别探讨法律关系所分解出来的上述两个元素。但从前述概念可见，这两个元素各自尚可分为两种类型。

Ⅰ) 权利

立刻需要指出的是，权利的行使（换个角度来说，就是义务或屈从的追究或落实）取决于其拥有人的意思。仅当构成权利的法律权力的拥有人，希望相关法律规范所包含的命令起作用时，它才会起作用。

法律秩序为了保障权利能得以实现而提供的手段（或者说，为此目的而设的国家制裁工具），只有在这些人的意愿推动下才会启动。只有这样，它们才会发动。要是没有这样的一种推动的话，它们是不会自动运行的。国家不得径自（透过其公务员）运行该等工具，也不得应任何非权利拥有人的要求而运行这些工具。权利（direito subjectivo）之名，正是由此而来[*]。

规范（或者说法律）所赋予的权利，就像被权利拥有人所据有那样。它仿佛成了他的东西一般，因此他可以依其喜好处置它。

另外，需要强调的是，前述的权利定义，并不是每个人都认同的。该定义突出了（也仅仅突出了）法律权力（poder jurídico）的概念，而全然没

---

[*] 葡语 direito 一词有客观意义（法律）与主观意义（权利）之别，因此往往会在其后加上 objectivo 或者 subjectivo 以作区分（很多时候也因为语境没有混淆余地而不加）。因此，与汉语"权利"对应的，是葡语 direito subjectivo 或 direito。然而，也有人将 direito subjectivo 译成"主观权利"。由于译者并非采用"主观权利"这种译法，故表达不了作者在文中所言的 subjectivo（主观）之意。——译者注

引章
法律关系的概念与结构

有理会利益（interesse）这个因素。

然而，也有人同时以利益和法律权力这两个概念来定义权利。还有人仅以前一个概念定义它，像 IHERING 就是这样。根据他为权利所下的著名定义，权利乃是"受法律保护的利益"。可是，下列种种原因，都足以支持我们在这里所采纳的，也是传统上所采纳的取向。

1）的确，利益（某一项或多项利益）是法律秩序赋予某项权利所为达致的目的。它是法律之所以将这种权力赋予相关拥有人的原因。法律欲使该人能够借其被赋予的权力，来谋求某一项或者某一系列的特定利益。

所有法律（因此权利亦然）都是为了满足人的利益而设的 [*hominum causa omne jus contitutum*（一切法律皆因人而设）——《学说汇纂》片段 1, 5, 2]。更准确地说，实体[5]私法是为了排解人与人之间的利益冲突而出现的。它告诉人们，在互相冲突的利益之间，有哪些利益应该获得优先，又有哪些利益应该因而被牺牲。它也告诉人们，这些利益应该被优先或牺牲到何种程度。通常来说，利益的优先，是透过权利的赋予而获得保障的。

总而言之，赋予权利，是为了让某一项利益获得优先。同样地，施加相应的义务或屈从，也是为了使相对立的另一项利益退让于前述利益。

可是，权利本身是一回事，而法律赋予权利的原因或目的，或者说透过赋予权利而给予优先的利益，又是另一回事。

利益是权利的基础。它是权利背后的原因，是先于权利的。也可以说，它并不牵涉权利本身的概念。无论如何，它都与权利本身的概念互不相干。它跟权利的结构无关，而仅与其功能有关。因此，也就不需要将利益纳入权利的定义里面。

2）权利与受法律保护的利益，两者除了并不等同之外，甚至亦非完全互相对应。一切权利都对应着某种利益，可是反过来说却不然。有一些利益，虽然受到法律保护，但却并不对应着一项权利，因为这种保护是以另一种手段为之，尤其，是透过公共实体依职权介入而为之。

在这些情况中，人们通常会谈及的是法益、受保护的利益，或者（公法范畴上的）法律秩序的反射效果。

---

[5] 实体法，跟辅助性的民事诉讼（但它属于公法性质）相反。前者旨在处理法律要解决的利益冲突的实质内容。它规定了人们有哪些利益。后者则规定了在法院里适用实体法规范、对这些规范向人们确认的利益进行司法保护的时候，所需要遵守的实行方式（*modus faciendi*）。它只是服务于实体法的工具而已。

我们举一个经典的例子：强制人们接种疫苗的法律，保护了每一个人的利益。

然而，每一个人都并不因此而获赋予相应的权利。我们任何一个人，都不能够真正地请求其他人接受疫苗接种。其他人的接种也好，我们的接种也好，皆不取决于任何要求或声请。有权限公共部门的人员，是应该主动依其职权作出这种措施的。

规定对某类商品征收特定进口关税，因而保护了本国产品的法律，是另一个有力的例证。这种例子不胜枚举。

3）最后，权利也并不严格受限于作为其赋予原因的利益。权利的范围，并不受利益的范围所局限。这也是体现两者并不完全互相对应的另一个明显方面。的确，向一个人赋予一项法律权力，以便他能谋求一项利益的法律，并不必然限制了他只能在该利益的确切限度内行使这项权力。法律并不禁止这项权力的拥有人，用它来谋求另一种利益。

至少，这并不是完全被禁止的。只有在一些极端的情况下，当权利的行使与赋予权利所保护的利益之间的不一致，超出了某个限度，因而变得特别严重和令人反感时，权利才可以受到法律上（而不仅仅是道德上）的限制。而且，这只是根据一个名为"权利滥用"的理论而已（虽然它在今天非常流行）。

因此，不能说因为法律秩序为了让一个人可以谋求特定利益而将一项权利赋予该人，所以权利拥有人就只能够为了实现该利益，并且只能够在该利益的确切限度内行使它。[6]

观乎权利的总体定义（参见上文，编码2），立刻就可以发现，在此需要把它的两个类型区分开来。它们是：

6　参见关于权利概念的最新近著作：BARBERO，*Il diritto soggettivo*，载 *Foro italiano*，1939年，Ⅳ，第1页以下；CARNELUTTI，*Teoria generale del diritto*（1940年；有葡萄牙语译本），编码86以下；NATOLI，*Il diritto soggetivo*（1943年）；MESSINEO，*Manuale di diritto civile e commerciale*，第7版（1947年），Ⅰ，编码8。在权利概念中引入利益因素，也就是说，在一个结构暨功能层面上定义权利的取态，似乎非常普遍。按照这种看法，权利是法律秩序为了保护其拥有人的自身利益而赋予的权力。因此，就不可以将亲权（根据某些见解）等表现为旨在保护他人利益（例如，上述例子中子女的利益）而赋予的权力的那些法律状况或地位，跟权利混为一谈。然而要注意的是，在这些情况中，有关拥有人的地位——CARNELUTTI 称之为 *potestà*（如果不用新词 *potesta* 的话，我们可以用它的拉丁文词源 *potestas*）——可以（就算不是必然可以，至少也是通常可以）用义务的概念，在结构层面上进行定义（权力义务，poder-dever）。

引章
法律关系的概念与结构

一、本义的权利；

二、所谓的形成权。

a）本义的权利

本义权利的拥有人的地位，表现为请求或期望他人作出特定积极或消极行为，亦即作出某一项行动（作为，*facere*）或不作出某一项行动（不作为，*non facere*）的权力。

与此相对，法律关系的另一方主体，则有作出有关行为的必要（necessidade）。或者说，他必须作出赋权规范所定的行为。我们把这个状况称为法律义务。

（这个意义上的，*hoc sensu*）权利的例子，比比皆是。几乎在一切民法的（笼统而言，就是私法的）法律关系中，我们所看到的都是这一类权利。例如，债权就是这样。它是其最重要和最典型的类型。另外，所有权、其他用益物权以及亲属权［例如配偶权利以及父亲对子女的权利（至少当中有某些是），反之亦然］等，都是狭义（*stricto sensu*）的权利。

接下来，就只需要再指出，为何我们会把这类权利定义为请求或期望他人作出某一项行为的权力，而不是仅仅称它为请求的权力，或者仅仅称它为期望的权力。

在绝大多数时候，权利人在对方不给予满足，亦即不遵行相关规范所定的行为时，可以根据法律规定，声请法院采取特定强制性措施，藉此取得他原本应得的好处或其他尽可能等值的好处，或者声请法院科处其他制裁，让被制裁者（相对方或称他方当事人）付出其他代价。

例如，在债务人不履行时，债权人可以向有权限法院声请扣押并交付他有权获得交付的物（如果有发现到的话），或者在欠款或应交付之物的价值限度内，声请扣押并变卖其财物。

违反配偶义务，会导致一种独特的民事后果（也可以有刑事后果）：受害配偶可以要求离婚或分居，以作为对违反义务者的制裁，虽然那只是一种很弱的制裁而已。法律更会让有过错的配偶承受某些不利后果（作为例子，参见1910年11月3日命令第27条以及《民法典》第1213条）。

在这些情况下，权利就表现为请求他人作出某行为的权力。但有些时候（尽管这种情况非常罕见），在对方不遵行相关法律规范所定的行为时，根据法律秩序，权利拥有人并无任何手段对抗前者。

当对方自愿作出有关行为时，法律则视之为履行法律义务，并将有关情况当成权利拥有人之前可以在对方不履行时（透过法院）以上述手段对抗对方那样来看待。仅此而已。

所谓的自然债务，便是如此。葡萄牙法律规定，因向未成年人贷款而生的债务（第1535条），以及因非幸运博彩而生的债务（第1542条），都属于自然债务。主流学说认为，自然债务只有这两种，而且那些被法律特别禁止的债务，也不构成自然债务。前引条文规定，贷款予未成年人的债权人，或博彩债务的债权人，并不能透过司法诉讼迫令债务人还款。然而，一旦债务人还了款，他就不可以请求返还（亦即取回）他已经偿付的款项。这是因为，债权人显然并非以慷慨行为（赠与；尤其是它根据第1482条及后续条文的规定，是可废止或可扣减的）的名义，而是以支付（亦即履行一项债务）的名义保留所受领的给付。也就是说：债务人（清偿人，*solvens*）不得提起非债索回之诉（*condictio indebiti*）（第758条），而债权人（受领人，*accipiens*）则可以对给付进行清偿留置（*soluti retentio*）。

在这些情况下，权利只表现为期望他人作出某一项行为的权力。根据我们所采纳的定义的这个部分，在这种状况下，正如法律所看待的那样，有关概念仍然属于权利，只不过它是比较弱的权利罢了。

b) 所谓的形成权

向形成权拥有人赋予权力，旨在产生一种法律效果。这种法律效果的产生，乃是单独以他的（附有或不附有手续的）意思表示为之，或者以其意思表示结合一项嗣后的司法裁判为之。

因此，形成权是引致法律上变动的权利（*Rechte auf Rechtsänderung*，法律上变动权）。我们已经知道，那是发生在法律关系领域内的变动，而不是发生在客观法律层面上的变动。

我们称之为 "direitos potestativos"（*Kannrechte*，能权；*Rechte der rechtlichen Könnens*，法律上能为权），因为这是在意大利最常用的表述。我们也可以称之为 "direitos conformativos"（*Gestaltungstrechte*，形成权*），这

---

* 作者的这一段论述，是以葡语惯用术语 direitos potestativos 的角度出发的。译文看起来会有点混乱，原因如下：葡语 direitos potestativos 和德语 Gestaltungstrechte 在字面上并不对应，所以作者会说，如果不使用 direitos potestativos 这一名称的话，也可以按字面意义把 Gestaltungstrechte 直译为葡语 direitos conformativos。Gestaltungstrechte 和 direitos conformativos 在字面上是对应的，两者皆指"形成权"（甚至可译为"形塑权"或"塑造权"）。由于汉语法学界已约定俗成地把德语 Gestaltungstrechte 翻译成"形成权"，行之有年，所以译者也把 direitos potestativos 翻译为形成权。在这种必要的取舍之下，译文也就反映不了葡语原文的意思。——译者注

则是在德国最常用的表述。形成权这个概念，最初就是被德国学者们创造出来的。我们甚至可以称之为"direitos constitutivos"，这是在西班牙所用的术语。在以上各种名称背后，都有各自的命名原因，而它们都在某种意义上反映了这种权利的一些特性。但是，我们将会在下文看到，上述最后一个名称是会引人误解的*。

相对于形成权，他方当事人（法律关系的消极方）所处的状况，则表现为这样的一种必要（necessidade）：他必须容忍形成权的行使，并且承受相关法律后果的产生。这种状况被称为屈从状态，或简称为屈从。

形成权的例子有很多。我们可以根据形成权所旨在产生的法律效果，在此对形成权进行分类。

这种效果，可以是创设一项新的法律关系，也可以是变更或消灭一项既存的法律关系。相应地，形成权有下列三种：

一、创设性形成权；

二、变更性形成权；

三、消灭性形成权。

每一项（或者几乎每一项）形成权，都必定可以归类为上面任一种类型。兹举例如下。

1）创设性形成权

《民法典》第2309条，结合《民事诉讼法典》第1051条的规定，即为一例。

被包围的房地产[7]的所有权人，可以诉诸法院，使法院命令创设一项穿过相邻土地的通行地役。但他也要基于该通道所造成的损害，向相关所有权人支付一笔赔偿（法院也会订定其金额）。如各利害关系人就赔偿金额达成协议，法院则不会订定之。他们甚至可以不求诸司法介入，而透过合同完全解决有关问题。

我们还可以提一提《民法典》第2328条结合《民事诉讼法典》第1051条及后续条文所规范的情况。第2328条规定："与他人之墙壁或围墙接壤

---

* 作者想说的是，如果把形成权称为direito constitutivo，便会和创设性（constitutivo）形成权相混淆。——译者注

7 第2309条规定，被包围的房地产是指那些"无任何通道通往公共道路"（亦即绝对被包围）的房地产。然而，学说与司法见解都把那些虽然有通道通往公共道路，但该通道对于有关需要而言却并不足够（亦即相对被包围）的房地产，也包括在内。

之房地产之所有权人，可透过支付墙壁或围墙以及其所在之土地之一半价额，取得该墙壁或围墙之共同拥有权。"如果与邻居达不成协议，则必须向法院提起合适的诉讼。

还有一种实际意义比较大的形成权，也属于这个类别。那就是优先权，或者称为优先购买权。关于这方面，可参见第1566条（主文部分及第1附段）。它规定了共有人之间的优先权。其他的优先权例子有：第1676条唯一附段、第1678条、第1708条、第2195条第1附段及第2附段、第2309条第1附段、1924年9月4日第1662号法律第9条及第11条，以及1948年6月22日第2030号法律第66条。[8]

2）变更性形成权

《民法典》第2278条，结合《民事诉讼法典》第1051条及后续条文的规定，就是很好的例子。假如改变地役的位置与路径，对供役地的主人有好处的话，那么只要需役地的主人不会因而遭受损害，前者就可以这样做。若他们不能达成协议，则供役地的主人就要诉诸法院，以便实现他所希望的地役变更。

《民法典》第1204条及后续条文（法院裁判分居及分产或单纯法院裁判分产），是另一个例子。那并不是解除婚姻并因而消灭婚姻关系。尽管变更终究是该关系的部分消灭，但因为这种消灭并不是彻底的消灭（亦即休止或停止），因此它只算是对关系进行变更而已。需要指出的是，这一定要法院介入方可。

3）消灭性形成权[9]

这一类形成权的例子林林总总，也十分重要。例如，委任人透过废止结束委任的权利（第1364条）、受任人透过放弃终止委任的权利（第1364

---

[8] 根据最近近的学说，接受遗产权（第2018条及后续条文）亦属于创设性形成权。被继承人（*de cujus*）死亡后，继承随即开始。基于［依据遗嘱（*ex testamento*）或依据法律（*ex lege*）的］继承赋权，遗产即被赋予继承人，但这并不是指立即将遗产交给继承人，而只是指把透过接受从而取得遗产的权利赋予继承人而已。抛弃遗产，也就是放弃该项权利。由于接受权可被移转予继承人的继承人（第2032条），因此可以推论出：不能仅仅把接受权理解成作为法律能力的表现的权能（faculdade）。这种见解，参见 BOZZI, *Rinunzia*, 载于 *Nuovo Digesto italiano*, XI, 第713页，注3，以及该处所提及的学者们（例如 NICOLÓ、ALLARA 等）。

[9] 有些人称之为消极权（direitos negativos）或反对权（contra-direitos）。也许，应该用这些名称，尤其是前者，来专称那些藉以溯及既往地消除一项法律行为（例如合同）的效果，使之无效、撤销，或者使之变得不产生效力的形成权。

条第 2 款）。除此之外，还有解聘雇员的权利，以及向雇主辞职的权利；这两种情况，都是对私人劳动或雇佣关系的终止（单方终止有关合同）。只要提前一定时间作出预先通知（1937 年 3 月 10 日第 1952 号法律），雇主、雇员即可行使这种权利。

与前述那些形成权相比，这些形成权的特点是：只要权利人向利害关系人作出意思表示，即可行使这些形成权，而并不需要诉诸法院。

消灭性形成权的例子还有：出租人勒令承租人迁离承租房地产的权利；承租人单方终止不动产租赁合同的权利；[10] 配偶任一方在有充分法律理由的情况下，声请离婚的权利（1910 年 11 月 2 日命令第 4 条）；当为被包围房地产而创设的地役变得没有必要时，供役地所有权人终止地役的权利（第 2313 条）。

最后，需要强调的是，不能把形成权跟那些单纯作为法律能力的表现的（产生法律效果的）权力或权能混为一谈。它们的区别在于：1）形成权是一种只会被赋予那些处于特定的个别状况的人的特别权能；2）形成权以一项既存的法律关系作为前提，并在这项关系的发展过程之中出现。

Ⅱ）法律义务与屈从

接下来，我们会学习法律关系的消极方。我们知道，在这里会有我们分别称为法律义务和屈从的两种情况。我们可以把两者都纳入极广义的"obrigação"这一概念之下*。

"obrigação"一词，在一个十分特别的意义（狭义或技术意义）上，还

10　在这两种情况中，如果所涉及的勒迁，是基于不同意继续不动产租赁而作出的，而非提前勒迁（亦即不等正在进行中的合同期间结束，便即时作出的勒迁）的话，则必须提前一定时间为之。否则，合同便会续期（默示再租赁）。

*　葡语 obrigação 一词可以指称不同意思，例如义务、债等，但汉语并不会出现这种多义情况，故译者保留葡语 obrigação 不译。作者在这里所说的极广义的 obrigação，是和权利相对的。也就是说，权利对应这一意义上的 obrigação，至于权利的两个下位概念，亦即本义权利和形成权，则分别对应 obrigação 的两个下位概念，亦即法律义务和屈从。对应于权利的这一意义上的 obrigação，也可以被翻译成义务。但应当注意以下两点。其一，这样的话，这一意义上的 obrigação，以及 dever jurídico（法律义务），这两个上下位概念在汉字译语上便会发生重叠。值得注意的是，葡语原文并不会出现这种术语重叠现象，因为法律义务（dever jurídico）的"义务"是 dever，在用词上区别于 obrigação。其二，在汉语上（葡语亦然）要广义地理解"义务"（obrigação），藉此把屈从包括在内。译者在文中径直把 obrigação negativa universal 译为"普遍消极义务"，是因为根据作者所言，obrigação 在这里的含义比较狭窄（所谓一般意义上的 obrigação），并不包括屈从，所以不会牵涉前述两个问题。——译者注

会被用来表示特定的一种私法法律关系。那就是所谓的债权关系或称债务关系。这种关系，是特定人之间的一项法律约束：基于这项约束，他们的其中一方亦即债务人（可以有多位）必须为另一方亦即债权人（同样可以多于一位）的利益，作出某一项积极或消极行为（债务给付）。

一般意义上的"obrigação"，除了上述那种关系之外，还包括不特定人之间类似的一种约束。这就是所谓的普遍消极义务（obrigação negativa universal）（一般性不作为义务，dever geral de abstenção）。它跟绝对权例如所有权相对，因为每一个人都必须尊重这种权利，避免以任何方式侵犯或干扰它。最广义的"obrigação"，还包括这样的一些约束：这种约束的内容，并不在于义务人必须作出某些行为，此即形成权的情况（中的屈从）。

我们来分析一下上述的每一种状况。

在法律义务（它跟本义的权利相对）的情况中，法律命令相关主体（义务人）作出某一项积极或消极行为（做或不做某事）。如果该主体不遵行有关规范，则法律允许权利人声请针对后者（就算不是针对其人身，至少也针对其财产）采取特定强制性措施，以便实现其利益，或者针对后者科处其他种类的制裁。义务人通常会因为畏惧上述措施或其他制裁，而不敢违反加诸其身的义务。

虽然义务主体一旦不履行，会有可能遭受（如果权利人想这样做的话）法律用来威慑过失或故意不履行的义务人的各式制裁，但即便如此，义务主体必然尚有不履行的可能。这就是法律义务和屈从的显著区别。

被法律秩序施加屈从状态（它跟所谓的形成权相对）的一方，必须承受对方行使形成权的后果，或者说，他必须接受形成权所旨在达致的法律效果的产生。这是屈从人（sujeitado）无法避免的，因为这些效果会以一种无从抵抗的方式产生。屈从人对此是束手无策的。在效果产生后有可能被违反的，只是那些狭义（stricto sensu）的权利。哪怕屈从人冒着承受任何制裁的风险，也必定不能妨碍该等效果的产生。只要形成权存在，并以适当方式被行使，则不论屈从人希望与否，该等效果都必然会产生。因此，与法律义务相反，屈从是不可能被违反的。[11]

例如，在第2309条或第2278条的情况下，与被包围的房地产毗邻的房

---

[11] 可见，这是"一个意愿（屈从人的意思）起不了作用的状态"。参见 ANDREOLI (Giuseppe), *Contributo alla teoria dell'adempimento*, 1937年，第89页。在这个领域中，法律规定（leis jurídicas）的力量，是自然规律（leis naturais）的力量所无法比拟的。

地产的所有权人，或者需役地的主人，是无法妨碍他方当事人透过行使形成权从而创设一项新的地役，或者变更既存路径的。他只可以在这之后，妨碍地役权的行使，或者妨碍对新路径的利用，但他要是这样做，对方就可以声请法院针对他实施适当的制裁措施。然而，这时候他并不是违反了屈从，而是违反了跟本义的权利亦即地役权相对应的法律义务。

C）若干总览

假如现在总览一下上文关于法律关系内部结构的那些论述，我们马上就可以得出，法律关系终究表现为向其中一方主体赋予的一个优越或权威的法律地位，以及对应地向另一方主体施加的从属或次要的法律地位。但应该指出的是，两个主体之间的这种联系，显然并不牵涉他们的整个人格，而是仅仅牵涉有限的若干方面而已。

当我们着眼于法律关系的结构或形式方面时，便是如此。然而，就算我们着眼于其功能或实质方面，我们也会发现一个类似的状况：那就是法律透过优先其中一项利益，并相应地牺牲另一项利益，使后者听凭前者的拥有人（代表该种利益的人）的意愿、受其宰制，从而进行规管的一种利益对立。

另外，需要指出的是，就算我们把法律关系理解并定义为人对人的关系，我们仍然要承认，有时候，这一关系会让权利人对某个客体拥有一定程度的支配。所有权，便是一个典型的例子。如果说，所有权人能够请求除了他以外的每一个人不干涉其权利所指向的物，而这些人也应当不作出这样的一种干涉的话，那么所有权人就会因而真真正正地支配（*domínio*）着该物，亦即对该物拥有一项直接无间的权力——对该物进行使用（*usus*）、收益（*fructus*）、处分（*abusus*）从而对其加以主宰的权力。

有见及此，某些学者（例如 ENNECCERUS、LEHMANN）把法律关系定义为人对其他人，或者人对客体或财物（bens）的具有法律效力的关系。[12] 我们并不赞同这种取态。这最主要是因为：1）即使在后一种情况中，也仍然有一项人与人之间的关系存在，而且，究竟其首要元素是该人对某一项客体所拥有的权力，还是任何人皆不得干涉该客体的义务？这是十分值得商榷的；2）我们的定义更为简单，而且也被主流学说所采纳。

---

[12] 鉴于利益（interesses）与财物（bens）的相互关系，甚至可以说，一切法律关系都确认了权利人某一项最广义的 bem（利益）。（译者按：虽然葡语 bem 一词可以表示财物、利益两种含义，但在汉语上，"财物"和"利益"这两个词通常并无混淆的余地。）

4. 法律关系的元素·列举及扼要定义

现在，我们会讲述一些虽然跟法律关系的内部结构无关，但对一项法律关系的存在而言，却是不可或缺的元素*。

它们就是主体、客体、法律事实与保障。

a) 法律关系的主体，是我们用以象征法律关系的线段的端点。它们是法律关系的支柱。它们是人，而法律关系就是在这些人之间建立起来。

法律关系，是一项法律约束或联系。它的结构或者说存在方式，我们已经有所认识。但是，整个联系是以两个端点作为前提基础的。它们就透过这项联系互相牵连。这两个端点，正是法律关系的主体。它们是权利的拥有人，以及对应的义务或屈从的承担者。它们是关系的积极方及消极方，也是实际接收或承受那些以它们作为发送对象的东西的接受者。一般而言，它们是两项对立利益的拥有人或称持有人。这两项利益之间的冲突，法律则透过优此弃彼的方式予以规管。

前一项利益的拥有人，是关系的积极主体（权利主体）；后一项利益的拥有人，则是关系的消极主体（义务主体或屈从主体）。不过，在一些情况下，并不存在这种重合。但这种情况并不常见，所以我们把它撇开不谈亦无不可。

法律关系的主体至少有两个，它们分别是积极主体与消极主体。一般

---

* 此处原文为 elementos。有人把 elemento 译为"要素"，但译者认为译成"元素"远为妥当，理由如下："要素"会使人认为是指"必要成分"，但作者在使用 elemento 一词时往往只是指"成分"，而没有"必要成分"之意。相关的元素（elemento）是否必要，应该整体考虑作者的论述，不能一概而论。在某些情况下，相关的元素（elemento）的确是必要的，例如法律关系的元素（elementos da relação jurídica）、法人的构成元素（elementos constitutivos das pessoas colectivas）即为适例。但在另一些情况下却不然，例如法律行为的元素（elementos do negócio jurídico）便是如此。法律行为的元素包括以下三种："行为的必然（根本、必要）成分"（essentialia negotii）、"行为的自然成分"（naturalia negotii）、"行为的偶然成分"（accidentalia negotii）。法律行为的这三种成分，其对应的葡语分别是 elementos essenciais、elementos naturais、elementos acidentais。在汉语上，三者通常被译为"要素""常素""偶素"。可见，在这三种元素（elementos）之中，只有一种是"要素"（elementos essenciais）亦即必要元素而已。其余二者则绝不是必须具备的，相反，当事人可以按其意思在行为中排除或附加。因此，如果把 elemento 译为"要素"，便会造成极大的混乱，因为一来会把 elementos 和 elementos essenciais 的上下位概念混为一谈，二来容易使人误以为 elementos naturais 和 elementos acidentais 是一定要具备的。为免出现这种窘态，译者遂把 elemento 译为"元素"。关于法律行为元素的理论，详见作者本书第二卷编码 63"法律行为的元素"。——译者注

16

引章
法律关系的概念与结构

而言都是这样。然而，在关系的任一方，都可以有更多的主体（复数主体）。

主体必然是法律意义上的人，因为法律人格正是被定义为拥有权利与承担义务（obrigações）（包括屈从）的资格，或者说成为法律关系主体的适格性。从理论上讲，一个人可以不是任何法律关系的主体。但是，法律关系的主体必然是一个法律意义上的人。

主体可以是自然的人（pessoas naturais）*，亦即身心皆为独立、能自主思想和行动的存在者或实体（seres ou entes）——人类。另外，主体还可以是其他种类的实体。

此处攸关的人格，是法律人格。这种人格，只有法（Direito）才能赋予。法不但可以把它赋予人类个体，也可以把它赋予别的实体。至少，法可以将之赋予人类集体，或者其他为人类利益而由人类创立的组织，只要法律认为这样做合乎该等利益即可。

因此，就很好理解为什么在葡萄牙法中，除有作为自然意义上的人（人类个体）的所谓自然人（pessoas singulares）之外，还有所谓的法人（pessoas colectivas）了。这种法律上的人并非人类个体，而是由人建立和推动，藉以追求人类利益的人或财物（或者两者兼而有之）的组织体。

总而言之，法律关系的主体（或者其中一些主体）可以是自然人，也可以是法人。

b）**法律关系的客体**，是权利所指向的东西。它是权利可分解成的一项或多项权力所指向的东西。因此，它并非权利和相对的法律义务本身，因为权利和相对的法律义务，是法律关系的内容。客体也并非权利所包含的权力，因为后者只是权利的内容罢了。

因此，法律关系客体的定义，只是着眼于积极方而已。法律关系客体，其实就是相应权利的客体。所以，归根结底，法律关系客体就等同于权利客体。

林林总总的事物，都可以扮演这一个角色。例如，一个人、一个物、

---

* 在葡萄牙法中，人们习惯使用 pessoa singular 和 pessoa colectiva 来分别指称汉语所称的自然人和法人。pessoa singular 的字面意思是"单体人"，至于 pessoa colectiva 的字面意思则是"集体人"。可见，在术语上，汉语和葡语各有侧重。若仅从字面考虑，"自然人"所对应的是 pessoa natural。但由于作者在文中使用了 pessoa natural 一词来解释 pessoa singular，而后者又应当译为"自然人"，因此前者只好译为"自然的人"。译文看起来可能有点怪异，但实在迫不得已。——译者注

一项智力成果（人类才智作品），都是毋庸置疑或争议较少的法律关系客体类型。可是，是否存在指向己身的权利，以及指向其他权利的权利？那就是争议性很大的问题了。这个问题，我们将会在适当的地方再予以讨论。

我们来看一看，一些比较重要的法律关系的客体是什么。

亲属人身权利的客体，似乎是人。要是亲权（poder paternal）可以被界定为权利的话，它便尤其如此。至于债关系（obrigações）方面，债权人权利的客体，可以说是债务人的人身。但这里所谓的"人身"，仅仅是就债务人必须作出的一项特定积极行为（作为）或消极行为（不作为），亦即给付而言。简言之，权利客体就是有关给付。此乃债关系的直接客体。在给付物之债方面，我们还可清楚地识别出其间接客体，那就是所给付的物。至于物权（所有权是其最完全、最恰如其分的类型）方面，有关客体则为物。[13]

我们上面所分析的，是由本义的权利构成积极方的法律关系。至于形成权方面，学理常言道，它并无客体，只有内容。所以，形成权是无客体的权利。这种权利并无一项法律义务相对应，也不可能被违反。故此，在这种情况下，也就不必去讨论法律关系的客体。

c）法律事实，是一切产生法律后果的通常意义上的事实（自然事件或人的行动）。

这些效果可以是五花八门的，但终究可归纳为这几种：新法律关系的创设、既存法律关系的变更或者消灭。不过，在这里我们所关注的，显然只是上述第一种效果而已。实际上，创设性法律事实，是一切具体法律关系所赖以出现的必要条件。

一切法律关系，都被抽象地预先规定在法律之中。它们是作为一种概念存在于法律之中的。可是，如果没有发生一项法律事实的话，就不可能存在任何具体、确实的法律关系。法律关系便是藉由法律事实，超脱了潜然状态，进而作为具体事物出现，也就是由潜在可能转变为实际存在。因此可以说，法律事实于此扮演了原因元素的角色。

很多时候，它只是作为触发法律所包含的法律能量（energia jurídica）

---

[13] 比起相应的法律权力（poder jurídico），这种主流观念（或许不止主流观念是这样）更加着眼于权利向其拥有人所确保的事实权力（poder de facto）。此外，一切法律关系的客体，都可被定义为通常意义上的 bem（利益）。法律（Direito）就是透过法律关系，把它交由权利人处置。

18

的条件而已。但有些时候，它会更进一步地涉足法律关系本身，例如为其划定客体（譬如给付的金额、遗赠财产等），甚至法律关系中的权利义务。在奉行意思自治原则或法律行为自由原则的事宜上（尤其是在作为债渊源的合同方面的事宜上），我们就可以看到这样的情况。

但无论如何，要实际创设法律关系，就必须发生一项依法能产生这样一个结果的法律事实才行。

d）保障。我们暂时只分析最常见的那类法律关系，亦即包含一项本义权利（它跟法律义务或者说一般意义上的"obrigação"相对）的那类法律关系，而撇开形成权不谈。

我们知道，法律秩序透过权利，赋予相关拥有人请求（通常并几乎都是请求）他方作出某一举止，亦即作为（facere）或不作为（non facere）的权力。这个地位，对应着他方履行该行为的义务。但后者还是有反抗的可能。

法律向一方说道"你可以请求他方当事人作出某某行为"、向另一方说道"如果你被他方当事人请求时，你应当作出某某行为"，是不够的。单凭这样做，赋予权力、施加义务的这项法律规范，依然是没有实效的。换句话说，也就是没有实在和确定的可靠性。

法规范与其他（内部法律秩序中的）社会共同生活规范的典型区别就在于：对前者的实际遵守，是受国家权力所设置和执行的外在（强制性）制裁（sanções）[14] 所保障的。国家试图透过制裁措施，也就是运用受其支配的力量，来确保人们遵守法律规范。由于这种力量比群众的力量来得大，因而能够抑制群众的反抗。于是，这些措施（在有必要时）便得以正常实施，并达到预期结果，亦即保证有关规范在一般情况下能获得实际遵守。

大多数法律规范都是这样，[15] 而那些规管私法关系的法律规范也不例外。在这里，当法律所规定的行为不被遵守的时候，也有由国家透过法院所采取的制裁措施。它们旨在使权利人的权力和相对的法律义务能获得实现。它们让权利人在义务人不自动履行时，能够伸张其权利，或者使过失或故意不履行的义务人遭受适当的制裁。这样一来，人们对制裁措施的畏

---

[14] 从词源上讲，批准（sancionar）一项规范，就意味着将之神圣化（santificá-la），亦即把它变得仿佛神圣不可侵犯般（参见 CARNELUTTI，前揭著作及章节）。

[15] 有些时候则不然。但那就不是真正的独立法律规范，而只不过是文中所述的规范的构成部分而已。但有时（这种情况极为罕见）亦非如此。

惧，就使得法律关系通常能够不成问题地发展了。

这些措施，便构成法律关系的保障。在最典型和常见的私法法律关系，尤其是债关系（技术意义上的 obrigações）方面，这些措施基本上表现为：如果消极主体不履行法律义务，国家就会透过法院针对其财产采取行动，藉此让积极主体得到应得的满足，或其他尽可能等值的满足。[16]

因此，法律关系的保障，就是当法律义务主体不自动履行，亦即遵行法定行为时，由国家透过其法院针对他所采取的那些制裁手段的总称。

也许这样说会更好：法律关系的保障，是权利人使怠惰的义务人遭受有关措施的可能（possibilidade）。一言以蔽之，就是：使得为了有效保护法律命令而设的国家制裁工具，按法定的适当方式针对义务人运行，藉以确

---

[16] 为此，会先扣押义务人的财产（若所涉及的是债务，便是查封）。如果这些财产本身就是他所应得的话，就会将它们交付予权利人。或者，它们会被变卖，然后再以变卖所得，让权利人得到他应获支付的款项，或者得到作为赔偿的一笔钱。但以上所述的，只是那些最为平常的方式而已。

关于使权利人得到（尽可能的）等值的满足这一点，需要指出的是，这种等值，主要是透过将其他财产性利益或价值转化成金钱为之（可被转化成金钱，亦即能以金钱衡量）。甚至在某种意义上，精神性利益也可以被转化成金钱。

一切的这种制裁，都旨在使权利获得实现（让它得以恢复），亦即透过国家力量，以义务人的财产，让权利人获得利益满足。这种利益满足，是跟假设义务人作出履行时，权利人所能得到的利益满足相同或尽可能近似的。这些情况，可被称为恢复原状（复原、回复原状、还原）、以等价替代予以恢复或以补偿（弥补）予以恢复。如果权利人不被满足的利益，属于精神性质（亦即非经济性质）因而不可替代，但在某种程度上，却可透过以一笔金额满足其他利益（甚至是高度精神性的利益）而得到抵偿的时候，则会以上述最后一种恢复为之。有人选择将"以等价替代予以恢复"或"以补偿予以恢复"，称为赔偿（或损害赔偿），而以"恢复"（或"复原"）一词来专称恢复原状。以上所讲的制裁，都是国家用来从义务人处取得财产，以便确切或近似地满足权利人的制裁。除此之外，还有另一种制裁：它们是针对义务人的人身（监禁）或财产（罚款）作出的，试图迫使义务人以特定方式满足有关利益。许多人称其为强迫措施（medidas ou providências coercivas）。正确而言，它们并非刑罚，因为一旦义务人作出履行，它们便不会继续被实施（他会重获自由，或者不用再缴纳罚款），虽然它们让义务人遭受的损害，乃是额外附加于为满足权利人而遭受的相应损害。这也点出了刑罚的概念。刑罚的结构特点，是与其本身的目的，尤其是"报应"（retribuição）（一种报复）和"预防类似违反"互相一致的。在葡萄牙法律中，几乎完全没有强迫措施，然而可一提的是《民事诉讼法典》第 904 条 Ⅱ 及 Ⅲ 所规定的欠债监禁（prisão por dívidas）。在其他国家，则并非如此。在法国司法见解中，允许法院向不履行某些给付的债务人科处一项按日计算的债务逾期罚款（astreinte）直到他作出履行为止（参见 PLANIOL, Traité élémentaire de droit civil, 第 9 版, Ⅱ, 编码 207）。在英美法中，以不服从法院，亦即藐视法庭（contempt of court）为由而科处的，则是监禁而非罚款（参见 RABASA, El derecho anglo-americano, 第 49 页）。关于各种制裁的定义、分类以至术语方面，学者们都尚未形成通说。作为例子，参见 CARNELUTTI, 前揭著作, 编码 45 及编码 46。上面的论述，只是为这方面提供一个绪论而已。

保法律命令正常被遵守的可能。实际上，在私法范畴中，正如权利的概念本身那样，这种制裁机制只有在受侵害的权利人推动之下才会运行。

我们刚才只是着眼于法律关系保障的那些最恰如其分、最平常的表现，但它并非仅此而已。国家并非只在权利受侵犯或不被满足时，才去保护它。国家还会保障权利人免受法律义务被违反的威胁，或消除法律义务被违反的合理忧虑。国家甚至会保障权利人不因为其权利的存在受到争议或出现疑问，而被这种不确定状态妨碍，以致获取不了有关好处，从而遭受损害。[17]

然而，那只是一些并不需要特别强调的个别情况（至少现在并不需要）。

亟须指出的是，受侵犯的权利人不得以其自身力量采取行动对抗义务人。他不得使用暴力，让义务人遭受不合理的损害，藉此获得满足，或者获得任何的赔偿或补偿。他不得以其双手实现正义（fazer justiça por suas mãos）。他不得诉诸武力。

撇开非常有限的例外情况不谈，权利的自力救济，这种曾经在其他时代（而且，那也已经是距今极为久远的时代了）实行一时，但极度不稳定，而且也是专横霸道和混乱失序之源的制度，是被现今法律所禁止的。国家透过其机关，尤其是法院，在需要动用力量防卫法律秩序（因此，对权利和其他受法律保护的利益所进行的保卫亦然）的时候，垄断了这种防卫。在私法领域中，也是如此。只不过，在私法领域中，国家机关（在这种情况下，亦即法院）并不会主动（依职权，*ex officio*）为之，而是要等待权利或受保护利益的拥有人声请它介入，它才会介入。

如果希望法院保护有关权利或利益的话，其拥有人必须向法院提出相应的要求。此时，他需要提起诉讼。它可以被定义为向法院提出的司法保护要求。鉴于法律原则上不承认自力救济，因此权利人就只剩下这一种手段，可以用来对抗不履行的义务人了。所以，他只能以上述方式诉诸法律。他不能自行采取行动对抗义务人，而是需要使法院采取行动对抗之。其实，在某种意义上，这也是由他自己透过这些国家机关采取行动对抗义务人的一种手段。要是不想忍受权利遭受侵犯，就要向法院提起合适的诉讼。

17　显而易见，如果在房地产归属问题上，存在严重疑问的话，房地产主人就不能便利地转让它了。

上文所述内容，都是针对权利*的通常形态而言的，也就是说，是针对权利由一项真正的请求的权力（poder de exigir）所构成的情况而言的。可是，当权利仅仅表现为一项期望的权力（poder de pretender）的时候，又是如何？

在这种情况下，尽管权利人不能提起诉讼对抗义务人，然而却仍然有某种可以被视为保障的雏形（rudimento ou forma embrionária）的东西，足以让义务人的义务被界定为法律上的义务，而不只是属于道德上的。这样的一种东西，使义务人不得请求返还他已经作出的给付，也不得把给付当成是慷慨行为。毫无疑问，这种情况很罕见，但还是有的。如果说清偿人（solvens）不得从受领人（accipiens）处取回已作出的给付，而且给付会被视为是后者应得的话，那么就已经可以认为，在他们两者之间，存在着一项受到某种最低限度法律保护的约束了。这样的一种约束，可以被视为一种极广义的保障。

最后还要看一看，所谓的形成权方面的保障又是怎样的。如果是那些仅透过其拥有人的行为（亦即由其向利害关系人发出的、附有或不附有特别手续的意思表示）即可行使的形成权的话，那么在作出上述行为后，相应的法律效果便会立刻产生。如果是需要结合法院裁判的话，权利人就必须在法院提起合适的诉讼。一经核实有关权利的存在与行使的法定前提，法院就会作出一项司法行为（裁判），这时候，有关的法律效果便随即产生。我们知道，在上述任何一种情况下，他方当事人对此都是束手无策的。

因此，可以说：法律秩序确保了形成权能够万无一失地实现，或者说，确保了其拥有人能够万无一失地落实它。而且，这种确保权利实现的方式，肯定要比狭义（stricto sensu）权利的更为完全。所以，在这里也是存在一项保障的。这种保障，要比狭义权利的保障来得强大。因为，当义务人不给予狭义权利的拥有人任何满足，或者足够的满足时，狭义权利的保障便可能会落空。[18]

可以说，保障在形成权方面有一种很独特的表现。甚至可以说，它并未突出到成为应予强调的独特元素。无论如何，鉴于本义的权利是远较形

---

* 原文此处所对应的是 direito objectivo（法律），唯依上下文理，实应为 direito subjectivo（权利），似是误值。——译者注

[18] 想一想以下这种很常见的情况，就可以明白了：债务人可能没有任何可被扣押的财产，或者没有足够的财产，能用来向债权人作出彻底的清偿。

22

成权为多的，而且本义的权利几乎都必然表现为请求的权力，故此，在概述法律关系诸元素时，我们其实可以像传统学说那样，仅仅讨论该等权利，而撇开上述其他特例不谈。[19]

5. 后续内容的说明

按照本书的编排顺序，我们马上就要阐述法律关系各项元素的一般理论了。我们将会特别侧重于法律事实一般理论。而当中，又会尤其侧重于法律事实范畴内，最为重要的法律行为一般理论。

其余的法律关系元素，我们将较为扼要地予以讨论。这除了是因为它们的实际意义比较小，也是因为它们通常会被放在其他课程中，以更广的篇幅加以研究。而且这样一来，我们也将会有更好的条件去理解它们。法律关系保障的一般理论，便尤其是这样。把它放到民事诉讼课中学习，是比较合适的。

19　传统学说之所以如此，原因如下：a）仅仅作为期望之权力的权利，终究是很不常见的。无论如何，它的实际意义都甚为次要；b）形成权的概念被德国学说创造出来，只不过是不久之前的事而已。而且，拉丁国家对它接纳得也不多。

关于本编码及前一编码的内容，参见 ENNECCERUS，前揭著作，编码65、编码66及编码67，Ⅰ；FERRARA，*Trattato di diritto civile*，编码65至编码68、编码70、编码72及编码94。

第一部分
法律关系主体总论

第一章 概 论

6. 权利（或义务）主体·法律人格的概念·法律人格与法律能力·权利能力与行为能力·无主体权利是否合理

法律关系的主体可以是自然人，也可以是法人。顺理成章地，我们需要先从一些一般概念开始讲起，然后再去探讨上述两种人的个别理论。

权利（或义务）主体·法律人格的概念

权利主体，或义务主体［我们可以将"义务"（obrigação）一词的意予以扩展，藉以包含屈从］，是一切实际上成为法律关系主体（积极主体、消极主体或同属两者）的实体。为了严谨起见，我们宁可使用法律主体（sujeito de direito 或 sujeito jurídico）这一用语，来指称那些可以成为法律关系主体，但实际上却并非任何法律关系主体的人。虽然两者概念相异，但其实会有重叠的时候：身为法律主体，亦即能够成为权利主体的人，实际上可以同时是权利主体。

这两个概念，马上会带领我们接触到另一个概念。那就是法律人格或者说法律主体性（personalidade ou subjectividade jurídica）。一切权利主体，必然都是法律意义上的人。但从理论上讲，反过来说却并不正确。另外，法律主体和法律意义上的人，是毫无区别的。而法律人格，又正是法律主体或者说法律意义上的人的身份资格。因此，总而言之，法律关系主体的理论，终究就是法律意义上的人或法律主体的理论，甚至，终究就是法律人格的理论。

主流学说尝试为这个概念下一个更明确的定义：法律人格，乃是成为权利义务主体（参见《民法典》第 1 条）或者说成为法律关系主体的可能性或资格。

换一句也许更准确的话来讲，可以像 FERRARA 那样，称法律人格为"接收法律秩序的效果的抽象可能性"[1]。甚至可以说，法律人格是接收法律效果（法律关系的创设、变更或消灭），亦即成为它们的归属中心的适格性或合适性。

替法律人格下了这样的定义后，我们可以得出：它是"一切权利的立足点和先决条件，而且，它是一个身份状况（*status*）"（语出 FERRARA）[2]。

法律人格与法律能力·权利能力与行为能力

法律能力（capacidade jurídica）*，作为享有权利的能力，或者说，作为像现今国外那样所简称的权利能力（capacidade de direitos）（*Rechtsfähigkeit*），是固有于法律人格的。法律能力和法律人格甚至是相同的概念（参见《民法典》第 1 条）。

不可能有人格却毫无能力，反之亦然。只可能出现的情况是：一个人的法律能力，受到某种程度上的限制。当提及这种现象的发生或其发生的可能性时，我们通常会讲能力受限，而不讲人格受限。

关于权利能力（capacidade de gozo），我们目前只需要知道这些就可以了。接下来，要讨论的是行为能力（capacidade de exercício）。从字面上来看*，行为能力似乎是法律秩序所确认的行使权利或履行义务的可能性，而这些权利义务，则是相关拥有人藉由权利能力而取得或负上的。然而，这并非其确切定义。行为能力，不仅是行使权利或履行义务的可能性而已。行为能力，是单独以自身行为，行使权利、履行义务，以及取得权利、负

1　参见 *Trattato*，第 458 页。这种表述方式，以及传统的那种表述方式，在该处都有使用到。

2　出处同上。关于身份状况（*status*）的概念方面，FERRARA 将之视同法律上的身份资格（qualidade jurídica）（第 337 页，注 3）。他这样替法律上的身份资格下定义："它们是会影响到权利的享有与行使的、人的自然或法律上的状况或状态"（第 337 页）。接着他以"年龄、性别、精神疾患、家庭地位、国民或外国人的状况、社团成员地位、与住所的关系、商人身份"作为例子，并总结道："这些状态或身份资格，为主体刻画出其法律上的特性，并让他拥有一个不一样的权利义务的范围及限度（esfera e medida de direitos e obrigações）"（出处同上）。

*　在传承了葡萄牙《民法典》的澳门《民法典》的中文版中，受汉语法学界约定俗成的术语影响，capacidade jurídica 被译为"权利能力"。唯因用语始终有别，故译者在此按字面意思译为"法律能力"。——译者注

*　葡语的行为能力 capacidade de exercício 中的 exercício，有"行使"的意思，故 capacidade de exercício 的字面意思是"行使能力"，所以作者会说，若执字面意思观之，则行为能力乃是关乎"行使权利或履行义务"。唯汉语"行为能力"中的"行为"，实较难对应作者所言。——译者注

上义务的可能性。也就是说，为此并不需要法定代理人（他并非由被代理人指定，而是以其他方式指定）介入，也无须经其他人（他也不是由被代理人指定）同意。尚需注意的是，我们上面谈到由有行为能力人单独作出的自身行为，这一表述也包括由有行为能力人的意定代理人或称受权人（由被代理人自己选定）所作出的行为。

这样说也许更严谨：行为能力，是法律主体仅以自身行为产生法律效果的能力。它是进行自身法律活动的能力。简而言之，它就是亲自或透过意定代理人作出法律上的行为（actos jurídicos）（产生法律效果的行为）的能力（这些行为可以是适法的，也可以是不法的）。所以，现今在国外，行为能力常被称为（法律上的）行事能力（capacidade de agir），或者行动能力（capacidade de acção，Handlungsfähigkeit），也就是实行或作出法律上的行为的能力。

归根结底，这种能力其实就是亲自或透过受权人，去利用或施展自身权利能力的一种能力。

FERRARA 这样写道：[3] "权利能力只不过是一项享受的条件、一个静态的状况而已，但行为能力则意味着一项动态的能动性、一项驱使权利运作起来的能力、一项透过自身法律行动来产生一些转变的能力。"

一个法律主体不能完全没有权利能力，但行为能力却不然[*]。法律意义上的人，是可以（而且实际上也有这种情况）缺少甚至完全没有行为能力的。[4] 的确，行为能力的前提是：一个人要具备自觉意志（vontade consciente），并且有能力以法律所认为的正常方式去支配它，从而以中等程度的把握、敏锐和谨慎，管理他的自身利益。但情况不会总是这样。所以，虽然法律以"有行为能力"为原则，但显然也承认无行为能力的可能。

然而，为了法律关系的稳定性起见，法律不希望逐次就每一项法律上的行为，个别地、决疑式地审查行为能力的有无。于是，法律便明确预设好无行为能力人的各种分类，以便将人归入某些预设的分类之中。这时候，

---

[3] 参见 Trattato，第 459 页。

[*] 因此，葡语 incapacidade（无能力）、incapaz（无能力人），通常都是指"无行为能力""无行为能力人"。译者选择在中译时加上"行为"二字。——译者注

[4] 有关的无行为能力，可以是一般的（未成年人和某些精神错乱者），也可以是特别的（挥霍者、配偶）。而一般无行为能力，还可以分为绝对的无行为能力（亦即完全缺乏，例如某些精神错乱者的情况），和有限的无行为能力（仅仅遭受某些限制，例如未成年人的情况）。

该人在法律上即为无行为能力人,哪怕他在事实上不是(这可以是一般性的,也可以仅仅涉及受质疑的时候和行为)也好。反之亦然(至少在一定程度上是这样)。

在法律所确认的各种无行为能力中,最重要的是未成年人的无行为能力(第98条)。另外,尚有其他的无行为能力(精神错乱者、聋哑人等)。[5] 需要指出的是,有些人认为,所谓的法人必然缺乏行为能力,因为这种能力要求法律主体必须具备身心机体(organismo físio-psíquico)、自身意识(consciência própria)和自身意志(vontade própria),一言以蔽之,亦即要求法律主体拥有天然或自然的人格。

有别于无权利能力,无行为能力是透过法律所设立的适当方式予以弥补的。关系到无行为能力人的法律上的行为,不能由他们亲身和独自地作出,不代表就无法作出。其权利能力不会因此而运用不了。无行为能力人的法定代理人,可以替其作出行为,并于其法律领域[*]内产生相关的法律效果(此即代理制度)。还有一些时候,无行为能力人可以亲自作出行为,但必须经某人或某实体的同意(此即辅助制度)。在未成年人的情况中,会出现前者:代理权归父母所有(一般是归父亲所有,而在无父亲或其因故不能视事时,方归母亲所有),无父母时则归监护人所有(第100条、第137条至第139条)。[6]

不难发现,无行为能力并不排除权利能力。甚至在某种意义上讲,前者还以后者为前提。因此,有可能出现这种情况:某人是一项权利的拥有人,但权利却不能由他来行使。那甚至可以是基于自然原因而办不到。那些新生婴儿本身,也可以是权利的拥有人。

然而,可别以此为据,来反驳我们视权利为一项权力(poder)[7]关系的这一种观念。一项法律权力,可以归属于一个事实上什么也做不了的人。

---

[5] 也不是每一种由法律所确认的无行为能力,都是建基于(实际存在或推定的)相应的自然无行为能力的。配偶无行为能力,便是如此(第1191条及第1193条)。它所考虑的,只是配偶利益的牵连,以及为夫妻利益而进行统一管理的需要罢了。

[*] 术语 esfera jurídica 惯常被意译为"权利义务范围",但本书译者认为宜依字面含义直译为"法律领域"。——译者注

[6] 这是一般原则。但在某些行为方面,基于行为的人身性质,可以有不一样的处理:未成年人要么无权利能力(在14岁前立遗嘱、在达到结婚年龄前缔结婚姻),要么其无行为能力透过辅助予以弥补(在达到结婚年龄后缔结婚姻),要么未成年人获承认具有完全的能力(在14岁后立遗嘱)。

[7] 注意,我们是讲法律权力,而非意思权力。

不要认为这种观念是完全不可接受的。要是作出这样的非议，那就是混淆了*法律上*的权力和*现实上*的实际权力两者，也是因为没有牢牢记住，权利的存在并不是有形体的，而是纯粹观念上的。ENNECCERUS写道："法律权力，就像一切法律和权利那样，只不过是一个共同体的思想和意念上的东西而已。"按照我们的说法，则是法律秩序的思想和意念上的东西。这位学者指出："现实上的实际权力或权势，可以受法律秩序所优待、鼓励或保护，但却永远不能由法律秩序直接创造出来。权利不是能够用感官去感知的东西。它只是被设想出来的东西。"[8] 它仅仅是"法律交由主体支配的观念上的法律力量（força ideal jurídica）"。[9] 以利益的概念来定义权利的理论，我们在上文已经进行了批评，而要是又不接受这种立场的话，也看不出能够怎样理解权利了。

另外，要是主张这种把权利理解成法律上的权力的理论，就必须承认：这样的一种权利，可被赋予缺乏思想与行为的自然能力的人。举例而言，必须认为：那些与未成年人利益相应的权利，是被赋予未成年人本人，而非其代理人。因为这样一来，这些利益就可以得到更适当的规管。的确，要不是这样的话，一旦代理人换了人，或者未成年人的无行为能力状况终了，那么上述权利就应当要被移转至新的代理人，或者前被代理人（ex-representado）本人了。

可是，即使这种移转是径直依据法律（*ipso jure*）进行，而非仅仅是代理人有义务实现移转也好，这样的一种法律处理方式，就算对被代理人利益而言并不会比较不稳定可靠，但无论如何都是比较复杂的，至少，在其观念梳理上，它是比较复杂的。远为简单的做法是（尽管这样并不会更有效益或更安全可靠）：视这些权利直接赋予被代理人，而代理人则仅负责行使之。这样既简单，又不会跟我们的思维模式有所冲突，因为这是与我们理解事物的自然和通常方式相符的。

由此可见，意思对于权利的拥有或归属而言，并不是必要的。唯独对于权利的行使而言，意思方属必要。

无主体权利是否合理

有学说认为，这样的一个法律概念实属匪夷所思。这种见解是比较得当的。因为，一旦我们将权利定义为法律秩序赋予一个人（这个人正是权

8　参见 ENNECCERUS，前揭著作，编码 65，编码 1，编码 5。
9　参见 FERRARA，前揭著作，第 321 页。

利的主体）的请求或期望的权力的话，我们的观点就不能不是这样了。甚至，我们用权力的概念来定义权利，这种做法便已经足以说明一切。任何权力，都必须系属于一个主体。权力必须以一名持有人、拥有人，或者说主人（senhor）（语出 FERRARA），来作为其概念本身的元素。权力便是由其行使，或者以其名义被行使。就正如，义务的概念，也以同样作为其主体的一个载体、承担者作为前提一样。

上述看法，乃是主流见解。然而，也有少数学者，主张无主体权利（direitos sem sujeito）是有可能出现的。但他们指出，他们并非认为主体这项元素可以完全地、由始至终地欠缺，亦即权利能够在没有主体的情况下出现、存在以至消灭。他们只是认为，主体可以暂时或临时地欠缺，也就是说，这种状态在某个时候便会结束——最终要么是没有权利出现，[10] 要么是出现一项有其拥有人的权利。未出生人获赋予的继承权（第 1776 条及第 1777 条），以及抛弃无记名式证券的情况，[11] 即为无主体权利的例子。

然而，该如何理解那些看起来像是无主体权利的情况？这里有两种可能：要么，经适当分析后，我们能为有关权利找到一名拥有人；要么，我们找不到。在第一种情况下，我们已经无须在无主体权利的问题中，支持上述任一种立场，因为一切难题都已经烟消云散。在第二种情况下，我们则应该得出这种结论：那并不是真正意义上的权利。

这样的话，那又是什么？我们认为，那纯粹是某些财产的约束状态（estados de vinculação）而已。因为这些财产嗣后有可能会有其拥有人，因而出现一项相应的权利。某项权利的可能客体（possível objecto），并不是无拘无束的，而是俨如处于一个受适当保护的期待状况。如果最终出现相关拥有人的话，这项可能客体则会成为有关权利的客体。[12]

7. 权利与其拥有人的联系·可能呈现的形态：I）直接（或无间）联系与非直接（或间接）联系·II）可分离联系与不可分离联系

一切权利皆有其主体。前者借着一项被称为拥有（titularidade）的归属

---

[10] 或者说，权利随着主体的欠缺而即告消灭。
[11] 这些证券所附载的权利，由其占有人拥有。因此，一旦抛弃它们，权利便会变得没有主体，直到证券再被其他人取得为止。
[12] 参见 FERRARA，前揭著作，第 453 页至第 455 页；主要参见 ENNECCERUS，前揭著作，编码 68，编码 1。

关系，系于后者。但这种联系或关联的形式，并不止一种而已。兹将各种可能呈现的形态（至少是那些最主要的）分述如下。

Ⅰ）直接（或无间）联系与非直接（或间接）联系

在前一种联系方面，权利与其拥有人的联系是直接的，并无第三者作为中介。权利之所以属于特定的人，是基于他本身的身份（语出 ENNECCERUS），换言之，亦即基于这个人就是他自己。这个人（权利的主体或拥有人）是被独立地确定（individualmente determinada）的（语出 FERRARA）。此乃通常情况，并无举例的必要。

至于后一种联系方面，权利与其拥有人之间的联系，就不是直接地建立于两者之间了。在这种联系当中，有一个居中的东西（quid）介入。它是另一项权利或某个事实状况。权利归属于拥有另一项权利或处于相关事实状况的人，以其为主体（根据 ENNECCERUS 所言）。主体对权利的拥有，是透过对另一项权利或状况的拥有而确立的。地役权即为一例：对于积极方（消极方亦如此）而言，地役权是固有于某项房地产的，因此，它归属于身为其所有权人的人（第2267条及第2268条）。又例如，一张无记名式证券（例如一张剧院门票）所附载的债权，是归属于（至少从某种意义上说）实际占有或持有该证券的人的。

Ⅱ）可分离联系与不可分离联系

按照"分离"一词的通常意义，若一项联系是可以分开（可以断裂）的，即谓之可分离。相反类型的联系，则为不可分离。然而，这种含糊空泛的概念，是需要厘清的。倘若联系可以因相关拥有人的意思而断绝（纵使权利在同一时间消灭亦然），或者可以基于某种原因而断绝，而权利则转而归属于另一人，我们就说这项联系是可分离的。

因此，如果权利属下列情况，有关联系即属可分离：

可放弃：这意味着，相关主体能以其意思行为，完全地抛弃、摒弃它，而不问权利往后命运如何。在这种情况下，权利会归于消灭；[13]

可移转：这意味着，权利可被移转至其他主体，而无损其同一性。移转要么以生前行为为之（亦即可转让；有关移转也可以是一项强制移转），

13　虽然，可能有另一个人会取得另一项完全相同的权利。这甚至可以在一瞬间发生：例如，一项动产被抛弃后，即时有其他人作出先占；又例如，一笔遗产被抛弃后，即时增添或移交予其他继承人。

要么以死因行为为之（亦即可继承；继承可以根据拥有人的意思、不取决于拥有人的意思，或者在违反拥有人的意思下进行）。

所以，一项权利与其主体的联系的可分离性，有下列三项决定因素：可放弃性、可转让性与可继承性。

以上是就全面或完全可分离性而言。但上述各项因素可以不同时存在，亦即可以只出现一些，甚至只出现一项。

有可能不是每一种可能出现的组合形态都得到法律承认，因为并非每一种都是说得通的。譬如，可转让却不可放弃，就是匪夷所思的。相反的组合，也很难有站得住脚的理由作为支持。[14] 但在某些前提下，可继承却不可转让、不可放弃，则是可以接受的。[15] 在所有这些情况中，都出现了一种片面或称部分的可分离性，同时，也显然出现了一种片面或称部分的不可分离性。

至于严格意义上的不可分离联系方面，只需要指出，它是指权利不能因其拥有人的意思而与拥有人分开，[16] 并且会随着其死亡而消灭，而不会移转至相关继承人。因此，不可分离联系就意味着不可放弃、不可转让和不可继承。然而，显然也是有可能出现有限或部分不可分离性的。

对财产权利而言，联系通常都是完全可分离的。作为例子，在债权方面，可参见第703条、第815条。另外，对非财产性质的权利，亦即所谓的（这个意义上的，*hoc sensu*）人身权利而言，则一般都是完全不可分离的。亲属人身权利，便是如此。显而易见，配偶人身权利（参见1910年12月25日第1号命令，第38条及后续条文）是不可放弃（但不排除离婚或分居的可能性）、不可转让及不可移转的。姓名权亦然。

最后，应该指出的是，上述两分法可谓只对直接联系的情况有意义，因而它仅适用于前一种分类的其中一类而已。非直接联系本身是不可分离

14　然而，这也并非不可能，尽管比较罕见。像使用权与居住权便是这样。这些权利虽然是完全不可移转的（第2258条；参见第2254条及第2257条），但却是可放弃的（第2241条第5款、第2255条及第2261条）。

15　参见第1781条第1款。但这在因嗣后出现子女而废止赠与的形成权（参见第1486条、第1487条及第1490条）方面，会有一些疑问。因受赠人忘恩而废止赠与的形成权（参见第1490条及第1491条）亦然。

16　无论是透过让与为之，还是透过放弃为之（在后一种情况下权利即告消灭）。但是，权利可以于拥有人在生时基于其他原因而消灭，这并不影响其完全不可分离性。例如，配偶（之间）的人身权利，并不会仅仅因为它们会随着对方死亡而消灭，就不属于完全不可分离。

的，但从属权利的可放弃性则另当别论。从属权利的拥有人，必须是主权利（或状况）的拥有人。从属权利消灭而主权利维持存在的情况，则是有可能出现的。消灭也可以是因为相关主体的一项意思行为，亦即放弃（renúncia）[17] 使然。另外，毫无疑问，主权利是可以与其拥有人分离的。这样的话，从属权利通常也会被一并拖走。然而，这又是另一个问题了。

8. 义务与相关主体的联系·可能呈现的形态：Ⅰ）直接或无间联系与非直接或间接联系·Ⅱ）可分离联系与不可分离联系

作为法律义务，或作为承受某些法律效果产生的必要，义务［广义（lato sensu）的 obrigação］的概念本身，牵涉到一个被法律秩序施加上述义务或必要的实体（人）。这一实体就是所谓的义务主体。而义务与其主体之间的联结，同样有各种形态需要考虑。然而，鉴于这些形态和我们刚才所讲的、权利与其拥有人之间的联系形态有着某种对应之处，故下文将扼要论述之。

Ⅰ）直接或无间联系与非直接或间接联系

关于它们各自的定义方面，上一编码中的理论，经必要变通后（mutatis mutandis）即可转用于此。一般而言，有关联系都会属于直接联系。非直接联系仅为个别情况，但因为现在我们把跟形成权相对的屈从也纳为义务，所以，这些情况也就变得相当多。

非直接联系的例子有：共有人促进共有物保全的义务（第2178条）；供役地所有权人支付对地役的使用及保全而言，属必要的工程的费用的义务，但以有订定此等条款者为限（第2277条）；固有于永佃权人状况的缴付地租义务（参见第1677条）；[18] 因第2309条及第2328条而生的屈从。

---

17 例如地役权的情况（第2279条）。该条文提到"放弃或让与"（renúncia ou cedência）。两者的区别在于：放弃是需役地所有权人的一项单方行为，而在让与的情况中，则存在前者与供役地所有权人之间的一项协议（合同）。

18 在这三种情况下，有关的债通常被称为属物之债（obrigações reais、obrigações ob rem、propter rem 或 rei cohaerentes）。它甚至被称为流动之债（obrigações ambulatórias），这是因为当该债所系属的法律状况移转时，它就仿佛从一个主体处流向另一个主体处那样。除了跟某项物权的拥有关系有所联系，以及（至少在首两个例子中）债会随着物权的放弃或抛弃而消灭（参见第2178条及第2277条）之外，这些债跟一般的债并无两样。然而，也有人将缴付地租的义务界定为物上负担（encargo real）（Reallast），并认为债权人（田底权人）除了其债权之外，尚拥有一项物权。这项物权，让债权人能够为实现设有负担的土地上的前述权利，以及基于所拖欠的给付而采取行动。参见 FERRARA，前揭著作，第451页至第452页；*Revista de Legislação e de Jurisprudência*，第60期，第86页（当中援引了第1677条的规定）。

Ⅱ）可分离联系与不可分离联系

关于它们的定义方面，需要先予讲述的概念，同样与上文就权利与其拥有人之间的联系所述者相若。可是，一方面，在这里显然不能够讨论什么可放弃性。义务人仅仅透过其意思而摆脱义务，是绝不可予以承认的事，因为这是与义务的概念本身相悖的，实为自相矛盾（contradictio in adjecto）。

另外，笼统地就义务（obrigações em geral）而言，似乎也不能讨论可转让性的问题。但在技术意义上的 obrigações（债关系）方面，义务的可转让性问题，亦即义务能否透过生前行为移转，则是值得商榷的。这就是知名的债务个别继受（sucessão singular nas dívidas）* 问题。[19]

由于债务实际上能否得到履行，是取决于债务人的偿付能力的，因此没有人会认为债务人可以在没有债权人同意的情况下，径自将其债务移转予他人。但我们尚要知道的是，即使取得这种同意也好，这又是不是一种真正意义上的债务移转？还是说，我们只能承认它是一种基于债务人变更的主体更新（novação subjectiva por mudança do devedor）？传统学说所认同的是第二种见解，但也有人主张第一种见解。

无论如何，在义务方面，就像在权利方面那样，可继承性无疑是可以接受的（第 703 条、第 1735 条、第 1737 条、第 1792 条、第 1794 条及第 2115 条）。

由此可见，在义务方面，不可能存在完全可分离性，而只能存在部分可分离性。因此，对义务而言，这种区分所涵盖的范围是比权利方面狭窄的。它只涉及义务的可继承性，充其量，也只是涉及可转让性而已，而绝不会涉及可放弃性。鉴于可转让性的问题是值得商榷的，我们暂且把它撇开不谈。可以说，义务的可分离或不可分离，其实可以归结为可继承或不可继承。

可见，对财产性质的义务而言，至少是在技术意义上的 obrigações（债关系）方面（参见前引条文），联系一般来说皆为可分离。至于对人身性质

---

* 在澳门《民法典》中文版中，transmissão singular de dívidas 被翻译为"单纯债务移转"，但这似乎是误译，因为这一译名难以与债务的概括移转或称全面移转（例如死因继受）相对。在这里，singular（个别、单一）其实是与 universal（概括、全面、普遍）相对的。另外，singular 在此也绝非指"仅"移转债务（而不移转债权）。关于这个问题，亦请参见作者的注释（下注）。——译者注

[19] 之所以是个别（singular）继受，是因为葡萄牙法律是不允许（至少这几乎是一项绝对的原则）生前（inter vivos）概括（universal）继受的。

的义务（例如配偶的人身义务）而言，它们则是绝对不可分离的。但这也有例外：它们在相关主体在生时，是可以基于主体单纯一项意思行为以外的其他原因（另一方配偶的死亡、离婚或分居）而消灭的。不过，即使在那些技术意义上的obrigações（债关系）方面，我们也能发现一些不可分离（不可继承）的例子。例如，因家庭劳务合同而生的义务（第1385条）、因委任合同而生的义务（第1363条第3款），以及笼统而言，那些不可替代事实的给付义务，也就是说，那些事实上完全不能由他人实行，或者假如由他人实行即无实益的义务（参见第703条、第712条、第747条唯一附段；《民事诉讼法典》第933条，I）。

最后需要注意的是，这种区分同样（甚至更甚于权利的情况）只对直接联系的情况而言才真正有意义。[20]

9. 法律关系主体的类型：自然人与法人

我们已经知道，法律关系主体的身份资格，亦即法律人格，是一项法律（Direito）的创造。它是为了那些获法律秩序确认或者说赋予法律人格的实体而存在的。因此，就可以理解为何法律意义上的人的身份资格，和通常意义上的人的身份资格，可以不被同时拥有了。法律人格与自然人格（personalidade natural），不必总是以无其中一者则无另一者的方式并存。作为一种理论上的可能，这是毋庸置疑的。而且，在古今一众法律体系之中，情况或多或少都是如此。

FERRARA指出（参见其前揭著作，第443页），历史告诉我们，在长达多个世纪的一段时间内，的确有一个人类阶级，是被否认拥有法律主体身份资格的。他们就是奴隶。历史也告诉我们，人们可以因为进入修院（入教宣誓，votos monásticos），或者基于一项刑事判罪（法律上死亡，morte civil），而丧失其法律能力或法律人格。在葡萄牙现行法中，并没有这些情况。有自然人格者，总是有法律人格的。可是，这些人的法律能力有时候会受到某些限制，但由于奉行个人民事平等原则，这些限制也只是相当微不足道而已。

然而，不难发现，向每一个人赋予法律人格，并不是理所当然的，而是出于实证法的一个偶然决定。

---

[20] 关于本编码及前一编码的内容，主要参见ENNECCERUS，前揭著作，编码68，II。

另外，无论是在法律史上，还是在现行立法（包括葡萄牙的立法）上，我们都会看到，法律人格会被赋予一些没有自然人格，亦即并非人类个体的实体。现代法律中的例子，就是所谓的法人（pessoas colectivas）。它们是那些为了谋求某些利己或利他的共同宗旨而联合起来的人的群体，或者那些由一人或多人创立、旨在实现某些人利益的组织（同样地，后者在某种意义上也会有一群人的介入。他们是相关利益的拥有人，亦即有关组织所进行的活动的受益人）。

我们并不会检视在法律史中，是否存在某些将法律人格赋予无自然人格的实体的例子，[21] 也不会讨论这种做法合理与否。[22] 我们只需要记住，在葡萄牙法律中，以及笼统而言，在我们这个时代的立法中，法律人格除了会被赋予个人（而且是所有的个人）之外，在一定条件下，还会被赋予那些构成所谓的法人的集体或组织。除此之外的其他任何实体，皆不获赋予法律人格。

拥有法律人格的人类个体，被称为自然人（pessoas singulares）（或 pessoas físicas、pessoas naturais）。因此，法律关系主体有且仅有两种：要么是自然人，要么就是法人。毫无疑问，葡萄牙法律除了承认自然人之外，还承认法人。这是从无数法律条文中得出的。当中仅需一提《民法典》第32条及第37条，与《商法典》第108条。[23]

---

[21] 参见 FERRARA，前揭著作，第443页："在不同的历史时期，神祇与圣人、动物与植物、逝者与灵魂，都曾被认为是权利的拥有人。"

[22] 有人认为那并不合理，因为一方面，法律秩序是为了人类，而且也只是为了人类而存在的。它只是为了保护人类利益，而作为人与人之间关系的规则而存在。另一方面，鉴于权利乃是力量、权力，因此，它是以意思作为前提的（参见 COVIELLO，*Manuale di diritto civile*，第3版，第141页至第143页）。

然而，也有人认为，"就形式方面而言，并没有什么会妨碍作为法律秩序产物的法律人格，可以与非人类实体有所联系"，而且，在上一注释中所述的历史资料也"表明了在形式上，法律是完全能够将法律人格赋予非人类实体的，无论它们是具体的还是抽象的，是现在的还是将来的亦然"（参见 FERRARA，前揭著作，第443页）。然而，就实质方面而言，法律人格总是"实现人类利益的手段"（参见 FERRARA，前揭著作，第444页）。我们不难对上述第二种理由作出批评。例如，我们可以反驳说，从它的前提中，根本推论不出那么多的结论。

[23] 这也并不妨碍《民法典》第1条规定"仅人（homem）可拥有权利及承担义务"。该条文或需让步于其他明确承认法人法律人格的条文，或需根据这些条文来进行解释，而取"人"一词之广义者，从而将获法律赋予法律人格的社团与其他组织，也一并包括在内。

第二章 自然人

10. 从略

我们原拟在本章探讨的，乃是自然人法律人格的开始与终结、自然人的状态，以及导致其能力出现变化的原因，最后，则为住所和失踪的理论。然而，所有这些内容，在一年级的法学绪论（lntrodução ao Estudo do Direito）课程中已有所扼要谈及，故不复赘述。因此，该课程中已述及的概念，兹从略。

第三章 法　人[*]

§1. 概念与结构

11. 法人人格的概念·该制度拟满足的利益·法人的真正本性或存在方式·我们采用相关术语的理由·在结构观点下法人的两种根本类型的介绍：社团与财团

我们现在开始探讨法人的理论。首先，我们需要对这一概念进行阐述。

法人人格的概念

法人人格，是向法人赋予的法律人格。我们可以这样定义法人：法人是由一个人的群体或一个财产联合体（财物集群）所构成的、旨在谋求一项特定共同利益，并获法律秩序赋予法律主体身份资格，易言之，亦即获承认为法律关系独立自主中心的组织。即使这个定义并非完全精确，但也已经是相当贴切的了。我们往后将会对法人的构成元素加以说明，从而厘清及完善上述定义（参见下文，编码12）。

法律是承认法人的，而且我们在法律生活上也遇到许多法人（无论就数目上或种类上而言皆然）。国家本身，就已经是一个法人（第37条）。市（《行政法典》第14条）、堂区（《行政法典》第196条，唯一附段）、省

---

[*] 在关于这一课题的众多文献当中（除了我们在上文曾引述的那些全面性地关于民法的著作之外），我们特别列出以下著作：FERRARA, *Le persone giuridiche*（载于由 VASSALI 主编的 *Trattato di dir. civ.*）；MENOTTI DE FRANCESCO, *Persona giuridica*，载于 *Nuovo Digesto ital.*, IX；GANGI, *Persone fisiche e persone giuridiche*（1946年），第 181 页以下；GUILHERME MOREIRA, *Da personalidade colectiva*，载于 *Rev. de Leg. e de Jurisprudência*，第 40、41、42 期。在上述著作中，也提及了其他的一些著作。

第三章
法 人

(《行政法典》第284条，唯一附段)、仁慈堂（Misericórdias）[*]（《行政法典》第416条及第433条）、宗教团体（《行政法典》第416条及第449条）、公司（《商法典》第108条）等，都是法人。其例子不胜枚举。

该制度拟满足的利益

除了个人专属利益之外，尚有一些利益是由众人，亦即一定数量的一群人所分享的。这群人的数目可多可少，多者可以及于整个国家，甚至全人类（情况如诺贝尔基金）。视乎情况，这群人要么是被精确地确定的，要么是以具有一定模糊度的方式被确定的。

我们可以把这些利益，称为共同利益或集体利益。这种利益可以是永恒的，或无论如何维持一段长时间，并超越人类寿命（就个人的寿命而言）。我们姑且称之为恒久利益。

个人利益的安排，只需要由相关拥有人以法律所赋予的人格（自然人人格）进行法律活动即可。然而，对于集体利益而言，单凭自然人人格的机制，以一种简单的方式（亦即不具相当复杂性的规管方式）为之，是可能不足以让有关利益得到适当保护的。当利害关系人愈是空泛和不确定时，情况就愈是这样。对于那些恒久利益而言，尤其如此。

为此目的，需要适当地协调一众个人（他们或一直同在，或随时间更迭）的财产资金和人员活动。要获得这种协调的话，单纯借助于那些利害关系人或其他个人的自然人人格，是不可靠的。至少，那是相当烦琐困难的一种方法。因此，就需要有一个新的技术机制、一种新的法律手法。那就是赋予由前述元素协构而成的组织的法人人格。虽然，组织是透过担任其机关或代理人的自然人的活动而运作的，但组织本身，作为观念上的统一体，才是与其宗旨（亦即相关利益）相符的那些法律关系的主体。

也不是说，要是不将这些组织人格化（personalização），相关利益便完全得不到任何保护。只不过，以另一种方式，亦即仅仅藉由利害关系人或其他个人的自然人人格，来让相关利益获得保护，这种做法是很没有效益的。无论如何，这种规管方式都是相当繁复的，因为这样的话，要规管跟这些组织有关的法律关系，就必须以一种与众不同的特殊方式为之。与上

---

[*] 首字母大写的 Misericórdia 在这里并不是泛指一切慈善机构，而是指创始于15世纪末葡萄牙的一类天主教教会慈善机构（Santa Casa da Misericórdia，亦参见《行政法典》第433条），在汉语文献中一般译为"仁慈堂"，译者从之。——译者注

述做法相反，只要把这些实体人格化，那么适用于其他关系的规范，便可以在稍作保留或调整后，同样适用于这些关系了。

确实如此。假设有一些人想成立一个体育社团或慈善社团，如果法律不为相关法律目的而将社团人格化，从而使它有别于所有社员的总和的话，则显而易见，由社员们为社团宗旨而投入的财产，或者后来得到的财产，还有相关的债务，便要按比例由社员们拥有和承担了。或者，视乎是谁（这些人可以是社员或获社员们许可的其他人）以自己名义取得财产或负上债务，它们便归谁拥有和承担。但与此同时，他们又会有责任将财产运用于特定目的，亦有权就超出其债务部分的偿还金额获得赔偿。[1]

这是根据葡萄牙法律规管自然人法律关系[2]的方式去做的。然而，这种做法却很复杂。而且，在团体利益的保护及实现方面，这种机制也相当容易出错。

倘若上述财产是整体地属于社员，则当他们当中的任何一个人死亡时，有关部分就会移转至其继承人，并产生相关的继承税。[3] 如果继承人不能自社团处取回该部分，或者社团无须解散（参见第1276条第4款及第1277条）的话，则势必不利于社团设立所为实现的宗旨。至于债务方面，每一位社员都会需要以他们的一切财产为限，来偿还他们所承担的那部分债务。可是，他们可能并不想负起一个这么大的责任。

倘若上述财产与债务，是归入以自己名义取得财产或负上债务的人的（财产性）法律领域之内，则于他们死亡时，有关财产也同样会移转至相关继承人。除此之外，他们以及他们的继承人，也都可以挪用这些财产，将之运用于无关社团宗旨的其他用途。虽然这些人会因为相关损失或损害而承担责任，但对于社团而言，这种责任却并不总是一项有效的保障。同样，在债务方面，承担债务的人就超出其债务部分的偿还金额获得赔偿的权利，也可能成为空谈。[4]

要是法律不承认法人人格的话，当一名善长仁翁拟创办一间医院或收容所，藉以帮助特定地区的穷苦病人或贫困长者时，也会发生类似的事情。他可能会为此目的而投入他一部分的财产。然而，由于不存在一个获人格

---

[1] 赔偿由所有社员或其余社员负责。

[2] 可以这样说：它们仅仅是葡萄牙法律以直接方式进行规管的那些法律关系。至于对法人的那些法律关系的规管，除了某些保留及调整之外，就只是透过准用规管其他法律关系的规范为之而已。

[3] 如果社团由死者的继承人延续下去的话，那会是社团的一项负担。

[4] 这是因为，责任人可能会没有偿还能力，更何况，相关债权尚需与其他债权竞合受偿。

化的新法律主体来接受相关利益,所以,他随时都可以改变初衷,不再将上述财产用于该用途,也无需因而承担任何责任。另外,因医院或收容所而负上的债务,亦需要以他的一切财产为限予以偿还,而不仅仅限于他拟投放于有关事业的那些财产而已。这可能会与他的意愿相违,并打消了他创办有关事业的念头。毫无疑问,我们应该要做的,是激励利他事业的发展,给予其高度便利,而不是加诸一些不必要的生硬掣肘,使之却步。

以上是创办人在生时的情况。那么,他要如何保证其事业在其死后仍能得以延续?为此目的,他需要指定一名继承人或受遗赠人来接受相关财产,并负责把这些财产运用于有关事业,而在该继承人或受遗赠人死后,那些财产也应该以相同方式移转予其他人,如此类推。

然而,在一些立法例中,像葡萄牙的情况那样,由于是禁止多于一级的遗产信托(fideicomisso)的(第1473条、第1866条及第1867条),所以这又怎么可能办得到呢?充其量,也只能为财产订定它们在被继承人死后,继承人"一"生中的用途罢了。

以上所述(而且,所能指出的也并非仅此而已)都已经能让我们了解到,在葡萄牙现行法律中,如果不承认上述组织拥有独立自主法律主体的身份资格,将会妨碍其活动有效益地开展,并使其更为复杂。虽然,经营这些组织的自然人的那些法律关系,如果用一种特殊方式予以规管的话,也是可以消除掉这些不便的,但代价就是,立法者将要面临巨大的困难,而且法律体系的复杂程度也就更高了。然而,显而易见,只要我们的法律确立并在此引入法人人格的制度,有关阻碍与繁杂便不复存在。

所以,总而言之,我们重申:此制度提供了一个更合适的法律工具,以一种既高效又简便的方式来满足某些人类利益,并保证了为其服务的资金以及人的活动所不可或缺的协调性与延续性。这些利益,是一群人的共同利益,尤其是存续时间超越人类寿命的利益。而且,当利害关系人愈多、利益的存续期间愈长时,情况就愈是这样。

法人的真正本性*或存在方式

就像自然人人格那样,法人人格也是法律(Direito)的创造。它是一种

---

* 此处"本性"的原文为natureza,有译为"本质"(实际上学界也惯常以"法人的本质"指称这一论题),然而,译者则选择把natureza译为"本性",以便在用语上区别于essência"本质"和substância"实质"。葡萄牙语natureza、拉丁语natura,皆有性质、本性、自然等含义,译者会视乎原文文义译之。——译者注

旨在保护某些人类利益的法律手段、法律方式。然而，它不是一种完全随意而为的创造，也并非如某些传统理论（SAVIGNY、PUCHTA、WINDSCHEID 等）所言般，是一种纯粹的拟制。假如法以"真正的法律主体必须是人类个体"这种观念作为大前提，从而将上述那些组织虚拟或者说假设成人类的话，那才算是一种纯粹的拟制。然而，情况并非如此。[5]

虽然法律把法律意义上的人这一身份赋予这些组织，但法律并非把它们假想成人类实体。因为法律人格与自然或天然人格，并非相同的东西。它只是一项拥有权利与承担义务的资格、一项作为法律领域的中心（centro de uma esfera jurídica）的适格性。为了将这些组织人格化，法律所做的，是把法律上的独立性赋予一个有别于自然人人格载体的现实基础（substrato real），而不必伪装不认知它们这种区别，并把这两种基础等同视之。这也已经表明了，法人人格并非法律秩序完全随意而为的一项创造。后述的一些思考，也将为这种看法提供支持。

因此，与自然人人格一样，法人人格虽然是法律世界的事物，但背后是有一个法外（extra-jurídica）的事物作为支持的。然而，该事物完全不同于自然人方面的。自然人法律人格以一个作为天然身心个体的有形实体为基础，而法人法律人格的基础，则由那些旨在实现共同或集体利益（这些利益通常带有某种程度的永久性质）的人类组织，或者财产与人类的组织所构成。

这些组织，并非拥有自身意识与意思的拟人实体，亦即并非某种拥有意志的超有机体（super-organismos volentes）。[6] 但在它们的内部，则开展和表现着服务于上述利益的个人的意思和行动。因此，我们可以接受所谓的有机体说或称德国学说（GIERKE 等），假如它谈到法人的意识与意思时其并非另有所指的话。[7]

无论如何，这种组织构成俨如法人人格的基底建构（infraestrutura）般的东西，使法人人格不会像一种虚无缥缈的幻影（pura sombra）那样，

5　参见 von TUHR, *Der allgemeiner Teil des deutschen bürgerlichen Rechts*，Ⅰ，第 371 页。
6　参见 FERRARA，前揭著作，第 22 页。
7　该理论认为，根据相关章程为法人利益而思想、行事的那些个人，是法人的真正意义上的器官（órgãos），而不只是其代理人而已。这种观点是否亦属正确，则是另外一个问题。我们将在别的章节对此有所论述。（译者按：葡语 órgão 可以指称器官、机关，唯汉语上两者意义泾渭分明，绝少混用。关于作者所言的"真正意义上的器官"，请参阅作者于编码 27 的论述。）

或者像一种架空（suspensa no vácuo）的法律手法那样，与外在世界全无关联。

然而，需要指出的是，因法律使然而成为法人的组织，不必在法律秩序向其赋予人格时，就已经完备存在。在组织成立、完整和能够运作之前，人格就已经可以出现了。被人格化的组织也能够马上成为法律关系的主体，只要为此不需要它作出任何法律上的行为即可。[8] 只要组织宗旨已被订定好就够了，哪怕其行政管理尚未常规性地运作，而且相关机关，即组织藉以进行法律活动从而实现组织宗旨的自然人尚未设置就绪亦然。看来，那些由国家设立的法人便是如此。[9]

这带出了一个值得强调的观念（尽管以下所言，只是就上文所述的个别、非严格意义上言之）：法人的根本和主导元素，在于作为法律产物的法律元素，而并非在于事实元素。也就是说，并非在于那些现实基础，亦即那些有法律人格作为法律外衣或法律外观（veste ou figuração jurídica）建立其上的社会实体。可是，虽然法律人格是法的创造，但它肯定不会跟法外的事物毫无关联。除了我们在上面所强调的之外，换另一个角度去看，这一点也是显而易见的。

那就是，法人人格的概念并不纯粹是一项立法者与法律人的发明。它并不是"法律实验室"（laboratório jurídico）所独有的一项技术仪器或设备（语出 FERRARA）。这种理解该等组织的方式，是连同跟它们有关的关系，一并从社会生活移植到法律上的。至少，它是从社会生活中得到启发的。那些并非法律人的人，也同样有一种类似的思想观念。这些组织的人格化，首先是一种社会现象。它反映了人类心态的一种自然倾向，也与人们最普遍的思维方式相一致。并非只有立法者与法律人，才把这些组织视为法律上的人。那些外行人，尤其是那些文化程度不高的人，也习惯把它们看成观念上的综合体（sínteses ideais）、独特的社会实体、单一形态主体（unidades formais subjectivas），从而将它们形象地跟人类个体等量齐观。正因如此，将某些适用于自然人的处理方案也适用于它们的情况，亦屡见不

---

[8] 例如透过死因继受（sucessão mortis causa）取得财产的情况。因为，财产是即时（连同抛弃权能——但继承人一旦接受遗产，则丧失之）移转予继承人的（第2011条）。就算认为财产的移转必须在接受财产后方会发生也好，但因为接受具有追溯效力，所以，并没有什么会妨碍法人在其已经存在，但尚缺必要机关藉以作出法律活动时，获得遗产。

[9] 参见 FERRARA，前揭著作，第7页、第22页、第29页及第35页。

鲜。因此，可以说，法人人格乃是"一种经验现象在法律上的反映"。[10]

总而言之，我们重申一点：获赋予法律人格的法人是法的创造，是法用以保护某些利益的工具，但它也对应着某种实质基础。可是，从根本上讲，跟社会上的事物脱不了关联的法人人格，主要还是一项法律技术上的事物，是一种把某些关系集中及统一起来的法律手法。

这种思考方式，让我们可以得出一个重要的推论：不难明白，除了有完全的法人人格之外，尚有有限或部分的法人人格，易言之，亦即只在某一个或某一些方面表现出来、有所用处的人格。[11]《民事诉讼法典》第6条及第8条，即为一例。而在我们现行的法律体系中，这种概念也许尚可以有更多的应用（参见下文，编码18）。[12]

我们采用相关术语的理由

除了"pessoas colectivas"这一名称之外，学术界也有使用其他各式各样的名称。当中，尤以"pessoas jurídicas""pessoas morais"二者最为普及。那么，我们使用前述名称，是出于什么原因*？

在德国与意大利，有关术语为"pessoas jurídicas"。究其因由，通常会说是有关人格的持有者或载体是一个无形实体。它只是法律意义上的人，而并非同时身为有形或天然的人。然而，可以对这种说法提出如下反驳：首先，自然人法律人格也是属于法律上的（jurídica），因为它也是建基于法律的承认；其次，法人也并不只是精神上的产物，亦即并非纯粹抽象的东

10　参见FERRARA，前揭著作，第33页。亦参见ENNECCERUS，前揭著作，编码96，Ⅰ、Ⅱ；LEHMANN，*Allgemeiner Teil des bürgerlichen Gesetzbuches*，第4版，编码58，Ⅰ，Ⅰ，b。

11　ENNECCERUS，前揭著作，编码96，Ⅳ；FERRARA，前揭著作，第36页。

12　关于法人的真正本性或存在方式的各家理论，远较文中所提到的为多。它们可以在一些优秀学者的作品中找到，例如：ENNECCERUS，前揭著作，编码96，**及Ⅰ；FERRARA，前揭著作，第15页以下。其中一些理论，说到底，其实就是否认法人人格的概念，并以其他概念取而代之。然而要指出的是，即使这些看法跟葡萄牙制度中的那些实证解决方案一样简单和合适也好，我们也应该选择后者，因为那是学说上和立法上（包括葡萄牙的学说和立法）的传统。von TUHR（译者按：原文误之为von THUR）于其前揭著作中（Ⅰ，第375页）权衡道："不应忘记，法学上的那些最高度的抽象，都属于一些理智上的手法或创造。它们就算换其他的方式被构筑出来，也是可以的。然而，要是一种观念在法学理论上盛行达多个世纪，并已在立法上造成了深刻影响的话，那么，就不应该在缺乏决定性理由的情况下，摒弃已有教义演进存在其中的旧日路向。"

*　作者的这一段论述，是从葡语角度出发的，故必须从葡语角度予以理解。在葡萄牙法上，法人的术语是pessoa colectiva（字面意思为"集体人"），而非pessoa jurídica（字面意思为"法律上的人""法人"）。可见，汉语术语和葡语术语各有侧重。译者在其他地方会把pessoa colectiva译为"法人"，但在此处则保留原文不译，以免影响作者原意。——译者注

西，因为它们有一些现实的东西作为基础。因此，这个术语是值得商榷的，因为它不但反映不了法人本质的全部，也不能仅仅反映其本质。这个术语所明示或暗示的那项决定因素，并不是该事物仅有的，也并非该事物独有的。

在法国，则普遍使用"pessoas morais"这个名称。理由可以说是因为法人的存在是观念上的、无形的、与感官世界无关的，因而并无物理上或物质上的存在。可是，针对这种说法也是可以提出反驳的，因为它和前一个术语同样有类似问题。而且，在葡萄牙法律语言中，"pessoas morais"也只用以指称某特定类型的法人而已。

至于"pessoas colectiva"这种提法，则适当地反映了这些实体在某种惯用分类法下其中一个类型的结构。那就是社团。它的组织基础，是由一个为了一项共同宗旨而组织起来，并有意创造一个新法律主体的个人群体，亦即一个集体（colectividade）所构成的。

但对于和社团相对的类型，亦即财团，便不能够照样解说了。在财团方面，获人格化的组织基础，并非表现为一个自然人集体，而是表现为一个用以追求某项宗旨的财产联合体。但无论如何，需要指出的是，有关宗旨是跟若干数目的一群个人（他们是透过某些共通的身份定性来加以确定的，例如，"某区域内的病人或穷人"便是如此）有关的（或者几乎都是这样）。因此，它是一项集体（colectiva）宗旨。此外，"pessoas colectivas"一词，在葡萄牙学说以至法律上，也得到广泛的应用（《民法典》第382条，亦参见第37条；《民事诉讼法典》第22条；《行政法典》第358条第3附段、第416条；等等）。

鉴于这种命名可谓跟其他的命名一样准确（至少是一样准确），因此，也就没有什么理由要去改变这种约定俗成的用法了。

在结构观点下法人的两种根本类型的介绍：社团与财团

因为在专门替它们下定义的章节之前，我们已经要使用到这种区分，所以现在就应该先对它们进行一些扼要说明。另外，由于上文已经偶尔对此问题有所探讨，因此现在要说的也不多。

a）社团（corporações）

社团组织基础的首要元素，是一群个人。他们（包括创始社员以及较晚加入团体的社员）是为了谋求一项共同利益而结集起来的。这项共同利益可以是利他性质的。尚需指出的是，创立和组织社团的人，是社员（创始社员）本身，而且社团往后的活动与命途，也是由社员（创始社员和后来加入的社员）负责策划的。

至少当所有的人都同意时，他们原则上可以自由管理有关社团：决定与社团相关的一切事务，建立和任命那些为社团行事并在对外关系上代表社团的机关，以及解散社团或仅仅改变所追求的宗旨等。一言以蔽之，社员不仅成立社团组织，同时也参与其中，亦即亲身或透过由他们任命的机关来领导它。

社团法人，是实际上最常见的法人。例如，一切公司、互助组织、消闲组织、体育组织等，均属此类。

b）财团（fundações）

财团组织基础中最显要的元素，是由一名个人，亦即创办人（fundador）[13] 指定用于某一项宗旨（通常是一项利他宗旨）的财产联合体。创办人除了为有关宗旨而投入自身财产之外，同一时间，尚可以（而且通常都会这样做）指明实现宗旨的明确方式、设置赖以进行财团活动的机关，[14] 以及订立规范或指令，从而笼统地规管财团与其财产的存在、运作和命途。然而，创办人是不可以日复一日地策划财团的事务与命运的。

虽然财团组织是由创办人设立的，但他却身处其外。创办人的意思，无疑是作为至高无上的规则管理着财团。不过，如立法者所言，它是从外部管理财团，而非作为机关从内部管理财团的。有关意思，并非一项逐时逐案地表现出来，因而能够改变其先前决定的活的意思（vontade viva）。它是一项在法人设立行为（创办行为）中已经固定不变地（ne varietur）形成——俨如结了晶一般——并载于相关文件（创办凭证或依据）里的意思。

假设一个家财万贯的人，将其全部或部分财产，用于建立和维持一间医院、收容所或科研中心，而有关机构并非隶属于一个已被设立的法人，而是在法律上另行存在，则其即为财团。

---

[13] 想当然尔，他是财团财产的所有权人。另外，也可以有多名创办人参与财团的设立（合办财团，fundação colectiva）。甚至，也不排除财团可由一个或多个既存法人创立，只要在后者宗旨中有载明就可以了。要这样做的话，上述一个或多个法人必须是社团方可。

[14] 以及任命一些人来履行相关职务、订定有关任命所需遵循的标准。然而，倘若财团具有永久性质（至少通常都是这样），则仅作一次任命，显然满足不了法人整个存续期间的需要。

12. 法人的构成元素：Ⅰ）组织基础：概念·构成·Ⅱ）认可：概念·要求进行认可的理由·认可与单纯许可

要使一个法人作为法律主体存在，必须有各项元素*并存。它们可归纳为两种（但其中一种是复合的元素）：组织基础（substrato）与认可（reconhecimento）。

组织基础，是一项事实元素。它由一定数量的法外事物基础构成。在它们都齐备了之后，法人便作为事实上的实体或社会组织体（organismo social）存在。认可，则是一项法律元素。仅作为社会事物的上述事实实体，便是藉由这项法律元素，转变成一个法律上的实体，亦即真正意义上和本义上的 pessoa colectiva（法人）**。

Ⅰ）组织基础

概念

在某种意义上，组织基础就好比是后来认可所针对的材质（materialidade）。它是一项现实事物（*quid* real）（法外事物）。法律（Direito）便是透过认可，将人格，亦即成为法律关系独立自主中心的资格，赋予这样的一项现实事物。它是法藉由认可进行人格化的社会实体。法律人格便是建基或称建立于其上。

构成

前面提到，组织基础并非一项单一元素，而是具有某种复合结构。兹对其各项次元素说明如下。

a）人或财产元素

在社团方面，人的元素乃是一群个人。他们为了谋求一项共同宗旨而联合起来，并以人身活动或用于有关宗旨的财产资源（或两者兼而有之）互相协力。所以，人的元素就是社员（associados）（在公法人社团方面，这些人有时候也被称为 consociados）的总体或集体。至于财团方面，财产元素，则是创办人为实现财团宗旨而投入和设立的财物集群。这个财物集群，通常被称为财团的捐助财产（dotação）。

---

* 此处原文为 elementos。译者不把 elemento 译为"要素"的理由，详见编码 4 中的译者注。特此一提，唯兹不复赘。——译者注

** 作者所说的"真正意义上和本义上的 pessoa colectiva"是指法人。法人的葡语是 pessoa colectiva，字面意思是"集体人"，并不像汉语"法人"般有"法律上的"的含义。因此，如果在这里把 pessoa colectiva 译为法人，便会扭曲了作者的意思。——译者注

人的元素，仅社团有之。但在财团方面，却肯定也有一个受益人的集体。[15] 他们是可以分散不定地遍布于茫茫人海的。[16]

可是，这个集体却并不构成财团组织的一部分。实际上，它在财团的生命中没有任何积极参与，而是扮演着纯粹消极的角色，亦即只是收取那些因法人运作而带来的好处而已。所以，虽然受益人也像创办人般置身财团之外，但在某种意义上，受益人身处的方位，却跟创办人的相反：受益人和财团不在同一方（além），但创办人则在财团的同一方（aquém）。

此乃传统见解，亦是今天主流学说所主张者。[17] 然而，有某些学者（例如 DE FRANCESCO）则提倡一种法人一元观。根据这种一元观，在财团中同样有人的元素，而它正是受益人的集体。可是，基于上述考量，这种观点看来是不能被接受的。在财团组织中的自然人，就只有该财团的一名或多名管理人而已。但因为管理人可以只有一名，甚至当财团已获赋予人格时，其职务也可以尚未被任命和授予，故此，没有人会视之为财团组织基础的人的元素。

与此相对，传统学说认为，对于社团而言，财产是可有可无的。甚至连潜在的财产，亦即预定于稍后才设立的财产，也是不必要的。所不可或缺的，只是财产能力而已——但也许，连财产能力也不是必要的，因为法人人格的范围并不局限于财产关系。的确，一个社团在没有任何实际财产的情况下设立并存续，是一件可以理解的事情。一个仅仅借助成员们的人身活动进行某种精神援助（亦即非物质援助）（例如探访），藉以扶助病患者、贫困者或在囚者的团体，即为一例。[18]

15　但这一点不无疑问。参见下文，b) 2)。
16　参见 FERRARA，前揭著作，第 43 页。
17　PUGLIATTI 亦持相同见解。他在 *Istituzioni di diritto civile*，第 2 版，Ⅱ，第 17 页写道，受益人"跟财团的机体和内部生命无关，而是跟它的宗旨有关。除此之外，说受益人能组成一个组织，完全是不可思议的，因为他们必然是不特定的。他们相互之间并无联系，与该实体亦无联系。他们只要处于某些状况，便会享受到利益。而且这些状况，也并不会导致出现上述的联系，而只不过是用来划定该实体的行动范围而已"。
18　参见 FERRARA，前揭著作，第 56 页："……也可以存在一些不需要财产用以达致宗旨、活动只限于社员们的人身工作或服务的团体。例如，那些以不需要使用到财产的慈善及宗教工作为宗旨的援助团体、布道团体、学术团体、联谊团体，便是如此。而且事实上，很多这类团体都没有财产。团体的成员们，相约于某些宗教仪式中相聚、援救和帮助生病的教友、在他们死亡时将他们运往墓地、为其灵魂诵念经文，等等。而他们的工作活动，亦仅此而已……"但 DE FRANCESCO（参见其前揭著作，编码 8）则反驳说，即使在这种情况中，我们也能看到"由若干项获得该等给付的权利的总体"所构成的财产元素。此外，要应付机构总部的运作开支、通信费用、礼仪开销等，最低限度的经济资源也总是必不可少的。

对于财团而言，财产元素才是不可或缺的。[19] 而且极其量言之，有一项潜在的财产（例如将会透过认购、表演或馈赠而获得的有价物）便已经足够了。但这类情况是很罕见的，因此略去不谈亦无不可。

b) 目的元素

法人必须拟达致某一项宗旨。社团群体或财团财产，就是为了该项宗旨而组成的。从法人制度的存在理由本身，便即时可以得出这种结论。因为，法律（Direito）正是为了保护某些利益，因而确认法人人格这种被认为较具效益，或无论如何较为简单的技术手段。另外，这必然会导致在法人制度上，对有关宗旨的考量，成为一件举足轻重的事情。在适用相关法律制度中不少重要规范或原则时，都必须考虑到这种目的元素。所谓的专事原则[*]（princípio de especialidade）（第34条），即为一例。

然而，不是说法人单纯有一项宗旨就可以。因为，有关宗旨尚需符合某些要件：

1) 宗旨必须是特定的

如果宗旨不是特定的话，看重目的元素的那些规范或原则便会适用不了，也管控不了对其要件的遵守。然而，这种特定不需要具体到不能再把宗旨分门别类。它仅需具体到一定程度，只要能回应有关需求就够了。

因此，这种特定可以相当笼统地为之。例如，公司的宗旨便经常被定为从事某种商贸活动，或公司拟从事之其他商贸活动（参见《商法典》第104条第1款）。[20]

2) 宗旨必须是共同性或集体性的

有关宗旨，不能是个人的宗旨。它必须关乎所有社员的利益，即使利

---

19 参见《行政法典》第444条。

[*] 有译作"宗旨专门原则"，但译者认为这种译法并不恰当，更有误导之虞。因为这项原则是指法人的权利能力受限于其宗旨范围，易言之，其行为（更准确地说，是其透过该行为而接收的权利义务）必须与其宗旨相符（也就是especialidade，亦即"专门从事某一事业"的意思），而并不是指宗旨本身须为专门特定（法人的宗旨须为专门特定，那是另一回事；见下文第1点）。简言之，该原则的着眼点并非"宗旨"本身，而是"行为（或者说因行为而接收的权利义务）与宗旨之间的关系"。——译者注

20 法人宗旨可以是多元的，只要该宗旨所包含的各项目标并非不相兼容即可。参见 RUGGIERO, *Istituzioni di diritto civile*, 第6版, I, 第426页; DE FRANCESCO, 前揭著作, 编码8。

益属利他性质亦然。在财团方面，它则必须惠及一定类别的人。[21]

此乃学者们通常教授者。虽然，一个为谋求专属于创办人的宗旨的财团，[22] 也并非不可能出现，但那是我们可以忽略不谈的罕见情况。

3）宗旨必须是合法及可能的

合法云者，不受法律谴责。当然，法律也以笼统方式谴责那些违反公共道德的行为（第 671 条第 4 款）。因此，宗旨的不法性（ilicitude），可以表现为本义的违法性（ilegalidade），也可以表现为不道德性。可能云者，不存在无法克服的物理障碍阻却宗旨实现。[23] 此项要件的存在理由，是显而易见的。关于可能性方面，可参见《商法典》第 120 条第 2 款及第 3 款。

所以，诸如旨在开设赌场牟利（但法律容许的地区或情况除外）或以星际运输为业牟利的公司，是不能有效设立的。

4）宗旨必须是持续性的

学者们通常会即时强调，这绝不意味着宗旨必须是永恒或无限期的。这一点，在葡萄牙法律中是毫无疑问的（第 35 条及第 2 附段）。

然而，这项要件的确切意义为何？RUGGIERO 谓（出处同上）："宗旨必须是持续及持久的，易言之，一项仅以一个人的行为一次性地即能容易达致的宗旨，并不足以支持一个新机构的创立。"这个解说也许还不太能令人满意，但仍然是我们在学理上所见的最好的一个。

在葡萄牙法律中，这项要件是值得商榷的，或至少应该相当宽松地理解它，因为法律规定了，公司能以"作出一项商行为"为宗旨（《商法典》第 104 条第 1 款）[24]。

c）意图元素

此一元素的名称其实未尽贴切。我们想用它来表达的，是一种人格化意图（*animus personificandi*），亦即创设一个新法律实体的意图。要设立法

21　参见 RUGGIERO，前揭著作，Ⅰ，第 425 页："宗旨不应是个人性的，因为这跟法人的存在理由相悖。为了谋求跟（若干数目的）众人无关的宗旨，而创设的一个复合组织体（organismo complexo），是不会获得承认的。"亦参见 DE FRANCESCO，前揭著作及章节。

22　例如，为了创办人（甚至其他人）的死后悼念而设的财团。参见 FERRARA，*Trattato*，第 612 页。

23　或许要承认，除了合法及物理上可能之外，还有第三个概念（但其实际用处不大）——法律上可能。请参照我们往后探讨法律行为标的时所述的理论。

24　在法人的目的元素方面，再也没有更多的要求了。譬如，有关宗旨不必是公益宗旨。例如，公司无疑是法人（《商法典》第 108 条），但它只是以私益为宗旨而已（《民法典》第 32 条、第 39 条、第 1240 条，及《商法典》第 104 条第 1 款）。

第三章
法　人

人的话，社员或创办人就必须有意愿创立一个不同于他们自身，也不同于财团受益人（以至利他社团的受益人）的独立自主法律实体，亦即一个新的法律主体、新的法律关系个人中心。

有些学者仅仅以某种方式提到这项元素（COVIELLO、SCUTO、CABRAL MONCADA 教授），[25] 有的则对此提出质疑和批评（JOSÉ TAVARES）。但在我们看来，并没有很明确的原因，使我们认为不应该采纳它，尽管在某些情况下，需要假定其存在（参见下文，1，d）。[26] 因此，我们看不到有任何充分理由，要摒弃这一种已在本课程中教授多年的观点。

按照上文所述，那些以成员的奉献，甚至以藉由各种方式向公众筹募得来的资金，来实现诸如举办节庆、兴建名人纪念像、发行纪念刊物等目的，而经常被设立的委员会（commissões），并不是法人。人们肯定不打算把相关委员会变成一个独立自主的法律实体。他们仅拟借助其自身的自然人法律人格，来达致上述目的而已。

那些所谓的捐献财产（património de oblação）（亦即德国人所称的 Sammelvermögen），由于欠缺此项元素，因而也不是法人（财团）。它们是募捐得来、用于慈善用途（例如救助灾民）或其他用途的资金。同样地，负责募集公众捐献的那些人，也只是以其自然人法律人格，来实现有关目的而已。[27]

同理，那些事实财团（fundações de facto）亦非法人。当事人仅拟于不承受相应法律约束的情况下，将其财产或有价物用于一项公益事业（例如医院、收容所）。那些非独立或间接的信托基金（fundações fiduciárias），亦与之类同。它们是向一个（宗旨与此相容的）既存法人所作出的处分，旨

---

[25] 分别参见 *Manuale*，第 206 页；*Istituzioni di diritto privato*，I，第 141 页及 142 页；*Lições de Direito Civil*，I，第 365 页。

[26] 相反，可以说这项元素并无独立性。因为，若无这项元素，认可也不会出现，因为这时候利害关系人甚至也不会声请认可。然而，如果只是缺乏这项元素，而没有其他会导致认可被拒的原因，那么，看来也是有可能声请认可的，而且这一点也是可以理解的。对于"通常社员们或创办人们根本不会去想什么人格"（JOSÉ TAVARES，*Os princípios fundamentais do Direito Civil*，II，第 128 页）这种说法，以后将在法律行为理论中阐述的某个学说，经必要变通后，亦可适用于此。

[27] 关于理解及处理这些情况的方式，参见 ENNECCERUS，前揭著作，编码 100，III；FERRARA，*Le persone giuridiche*，第 83 页及第 84 页。关于它们跟前述那些委员会的区分方面，我们只需要假设，有关募捐仅由一人组织，或虽然由多人组织，但仅以人身活动服务于有关宗旨，便能看到两者之别。

在让法人能够将之运用于某共同或集体宗旨。基本上，这一切均与真正意义上的财团无异，不同的只是：创办人将用于有关宗旨的财产，给予了一个已设立的法人，因此并没有出现一个新的法律主体。[28]

d) 组织元素？

最后，应该指出的是，某些学者（COVIELLO、SCUTO、MONCADA 教授；参见他们的前揭著作）认为，必须存在一种组织架构（organização），把参与社团或财团的具体一群自然人（若为社团，也就是社员们；若为财团，则是受益人或管理人，这随着所采纳的取态不同而有所不同），化为一个抽象单一体。其中一位学者（MONCADA 教授）指出，这个组织架构，表现为一项内部规则（章程），以及法人能作为独立自主法律实体运作所不可或缺的一众机关。

然而，在社团或财团的组织基础的构成中，这项元素是否必不可少，是很有争议的。因为，法人似乎有可能在组织架构建立起来之前，就已经存在了（参见第 11 条）。但那是极为鲜见的，甚至可以忽略不谈。更甚的是，法律有可能会在章程无规定时，径自决定有关组织架构应该是怎样的（作为例子，可参见葡萄牙《商法典》第 171 条及第 187 条和德国《民法典》第 26 条及后续条文），从而在某种幅度上填补其空白。

可以认为，这项元素是无法跟前一项元素（人格化意图）互相区别开来的，因为前者已经吸收了后者，或前者被后者吸收了。所以，上述学者将这两项元素归结为单一项有着两个面向的元素，虽然他们只强调了其中一个面向——或有强调意图者（COVIELLO，也许 SCUTO 亦然），或有强调组织者（MONCADA 教授）。实际上，是难以想象这两项元素各自可以在欠缺另一者的情况下存在的。然而，在我们看来，似乎也并非绝无这种可能，无论是有此无彼，还是有彼无此皆然。

Ⅱ）认可

概念

认可，是向组织基础赋予法律人格。基于认可，团体核心（núcleo social）或称组织体（我们已对其诸元素有所认识），便会获得法律上的单

---

[28] 参见 ENNECCERUS，前揭著作，编码 110，Ⅱ。FERRARA 把向自然人作出的类似处分，亦归为此类。关于它所需要遵守的制度方面，跟处分有关的一般规范或原则，在一定条件限制下（sub modo）亦适用于此。我们将会在适当的章节探讨这个问题。

体性与独立性。它独自拥有一项财产、开始在法律生活中独立地作出行为。它变成了一个新的法律实体，这个法律实体区别于其赖以进入或能够进入法律关系的社员或创办人。至于管理组织的那些人（亦即社员们），则成了该实体的幕后管理人。[29] 我们可以说，组织基础是获法律给予形式（forma）（法律人格的形式）的质料（matéria）。这一种"形式给予"、这一种使组织基础成为一个观念上的法律领域中心的塑造，正是透过认可为之。因此，在法人的复合构成中，认可是法律形式元素，而组织基础则是实质元素。

认可，可以单纯基于法律的效力而发生（规范性认可），也可以基于行政机关的具体自由裁量行为而发生（特许性认可）。后者是指个案式地将法律人格赋予或拒绝赋予组织基础。至于规范性认可方面，法律秩序可以是直截了当地（亦即除了完备的组织基础外，别无更多要求）将法律人格赋予由前述各项元素共同组成的整个法人组织基础，这是可以想象的。此即名为法人自由设立主义的一种体制。但即便是在这种体制下，仍然有认可这一法律因素或法律面向（momento ou aspecto jurídico）的介入。它可被称为最广义的认可，亦即全面性与无条件认可。

不过，在当今各立法例中是否真的存在纯正的这种体制，是有疑问的。而且，这也肯定不是葡萄牙法律所采纳的体制。在葡萄牙的制度中，即使认可是单纯因法律的效力而生也好，法律也会在前述那些一般元素以外，再附设一些条件或要件。要使组织基础获赋予法律人格，便必须符合之。仅当这些前提成就或被遵守时，事实团体（pessoa colectiva de facto）方会自动升格为法人（pessoa colectiva de direito）*。而且，这并不需要公共当局进行任何的自由裁量评审，易言之，亦即不需要它作出任何（适时性或适当性）价值判断。

当组织基础透过这一种方式，或透过公共行政机关一项具体自由裁量行为，从而获人格化时，这项法人存在所不可或缺的法律因素，便表现为一项比实质元素更突出的法人的真正构成性元素。狭义的认可仅指这些情况。它是一种有条件的认可，尽管它同时可以是全面性（规范性）的。坦

---

[29] 参见 FERRARA，前揭著作，第 45 页。我们在这里很大程度上参考了他的论述。

* 此处并非误译。因为葡语 pessoa colectiva 一词，除解作"法人"外，有时亦可单纯指团体（有无法律人格则另当别论）。此处所谓 pessoa colectiva de direito，即为一例。否则译之为"法律上的法人"，则令人费解。这是汉葡术语各自侧重点不同（"法"或"集体"）所致。——译者注

白说，唯一被实行及可被实行的，就只有这种狭义认可的体制而已。另外，广义的"认可"一语，同样可以用于自然人。

要求进行认可的理由

由于法人人格是一种法律上的属性或身份资格，所以马上就可以得出，它跟一切法律上的属性或身份资格一样，都只能因法律而生。它要么是直接地因法律而生（规范性认可），要么就是间接地因法律而生（特许性认可）。然而，这种思路只能让我们理解到，为何广义认可是必要的。但葡萄牙法律所要求的，却肯定是某些类型的狭义认可。那么，要求进行这种狭义认可，理由何在？

a) 就法律层面的理由言之（de jure constituto；从实定法的角度来看），不要求任何嗣后要件便把法律人格赋予事实团体（或某些事实团体）的法律规定，并不存在。另外，通常会援引第33条作为理由（在意大利，情况亦雷同）。第33条结合比照第32条便表明了，团体如果要取得法律人格的话，单是事实上存在、相关组织基础完成就绪，仍然是不够的。它还需要某种名为法定许可（autorização legal）的东西——归根结底，那就是狭义的认可。否则，第33条就会变得多余，而只需要有第32条即足矣。要不然，所使用的就应该是截然不同的行文。

上引条文，仅适用于非营利性法人（pessoas morais）[*]。至于合营组织（sociedades）——它们肯定不属于上述类别（参见第39条），但又获《商法典》第108条承认为法人——方面，从第104条第2款及第107条可得出，它们只有在按照该法典规定设立时，方会被赋予法律人格。另外，从上述条文也可得出，这些组织如果要被有效设立，除了需要符合前文已经论述过的那些一般要件之外，尚需符合各式各样的要件。

以上乃是就社团法人而言。至于财团方面，我们在下文（参见编码18）将会通过一些条文和理由，来论证它们应该被纳为非营利性法人。稍后，我们将会回顾这个问题（参见编码25）。不论是财团还是社团，届时均将有所讨论。我们也会提出更多新的思考，以弥补先前可能存在的不足。

b) 就理性层面的理由言之（de jure constituendo，从立法论的角度来

---

[*] 在葡萄牙，pessoa moral 指的是不以营利为宗旨的法人，包括公法人与公益私法人。与之相对的，就是以营利为宗旨的法人，亦即私益私法人。易言之，也就是那些具备法律人格的合营组织（详见作者在编码18中的论述）。经考虑其内涵，译者选择将之意译为"非营利性法人"。——译者注

看），法律之所以不希望无缘无故地就这样将法律人格赋予任何团体，而为此要求遵守某些概括地订定的条件，或要求一项公共行政机关的具体自由裁量行为，个中理由是可以看得出来的。

1）纵使有关宗旨合法也好，但各式各样的情况（诸如财力、现有或潜在社员群体的数目、团体的国籍及种类、社员的其他身份，等等），都使人有理由恐防某个团体的势力会过分膨胀，甚至成为一个国中之国（um Estado dentro do Estado），或者其存在和活动会有损公共利益。

2）另外，将一个缺乏资源（将来也不太可能会获得资源）用以实现有关宗旨，因而看来没条件存在的社团或财团人格化，对于社员本身、第三人，甚至公共利益、相关宗旨的受益人而言，都是不恰当的。法律人格，只应该被赋予那些致力于有益的（至少是无害的）事业，并显示出本身有能力从事该事业的组织。这是完全可以理解的。简言之，法律人格只应该被赋予那些值得存活（dignas de viver）而且有能力存活（capazes de viver）的组织。

3）某些手续，是为了避免人们对法人是否作为法律主体存在产生疑问，或者对其设立形式（章程）心存疑虑而设的。不遵守这些手续就不赋予法人人格，这种做法是非常有利于第三人的，因此，也非常有利于加强有关关系和法律交易的安全性。

认可与单纯许可

单纯许可（simples autorização），是将事实团体的设立和运作予以合法化的行为。获得单纯许可后，该团体就能够进行社团性质或财团性质的活动，而不会招致刑事或治安制裁，即使该团体为此目的仅仅借助于社员（或某部分社员）、创办人或其他个人的自然人法律人格亦然。可见，这一概念明显异于认可。

法律秩序可以在团体获认可，亦即获赋予法律人格后，才允许其运作。毫无疑问，就算没有作出许可，而只进行了认可，认可也必然会有许可的效果。然而，法律同样也可以无条件地允许那些仍未获得认可的团体，作为事实实体存在及活动（亦即团体自由设立主义），或允许它们在满足某些以一般及抽象方式订定的要件之后（亦即规范性许可），或在获得某公共当局的具体、自由裁量的准许之后（亦即特别许可或特许性许可），作为事实实体存在及活动。无论如何，认可与单纯许可各属不同的概念。

在社团方面，两者的这种区别尤其显著。即使社团未获认可，因而仅能透过某些人（尤其是社员）的自然人法律人格作出行为也好，只要获得许可，社团活动便得以合法化。一言以蔽之，许可的目的，仅为准许集结（*coire licet*）。至于认可，则将组织基础升格为独立自主的法律躯体（*corpo jurídico*），亦即社团相关关系的观念上的主体归属点或中心。一经认可，社团的组织基础便拥有了躯体（*corpus habere*）。

许可，是一项与结社权的行使有关的刑事及治安性措施。认可的性质则截然不同：它将一个新的法律主体带进了法律生活之中。

§2. 法人的学理分类

13. 讨论范围·概述

学理和葡萄牙法律，都将法人分为多个类型。由于我们在往后研究法人法律制度若干最突出的方面时，会对那些最重要的类型有所提及，所以现在是时候对它们进行论述。

我们将从学理分类开始，再讲述立法分类。前者乃是学者们的传统分类。虽然它们可能对葡萄牙法律产生了一些影响，但在立法上却无明文确认与定义。而后者（一般而言）尽管并非各国民法学著作中的主流分类，却是明明白白地规定在葡萄牙法律上。

应该指出的是，我们并不打算讲述一切现有的学理与立法分类。我们只会讲述那些最重要、最普遍的分类而已。而且，我们将探讨的各种分类，原则上（但并非是这样）是彼此独立、无上下等级之别的。最后，需要知道的是，就像在其他领域内那样，并不是每一个法人都必然能够完全地、恰好无余地归入某种分类法下的其中一类。有一些例子，是兼具各个类型的特性的。如果不应该视乎有关目的，而把它们时而归入此类，时而归入彼类的话，那么，就应该视乎哪个类别跟它们有更多、更重要的相似性，而把它们纳为该类。

14. 社团与财团·区分标准·该两种法人互相融合或交叉的可能性

此分类是以相关组织基础首项构成元素的结构或组成作为分类标准的。在社团方面，该项元素具有人的性质（它是社员的群体）；至于财团方面，它则具有财产或物的性质（它是组成相关捐助财产的财物集群）。

区分标准

相关要点，上文已述（参见编码 11 及编码 12，a）。因此，我们现在仅对那些虽然纯为前述内容的延伸，却最为关键之处加以着墨，并补充一些我们认为有用的解说。

我们知道，社团之所以能够出现，全仗一群打算为一项共同目标而联合起来[30]的人。他们构建了有关组织，并且参与其中，透过陆续作出的决议（也可在他们认为有必要时变更决议），策划社团的活动及命途。

但在财团方面，却相去甚远。财团法人的组织基础，是由其创办人创设的。他将一项财产联合体，投用于谋求一项有利于若干人的宗旨，并设置有关机关，藉以开展活动、为上述宗旨而使用财产，而且一次性地订立规范，笼统地主导组织的命途。但即便如此，对于财团而言，创办人却仍然是一个外人。[31][32]

必须强调的是，社团是为了实现一项社员自身的旨趣（但它不必属于利己性质）而设的；另外，除法定限制外，社团是由社员的意思掌管的。但财团则不然。有关旨趣属于他人（亦即并非财团中的人），因为它是一项创办人的旨趣（但它必然或几乎都是属于利他性质的）；另外，财团是由创办人的不可改变的意思所掌管的。

此外，社团有其成员或称社员。他们是社团的主人，是社团旨趣或宗旨的主事者。但财团则只有管理人。他们是创办人意思以及其所定宗旨的管家。

因此，我们可以像 FERRARA 般，说社团"乃是追求自身利益的自组织（auto-organizações）"，而财团则是追求他人利益的他组织（hetero-organizações）。我们甚至可以说，"社团是由自身意思驱动的组织体"，而财团则是由他人意思从外部推动的组织体。我们亦可附和 KOHLER，说社团拥有支配机关（亦即社员），而财团则仅有伺服机关（亦即管理人），又或认同 GIERKE 所言，谓社团是由一项内在意思所创造和掌管，但财团则是由一项超

---

[30] 亦即结集力量、结集相关活动资源（财产、人身劳务，或两者兼而有之）。

[31] 显然，这是就财团形成之后而言。

[32] 因此，前者为人的组织，而后者为财产的组织（被组织起来的财产）。然而，它们都各自构成一个有别于相关组织基础以及机关的实体。所以，就可以理解到，为何古人会把社团界定为人的集合（*universitates personarum*），并把财团界定为财产的集合（*universitates bonorum*）了。

然意思所创造和掌管。

在界定了区分标准后，宜对两者的术语作一些说明。我们需要知道，社团（corporações）和财团（fundações）也经常被称为 associações 和 instituições（或 institutos）。人们往往把这两对名称视作同义词混用。可是，它们的用法是各有偏重的。corporações 这个名称，更常用于公法人，而 associações 一词，则每每用于私法人。现今，fundações 与 instituições 两者的用法，也是如此。

该两种法人互相融合或交叉的可能性

上文对社团和财团的结构所作的分析，乃是就纯然的社团和财团而言。的确，有些法人由于显著地、单纯地具有社团或财团的特性，因而纯属社团或财团（通常情况皆是如此）。

然而，有些法人的特征却不见得那么清晰一致。就像在许多其他分类中也会看到的那样，有不少法人是处于一个渐次层递的灰色地带里面的。它们兼备了社团和财团的特质。它们是混合、交杂、某种程度上偏离法人常态类型的。但一般而言（但不总是这样），这些法人要么具备更多的社团特征，要么就是财团特征占主导地位。一个社团性基金组织，便掺有财团的元素。反之亦然。因此，除了纯种的社团与财团之外，尚有不规则地混杂构成的法人。然而，它们终究（或几乎必然）会属于财团型社团（corporações de tipo institucional）或社团型财团（instituições de tipo corporativo）的任一类。这种情况在公法人方面尤其常见，也许国家本身便是如此。[33]

15. 公法人与私法人·区分标准[34]

公法人与私法人的区分标准为何，言人人殊。我们可以说（虽然并非严格而言，而只是大体而言），两者是以法人的宗旨或目的来作为区分标准的。这是我们认为最合适的基本方针，而且也能适用于公法人和私法人之下的次分类。

区分标准

如前所述，这个问题在学界众说纷纭。此一难题（*vexata quaestio*）虽然存在已久，并广为学者们研究，但迄今却尚未形成通说（*communis opinio*）。

---

33 关于本编码及前一编码的内容，参见 FERRARA，前揭著作，第 102 页至第 106 页。

34 除了前引的总的关于法人的文献之外，亦参见：FORTI, *Diritto Amministrativo*, I, 第 2 版，编码 15; MENOTTI DE FRANCESCO, *Persone giuridiche publiche e loro classificazione*, 载 *Raccolta di scritti in onore di Giovanni Vacchelli*, 第 189 页以下。

第三章
法 人

甚至，亦无任何一派意见成为主流观点。但这也不足为奇，因为这里除了有关于公法与私法区分的所有那些难题需要解决之外，还有其他的一些难题需要解决。

由于这个问题是如此的棘手，而且理论意义又远大于实际意义，所以我们认为最好不作任何深入讨论。因为，这样做既超出了本课程的范围，也势必相当冒险。因此，我们只会提出一种最广为接受、最可靠，甚至也许是最贴近事实的标准，来作为最初指导方向，让我们能对这个课题有一个初步的了解。而且，我们也认为该标准是最清晰易懂的。

我们所建议的标准可以概括如下：那些拥有一定程度的所谓统治权（jus imperii），因而享有公权力的权利（direitos de poder público）、担当国家权力专有职能的法人，属于公法人。其余一切法人，均为私法人。

但何谓统治权（imperium）、公权力、国家权力？大体而言（grosso modo），那是指透过规范性手段或具体决定，发出如有需要时可以强制针对接收者（相对人）加以执行[35]的（产生法律效力的）约束性命令的可能。

因此，公法人是指依法在某种程度上处于权威地位、能够确立其统治意志的法人。最典型的公法人便是国家本身，因为它实际地或潜在地拥有总体的公权力。国家授予多少公权力，其他公法人便拥有多少，而且国家亦能收回之。[36] 那些通常被称为较小公共实体（entes públicos menores）的法人，亦属公法人。因为它们也是公权力的拥有人或持有人，只不过公权力较有限，并且从属于国家的统治权（imperium）而已。[37] 至少，如果一个社

---

[35] 而且可以即时执行，亦即不必先由发出约束性命令的实体（向其他当局，通常是向法院）证明所要实现的命令的实质合规范性，便已经可以予以执行［这就是预先执行的优待（benefício da execução prévia）］。

[36] 国家的公权力，由于是一项原始权力（而非派生权力），而且在其自身范围内也不承认有其他更高级的权力存在（因此它是自主而非从属的权力），因而有主权之称。

[37] 国家为了能更便利地实现其自身目的，会将一部分权力分给一些较小公共实体，由它们作为其协助者或辅助者，亦即透过向它们分权，从而开展活动。参见 FERRARA, Trattato, 第 628 页。关于以统治权（jus imperii）理论来界定公法人时所遵循的准则，兹转载该学者的另一段论述（参见 Le persone giuridiche, 第 113 页至第 114 页）："……那些公法人，和国家一样，都必须具备国家特性，亦即国家所专属并必需的身份与特权。它们可被称为主权特征（les marques de souveraineté）。因此，只要某实体获赋予统治权（imperium），亦即获赋予特定的国家权力（诸如制定规范或规章的权力、审判权力、课税权力、发出具执行性质的命令的权力等），我们都可以肯定地说，它是一个公法人。"但需要指出的是，现时 FERRARA 已经不像在其著作 Trattato 里那样，完全忠于统治权理论了，因为他已承认了有不具统治权（imperium）的公法人存在（前揭著作，第 115 页至第 117 页）。

团型法人能针对第三人而不仅是其自身社员作出有执行力的决定,该法人即属公法人。但即使有关法人仅可针对社员作出上述决定也好,只要该法人依法是拥有统治权的话,它也是公法人。

我们认为,作为关于此问题的初步说明,这种见解是可以接受的。[38] 我们现在也不打算再谈论更多。作为总的指导方针,它当属正确。而且,这种假设立刻就能获得肯定。因为,根据最广被认可的理论(主体说),[39] 公法正是规管那些拥有统治权(jus imperii)的实体的组织与关系(包括它们自身之间的关系,以及它们与私人之间的关系)的法律。[40]

需要指出的是,许多作者主张运用多种标准来对公法人与私法人进行区分,而非仅以唯一一种标准为之。[41]

16. 公法人的次分类

上文已经提到了国家与那些所谓的较小公共实体之分。然而,尚有另

---

[38] 但自然地,也需要对该理论作一些修正或补充。例如,法人必须行使获赋予的自身公权力职责,而非以国家的名义行使之。譬如,授予某些公司进行公益征收的权利,即为一例(参见 FERRARA, Trattato, 第 629 页)。但这是厘清该理论多于修正它。另外,当今公法学者们,接受了一种名为"公共职能的私人行使"的概念。如果这种取态是正确的话,那么,拥有统治权(jus imperii)或许就不再是公法人公共性质的必然特征了;如此一来,这便真正是一种对该理论所作的修正。最后,我们认为,某些不能明显看出有公权力的实体,例如由国家创立的援助性或慈善性自治部门,也具有公法人身份。只要这些部门除了"具有自身法律独立性"这一点不同之外,其余的都跟国家的那些非自治部门无异即可。这些自治部门的相关人员和运作所须遵守的规范,跟那些不具法律人格的部门所须遵守的相同,便是"其余的都跟国家的那些非自治部门无异"的一种表现。我们上文提到了公共职能与公共服务(译者按:以汉语角度观之,上文并未提及"公共服务",但其实葡语的"公共服务"和"公共部门"两者均是以 serviços públicos 一词表示;观乎下文,此处作者欲指者为前者)。需要指出的是,在这里 FERRARA 把它们视为不同的概念:公共职能与"主权的行使"有关,后者则指"向公众作出的行为给付;不论由国家还是私人作出,均无分别"(参见其 Le persone giuridiche, 第 114 页,注 28)。

[39] 关于它们在那些受公法规管的关系中的身份或地位,参见 FERRARA, Trattato, 第 76 页。

[40] 《行政法典》第 358 条第 3 附段规定,将地方行政机构的不动产转让予"国家或其他公法人"时,免受该条文的主文部分及其第 1 附段、第 2 附段的限制(尤其是豁免进行公共拍卖)。此处"公法人"的概念,也许应该比上述学理所指的要狭窄,亦即仅包括下文将指出的 a)和 b)两类公法人(参见编码 16)。

[41] 最近期的学者们,诸如 FERRARA(Le persone giuridiche, 第 115 页至第 117 页)、DE FRANCESCO(Persona giuridica, 编码 12)和 GANGI(前揭著作,编码 164),均是如此。FERRARA 和 GANGI 认为,除了拥有统治权(jus imperii)的法人之外,那些由国家创立或由国家规定为公法人的法人,以及那些被纳为国家组织的法人,也都是公法人。而 DE FRANCESCO 则认为,除上述者外,公法人尚包括那些由国家直接主动设立的法人,以及那些须为国家实现其宗旨,因而受适当支配的法人;然而,这只是一种迹象或征兆而已,并非万无一失的准则。

一种更细致的分类法。它广为学者们采用，至少，就其首两个分类而言是这样。这一种分类法，将公法人分成下列三类。

a) 人民暨地域性法人（pessoas colectivas de população e território）

它们在某种程度上偏属社团法人。这类公法人以某地域全体人民作为成员、作为其权力之下的服从者，并整体或部分地代表、促进人民的集体利益。它又分为下列若干类型。

1) 国家（第33条及第37条）：它负责总体的国家利益。

2) 地区自治团体：它们仅负责相关区域内的人民的某些利益。这些自治团体有：市（《行政法典》第14条）、堂区（《行政法典》第196条唯一附段）和省（《行政法典》第284条唯一附段）。换言之，它们也就是被葡萄牙法律界定为地方自治团体的那些实体。有关宗旨，则被称为相关地方行政机构（例如市政议会）亦即自治团体主要机关的职责（atribuições）。根据该等职责，地方行政机构可以行使的那些权力，则构成其权限（competência）。这种区分是有意义的，因为地方行政机构作出逾越其职责的决议所导致的后果，会比单纯无权限瑕疵所导致的后果更严重。这方面可参见《行政法典》第44条至第51条，以及第363条至第364条。

通常，殖民地也会被归为此类（参见《殖民地条例》第37条及第38条）。

b) 具法律人格的公共部门（serviços públicos personalizados）

具法律人格的公共部门，也被称为具法律人格的公共机构或机关，甚至机构性自治团体（参见1928年的《司法规章》第192条第2附段；然而，在1944年的《司法通则》第103条第2附段中，已使用了别的表述方式）。它们是广义上的公共部门。它们拥有法律上的独立性（亦即法律人格），因此至少有自身的财产能力，但其余一切却俨如由国家直接管理般受规管。可以这样说：它们是国家行政机关的（某级别的）在法律上独立的机关。

有时候，这种部门原本是作为国家总行政机关的一部分，但后来国家则决定将其独立化。有时候，它们一开始便由国家设立为具法律人格的公共部门了。还有一些时候，它们原本是有着利他宗旨（例如慈善公益、教育、文化）的私人机构，但后来被国家吸收，并从此转变为公共部门，但仍然具有（新的）自身法律独立性。

虽然这一类法人在今天相当鲜见，但还是有的。譬如，根据《大学规章》而拥有法律人格的那些大学，即为一例。虽然，归根结底，可以说这只不过是为了让它们能够接受慷慨行为而已。[42]

c) **半官方实体**（entes paraestaduais）（？）

这个类别本身以及其命名，均有商榷余地。

对于那些接受以统治权（*jus imperii*）理论界定公法人的人而言，这类法人是有存在理由的。然而，对于持其他意见的人而言，则不然。"半官方实体"一词，乃是源自意大利。它在1934年的一项法律中被首次使用，其后则广泛见于立法和日常使用上。但要指出的是，我们在此想用它来表达的，并非它在意大利所具有的那种含义（但后者意义究竟为何，却是既不清晰，又不统一的）。

我们想以"半官方实体"指称的，虽然也是一些因为拥有统治权力而属于公法人的法人，但它们却不像前一类法人那样受规管（有时候根本远非如此），易言之，亦即其活动及职能并非俨如由国家直接作出及行使般受规管。根据上述标准，那些发钞银行（主要是指葡萄牙银行），即属此类。另外，新近创立的各种社团实体，诸如同业公会、全国性工会、律师公会、医生公会等，亦尤其属于此类法人。昔日的那些君王公司（companhias majestáticas）（例如莫桑比克公司）亦然。

17. 私法人的次分类

这个次分类，完全是以有关法人的章程宗旨来作为区分标准的。依此标准，私法人分为公益私法人（pessoas colectivas de utilidade pública）与私益私法人（pessoas colectivas de utilidade particular）。此外，前者尚有一个次分类。

Ⅰ）公益私法人

公益私法人致力于一项公共利益宗旨，同时亦旨在谋求其社员或创办人的自身利益。正如刚才所指，它尚可分成若干类型。

---

42 对这类法人的定义，乃是依习惯做法为之。要是严格按照前述的一般准则（参见编码15），其定义便应该是截然不同的。同样地，根据该准则，至少，将殖民地归入前一种类别这种做法便值得商榷。因为如果要这样做的话，它们必须有真正的自身公权力职责。唯一没有疑问的是，为了民事和诉讼方面的目的，它们是拥有法律人格的。

a) 非为个人利益或利他宗旨法人（pessoas colectivas de fim desinteressado ou altruístico）

这些法人的社员或创办人拟满足的旨趣，是一项利他性质的旨趣，亦即促进他人（受益人）某些利益的旨趣*。社员或创办人乃是致力于他人的特定利益的。这些法人属于公益法人，因为有关利益对于社群而言，是有需要被满足的。正因如此，国家或那些较小公共实体，通常也会透过自身资源来满足相同或类似的利益。

一切财团均属此类。但也许也有例外，但那是极为罕见的［学者们会谈及的主要是那些所谓的家庭财团（fundações de família）］。有不少社团都属于这个类别，像慈善社团或人道社团，便是如此（参见《行政法典》第439条及第441条）。[43]

b) 为个人利益或利己宗旨法人（pessoas colectivas de fim interessado ou egoístico）

这一类可谓必然属于社团的法人，它所追求的宗旨是利己性的，其有利于社员自身，但同一时间该宗旨也有利于社群。然而，此等宗旨也是各式各样的。因此，便有下列的次分类。

1) 非经济性宗旨法人（pessoas colectivas de fim ideal）

这种法人拟达致的利己宗旨，是一项非经济性质（与经济无关）的利益，诸如文娱康乐、运动、教育、体育或智育等。例如，在葡萄牙多不胜数的文娱康乐或体育运动俱乐部，即属此类。

2) 非营利经济宗旨法人（pessoas colectivas de fim económico não lucrativo）

这种法人拟为其社员取得某些财产利益，诸如残疾津贴、条件优良的贷款等。因此，那是一项经济性宗旨。然而，有关宗旨却并非营利性宗旨，因为那并非真正旨在获取利润，让社员瓜分。

毫无疑问，那些互助组织和同类机构（无论是否名为"互助组织"亦然），以及那些农业信贷所，均属于此类法人。昔日那些劳方或资方阶级组

---

* 文中"利益"和"旨趣"的原文相应之处，皆为 interesse。在葡语以及许多外语中，利益（好处）、兴趣（所关心的事）等意思，常可用同一个词来表达，像文中各处的 interesse 便各有偏重。况且，若汉语不加区分地均译之为"利益"，则原句会变成"促进他人……某些利益的利益"，亦不恰当。因此，译者将某几处 interesse 译为"旨趣"。——译者注

43 仅当有关社团以某种特别方式惠及特定行政区域的居民时，上引条文方视之为该类社团（《行政法典》第416条）。但该类社团的宗旨在涵盖地域方面可以更为广泛。

织，因为旨在捍卫它们身为雇主或雇员的社员的整体利益，故亦同属此类。而且，它们是极典型的一种非营利经济宗旨法人。劳方组织（工会）试图为其成员争取更高的工资、更好的福利和更优良的工作条件。资方组织，则旨在为成为其会员的雇主，争取更有利他们获取利润[44]的整体条件（例如工资、工作制度、关税和其他税项等）。现今，相当于这种资方或劳方组织的，有同业公会（资方）和全国性工会（员工、自由职业者）。[45] 然而，正如前文所述，要是法律规定这些实体的某些决议有权威性或者说约束力的话，它们似乎就是公法人了（作为例子，参见《全国性劳动规章》，亦即1933年9月23日第33048号法令，第33条）。

在探讨余下的分类之前，需要先强调一点：我们到底是出于何种原因，把非营利经济宗旨法人界定为公益法人？之所以这样做，是因为这些社团的宗旨除了旨在实现社员的利己性利益之外，同时亦有利于社群，而且更有利到使法律应该，也通常会为上述组织，订立一套十分类似于利他宗旨法人所适用的法律规定，以适当回应公共利益与社员的私人利益之间的强烈联系。一言以蔽之：法律应当关注，也一向高度关注（葡萄牙法律便是如此）这些法人的活动可能对公益造成的重大影响。这种关注，在法律上就表现为对它们进行相当谨慎的监督、给予它们某些帮助或特权等。[46]

Ⅱ）私益私法人

私益私法人的宗旨，纯属私人利益性质。然而，应该有所保留地（*cum grano salis*）理解这句话。显然，即便在这里，私人利益也不会与公共利益毫无关联。只不过，这些关联并不特别显要，因此法律在规管这类法人时，便几乎不直接关注公共利益，而是仅仅着眼于社员的私人利益而已。

从界定前述各个次分类的方式可见，私益法人必然是致力于营利性宗旨（或投机性宗旨），亦即旨在为成员获取利润（经济价值）的法人。所

---

[44] 但资方组织并非打算由它们自己获取利润并分配予社员。

[45] 根据1933年9月23日第23050号命令的第3条唯一附段，律师、医生及工程师的全国性工会，可以使用"公会"这一名称。事实上它们也使用了：参见《司法规章》第516条及后续条文（律师公会）、1936年11月24日第27288号命令（工程师公会），以及1938年11月24日第29171号命令（医生公会）。

[46] 参见 MACHADO VILELA 教授，*Tratado elementar de direito internacional privado*，Ⅰ，第219页至第223页。

以，那些具法律人格的合营组织（参见《民法典》第1240条及《商法典》第104条）便属于私益私法人。接下来，我们将会看看有哪些法人属于这个类别。

§3. 法人的立法分类

18. 非营利性法人与合营组织·区分标准·关于各种各类的合营组织的简介

这是第一种也是最重要的一种法人立法分类。由于这是一种立法分类，法律会为其订定一些实际后果，自不待言。在法律上，有关合营组织的一般规定，也有关于各种非营利性法人的规定。在后者方面，仅需一提《民法典》第1679条及第1781条与《民事诉讼法典》第489条第2款、第822条第1款及第2款。

区分标准

第32条将非营利性法人定义为"基于某种公益目的或原因，或同时基于公益及私益目的或原因而创立、在民事关系上具法律独立性之临时性或永久性组织或社团"。由于第35条第2附段规定，该等组织或社团能够以物质性（经济性）利益为宗旨，而且第39条又告诉我们"私益组织，受合营合同之规定规范"，因此似乎可以推论出：非营利性法人，归根结底，就是公益私法人社团。

可是，从《民事诉讼法典》第822条第1款及第2款可见，国家和殖民地也是非营利性法人。此外，《行政法典》第14条、第196条唯一附段、第284条唯一附段，皆以清晰的行文（apertis verbis）将市、堂区和省界定为非营利性公法人。最后，我们也看不出有什么理由，不将其他公法人（指具法律人格的公共部门与半官方实体）和其他公益私法人（指财团）也一并视为非营利性公法人，从而适用相关规定。反之，这种做法是有各种理由作为支持的。

例如，观乎法律的用字本身，第822条第2款在提到非营利性法人时，很显然它想指的是一切的公益法人（包括公法人）。看来毫无疑问的是，仅仅不应认为第1781条所指的非营利性法人包括私益私法人，因为赋予它们消极遗嘱能力是违反专事原则的（参见第34条）。而且，只有认为第489条第2款的区分存在于一切公益法人（包括公法人）以及纯私益法人之间，方属合理，这一点并不太难看出来。[47]《政教协定》第Ⅲ条则表明了，由天主教教廷建立，或根据其内部规定建立的财团，属于非营利性法人。[48]

由此可见，一切公法人[49]及公益私法人均属非营利性法人。至于具法律人格（并非总是如此）的合营组织，则为私益私法人，亦即营利性法人。

的确，我们知道，第39条规定了私益组织由合营合同的规定所规范。这种合同的一个根本特征，正是合伙人或股东们拟达致的营利目的。上述结论，是得自《民法典》第1240条和《商法典》第104条的。《民法典》第1240条这样表述合营组织的一般概念："一切可处分其财产及劳务之人，可与他人共同以彼等之全部或部分财产，或以彼等之劳务，又或同时以彼等之财产与劳务，联合经营某事业，以分享或分担因该合营而生之利润或亏损[50]。此谓之合营组织。"至于第104条，则隐晦地把我们引导回《民法典》第1240条（参见《商法典》第3条），因为它没有给出合营组织的一般概念，而只是界定了"合营组织（sociedade）被视为公司（sociedade comercial）之条件"。

关于各种各类的合营组织的简介

首先，我们要把合伙（sociedades civis）和公司（sociedades comerciais）区别开来。若合营组织（sociedades）以"作出一项或多项商行为"（参见《商法典》第104条第1款）为宗旨，则属公司。其余一切合营组织，均属

47　所以，在此对"非营利性法人"一词的理解，要比第489条第2款所指向的第32条的定义来得宽泛。文中的见解，参见 ALBERTO DOS REIS 教授，*Cód. de Proc. Civ. Anotado*，第2版，第351页，以及 *Rev. de Leg. e de Jur.*，第71期，第282页。

48　在一般性的财团方面，除文中所述理由外，也许尚可援引第36条唯一附段作为支持（参见下文，编码32，Ⅱ，B，Ⅰ）。援引第37条的原来版本固然也可以，不过，其现行版本就不能用作完全确凿的佐证了。还可以认为，《民法典》第32条及后续条文在提到组织或社团时，亦欲将财团一并包括在内。而 SEABRA 子爵的确也认为，社团和财团并不是两个泾渭分明的类型，因为财团人格的真正基础是受益人（参见 G. MOREIRA，载于前引 *Rev.*，第41期，第129页至第130页，以及第146页）。可是，这种解释是与第37条的原来版本相左的。

　　关于非营利性法人的一般概念方面，亦参见第382条唯一附段及第516条。

49　有些公法人也许只是在民事方面被如此定性而已，然而实际上这也不太重要。但某些半官方实体则似乎另当别论。

50　第1242条规定，约定某名或某些合伙人必须承担一切亏损，而其余合伙人则获取一切利润的合营无效。此即所谓不平等合营（sociedade leonina）（我们猜想，这个名称乃是源自一个著名的古老传说）。然而，约定某位或某些合伙人仅分享倘有利润（纯利）而不分担亏损，则是另一回事，亦不被禁止。

合伙。这种区分是有意义的。一般而言,这两种合营组织的法律制度是相去甚远的(《民法典》第1240条至第1297条、《商法典》第104条至第223条)。而且,合营组织是否具有不同于合伙人或股东们*的法律独立性,亦即它们是否为法人这个问题本身的提出(以及解决),视乎是对于合伙而言,还是对于公司而言,也各有不同。

关于公司方面,《商法典》第108条表明了"公司在第三人面前具有与公司成员不同之法律独立性"。根据这一条文,主流见解认为公司是法人。但 GUILHRME MOREIRA[51] 却不认为无限责任公司(sociedades de responsabilidade ilimitada)是法人。至少,他认为是不应该如此界定无限公司(sociedades em nome colectivo)的。[52]

至于合伙方面,有人认为它是具有法律人格的。但我们认为,这种见解是相当冒险的。因为,基于类似的理由,便同样要把(在某些夫妻财产制度中才有的)夫妻共同财产也界定为法人了。然而,几乎可以说,这种立场是根本没有人会接受的。

此外,基于《民事诉讼法典》第6条的规定,主张家庭合伙(参见第1281条至第1297条)有法律人格的说法,在今天已经变得站不住脚了。实际上,该条文是想把当事人能力或称诉讼能力(成为诉讼当事人的能力)也赋予那些无(民事实体法上的)法律人格的实体。毫无疑问,待继承遗

---

* 在葡萄牙法上,合营组织分为民事合营组织(合伙)和商事合营组织(公司)。汉语的"合伙人"和"股东",在葡语上一律称为 sócio。可见,sócio 一词可被译为"合营组织成员"。但为易于理解起见,译者把 sócio 译为"合伙人或股东"。——译者注

51 参见 *Instituições*,Ⅰ,第294条至第298条;*Da personalidade colectiva*,编码15。

52 G. MOREIRA 的理据是,第108条是以它所讲的"在第三人面前"为限的。这表明了,立法者只是想说,公司财产在第三人面前是"有别于每一名股东的财产的一个法律个体"(转引自 *Rev. de Leg. e de fur.*,第41期,第34页)而已。公司法律人格的问题,并没有在该条文中得到解决。有关问题,应该根据各类法定公司的法律制度来解决。而且,无限公司(甚至两合公司)无法律人格的说法,是有各种理由支持的。它们的制度,其实应该用集体所有权(propriedade colectiva)理论来解释(我们将于适当章节对该理论加以着墨)。因此,股东们的无限责任在公司资本和每一位股东的财产之间建立起来的那种联系,是直接到"不得将无限公司视为一个有别于股东们的主体"因而只需要以该主体的财产承担责任的(转引自上述 *Rev.*,第41期,第50页)。

另一方面,建基于股东互信的该等公司的存在,是取决于每一名股东的生存、能力和意思的(参见《商法典》第120条第1附段、第2附段)。所以,其存续期间是有限的,因此就没有必要向其赋予法律人格了,因为法律人格是"以存续期间不确定,或具备某种超越自然人寿命的永久特征的集体利益作为前提"的(引自上述 *Rev.*,第41期,第51页)。而且,"无限责任公司的宗旨,并非有别于股东们个人利益的集体利益;它们是建基于股东们个人利益之上的"(出处同上)。

产"与类似之独立财产"就属于这种实体。但该条文是否认家庭合伙有法律人格的。[53]

然而要指出的是,合伙可以按照下文将提到的四类公司中的任一类,以商业形式设立。一旦这样做,它们就会受公司本身的法律规定所规范(参见第106条)。[54] 这样一来,第108条便可适用于它们,使它们和公司一样也具有法律人格。

公司和商业形式合伙,可以根据各式分类法加以划分。当中最重要、最广为人知的分类法,是以股东们对公司债务的责任范围作为区分基准的。它将公司分为四类:无限公司、股份有限公司、两合公司与有限公司。

在无限公司方面,股东们在公司财产被执行后(参见第153条第1附段;亦参见《民事诉讼法典》第1331条及第1332条),必须对公司债务承担连带及无限责任(参见第105条第1附段及第153条)。在股份有限公司方面,股东们仅对它们所认购的资本承担责任,亦即仅对相关股份额承担责任(参见第105条第2附段及第170条)。要是某一名特定股东已经完全支付其股款(亦即缴付股款),即使其余股东的股款尚未获支付,他也无须再去满足些什么。债权人只能以公司资产受偿,或以其余股东为缴付股款而必须支付的款项受偿。两合公司,则相当于前面两种公司的结合:在两合公司中,有一名或多名股东俨如无限公司的股东般承担责任(两合公司的无限责任股东),至于其余的一名或多名股东则俨如股份有限公司的股东般承担责任(两合公司的有限责任股东)(参见第105条第3附段)。有限公司同样也是无限公司和股份有限公司的中间类型,但具有与两合公司相去甚远的另类(*sui generis*)特点。有限公司的每一名股东,都以同样的方式承担责任。不过,他们的责任既非无限,又非仅仅限于股东们各自所认

---

[53] 至于其他合伙,"即使无法律人格",亦获承认具有诉讼人格(译者按:personalidade judiciária 一般译作当事人能力)。但可以说,"即使无法律人格"这一表述不能绝对肯定地说明该等合伙无法律人格,因为首先以上表述并非仅仅针对它们,而且,该表述的意思也可以只是"即使根据民法,它们没有法律人格也好,立法者也想向它们赋予诉讼人格,因而前一问题是无关紧要的"而已。另外,亦参见《民事诉讼法典》第1368条。

[54] 亦参见1901年4月11日的《有限公司法》第1条唯一附段。所引的那些条文,将以往那些关于破产和商事管辖权的规定列为例外。然而,今天商事法院已被废除,并由民事法院兼并其权限了。至于破产方面,需要指出的是,对于那些并非身为商人的债务人而言,现在有一个和破产十分相似的制度——无偿还能力(参见《民事诉讼法典》第1355条至第1368条;亦见第1358条及第1368条)。

购的资本那么少而已。股东们尚需负连带及无限责任，但仅仅是对公司资本的整体完缴承担上述责任而已。可以要求每一名股东除了就自身份额出资之外，尚需就其他股东的份额向公司出资。但这仅仅是以该等需付款项的确切范围为限而已。一旦所有股款获缴付，由于有关款项已由公司取得（亦即一旦整体公司资本获得缴付），股东们将不对公司债务承担任何责任（1901年4月11日法律第15条及第16条）。[55]

19. 永久性法人与临时性法人

本分类见于第35条第2附段：

"为适用本条之规定，下列者属永久性法人：

一、存续期无限之组织或社团；

二、存续期虽然有限，但并非以物质性利益为宗旨之组织或社团。"

与永久性法人相对的，是那些不符合上述要件，并理所当然地被称为临时性法人的社团或组织。

第2附段所指的组织或社团，仅仅是指那些公益性或同为公益性与私益性的组织或社团（参见第32条）。这种结论，是毫无疑问地得自该条的主文部分（"永久公益组织或社团……"），以及第2附段第2款提到的"物质性利益"的含义（将于下面说明）的。正如在上引条文中所见，如果法人是通常意义上的永久性，亦即无限期地设立的话，它们同样也会是法律意义上的永久性的。而就算法人是有限期地设立也好，但要是它们"并非以物质性利益为宗旨"的话，也是如此。

何谓物质性利益？想当然尔，那是指经济性利益。然而，仅当这些经济性利益并非表现为获取利润从而让社员们分配，易言之，并非属于私益法人亦即合营组织的利益（参见第32条及第1240条、《商法典》第104

---

[55] 除此之外，尚有一些较不重要的公司分类法。例如，可以将公司分成人合公司和资合公司。人合公司是以股东们的个人特质为首要因素的。无限公司，便是最显著的人合公司。资合公司的决定性元素，则为股东们对公司资本所作的贡献。股份有限公司，即属其典型。

另外，也可以将公司分成固定资本公司和可变资本公司。对于固定资本公司而言，公司资本的变化（增加或减少），是一种反常的不稳定，必须受到相当严格的条件所限制（参见《商法典》第116条、1901年4月11日法律第41条）。对于可变资本公司而言，这种变化是正常的，因而并不取决于一些严格烦琐的前提。合作社（sociedades cooperativas）便属于后者（参见《商法典》第207条及第209条第2款），而其余一切公司皆属前者。

条）时，才是这里所讲的物质性利益。[56]

由此可见，这种分类法只适用于非营利性法人。表面看来，这种分类法似乎并非适用于一切非营利性法人，而是仅仅适用于公益私法人社团而已。可是，要是只有这些法人才是第32条所定义的非营利性法人，而我们又已经知道第35条所指的"公益"亦包含了第32条所指的"同时基于公益及私益"，那么第35条就仿佛是说"永久非营利性法人……"了。但之前（参见编码18）也已经指出过，非营利性法人并非仅仅包括公益私法人社团。因此，第35条及其第2附段的区分，也是可以适用公益私法人社团以外的其余非营利性法人的。

总而言之，本分类法并非仅能用于公益私法人社团而已。原则上，它也广泛适用于一切非营利性法人。仅仅对于某些公法人而言，才会就是否适用这种分类法，亦即适用第35条规定这个问题产生一些疑问。如果答案是肯定的话，则毫无疑问，它们应该被界定为永久非营利性法人。

20. 民事法人与教会法人·现时的区分标准·教会法人的次分类

由于大多数法人都是民事法人，所以要界定本分类法的区分标准，宜先厘清教会法人的概念。教会法人以外的法人，即属民事法人。界定前者，需要以一种直接、积极的方式为之；而界定后者，则以间接、消极的方式，亦即仅以排除法为之即可。

以往，根据《民法典》第1781条唯一附段，那些"教会机构社团"就是所谓的教会法人（可是，我们仍然不能因此清楚知道这类法人的确切意义为何）。[57] 然而，该条文已经不再生效了。至少，它的适用范围会有限到

---

[56] G. MOREIRA 是其中一位对"物质性利益"作出这种解释的人。参见其 *Instituições*，Ⅰ，第302页；但亦参见 MONCADA 教授于其 *Lições*，Ⅰ，第358页注释中所提出的一些值得注意的思考。

[57] 参见 G. MOREIRA，载于前揭 *Rev.*，第41期，第178页，以及 DIAS FERREIRA，*Cód. Civ. Anotado*，第2版，Ⅲ，第29页。G. MOREIRA 认为，以往即使以精神层面的目的或救济众生为宗旨也好，也只有"那些按天主教教会法设立，因而不取决于国家代表所作出的特别批准即具有法律独立性，并且直接从属于教会当局的社团及财团"，才属于教会机构。DIAS FERREIRA 则认为，以往第1781条唯一附段所指的，是那些"以精神层面或救济众生的服务为主要工作"的社团，亦即那些"具教会性质或教会宗旨的社团"，但"这并非指一切由教会创立的机构，而是仅仅指那些具教会宗旨的机构而已"。

使它不再有显著的实际意义。[58]

现时的区分标准

因此，我们认为，现时应该将现行法在有关方面特别加以注意并规管，而且看来也并非与"教会法人"这名称不相配的某些法人，亦界定为教会法人。它们有：《行政法典》第 449 条唯一附段所指的"教会之团体或组织"，以及与梵蒂冈教廷订立的《政教协定》（于 1940 年 5 月 7 日签订，并于 1940 年 6 月 1 日获追认批准）的第 III 条及第 XX 条所指的（天主教）"教会之团体或组织"与"天主教宗教团体、社团或机构"。的确，在认可方式、取得或转让财产的能力，以及其他较次要的问题上，它们都是受专门的法律规定所规范的。

从上引法律条文，以及其他适用的法律条文[59]中可以推论出，教会法人包括由《政教协定》认可具有法律人格的天主教教廷（参见第 1 条），以及（天主教或其他）教会以其权力或其他方式（换言之，也可以是由教徒们主动设立的）根据相关宗教的内部规范（如果是天主教教会的情况，则为天主教教会法）设立的任何社团或财团。显然，这些法人的宗旨是跟宗教有某种程度上的直接关系的，例如信仰祭拜、教义问答、教士培养、教义辩证等。

教会法人的次分类

可以也应该根据相关法律规定，将教会法人分为不同类别。它可以分为天主教法人与非天主教法人，也可以分为宗教社团与其他种类的教会法

---

[58] 第 1781 条规定，非营利性法人可以作为继承人或受遗赠人而透过遗嘱取得财产。昔日，该条唯一附段将"教会机构社团"列为例外，它们"最多仅可继承遗嘱人可处分遗产（terça）之三分之一"。但今天《行政法典》第 452 条规定了，宗教团体（无论是否天主教亦然）可以"以永久非营利性法人所按照之方式"取得或转让财产，而《政教协定》第 IV 条也同样作了如此规定，但它所针对的则是一切天主教会法人。所以，废止该条唯一附段，也许只会在那些既非天主教，又不属于宗教团体的教会法人方面，产生一些疑问。但至少，可以否定第 449 条唯一附段表明了该等法人不适用《行政法典》的制度因而并非"受一般法规范"这种说法。而且，该法典所处理的其中一个问题，恰恰就是取得财产的能力（参见第 452 条）。我们在下文将会粗略地指出，就算该唯一附段排除了一般法对那些不属于宗教团体的天主教法人的适用也好，也肯定并非基于相关取得能力受例外性的限制性规定所规范——这种观点是跟《政教协定》第 IV 条相左的。那只不过是基于规范一切天主教会法人认可事宜的该协定第 III 条罢了（参见下文，编码 25，B）。

[59] 例如，第 449 条规定："按所属宗教教规及等级规范……"《政教协定》第 III 条规定："葡萄牙天主教教会可根据天主教教会法自由组织并以该方式设立团体或组织……"第 IV 条规定："……受有权限教会当局之管束及监督。"

人。第一种区分是再清晰不过了，故不必多作解释。至于第二种区分，需要指出的是，宗教社团乃是第449条所指的"按所属宗教教规及等级规范设立，并以信仰祭拜为主要宗旨之法人"。更多的分类法，可见于《行政法典》第453条及第454条。

21. 行政公益法人·概念·类型

被《行政法典》第416条至第448条称为"行政公益法人"的那些法人，即属此类（它还有一个分类）。在现行立法上，大体而言（grosso modo），它们就相当于昔日的行政社团。行政社团被1896年《行政法典》（第253条唯一附段）定义为须受民事长官（Governador Civil）监督的人道及慈善社团、组织及机构。其实际意义在于《行政法典》为它建立了一套相当重要和详细的特别规定。

概念

第416条将那些"主要惠及特定地域之居民，并且非由国家或地方行政机构管理之私立慈善或人道团体及援助或教育机构，如医院、收容所、保育院、托儿所、育婴所、庇护所、免费诊所、疗养院、图书馆及类似组织"，界定为行政公益法人。

从该条文可以得出（并且有《行政法典》特别规范的行政公益法人一众次分类的相关规定支持），若有关公益主要属地方性质并由私人而非公共实体[60]进行管理的公益私法人，具有一项应被界定为救济或公益、人道或教育性质的利他宗旨，该公益私法人即属行政公益法人。

因此我们可以说，行政公益法人就等同于具有主要属地方性质的利他宗旨的公益私法人，虽然这种表述并非十分严谨，但已是相当贴切。

类型

《行政法典》将行政公益法人分为慈善团体或人道团体与地方利益机构。它们的区别在于（至少这样说已经很妥切了）：前者属于社团，后者属于财团。

慈善或人道团体，则可再分为慈善团体以及单纯的人道团体。前者以

60　但这并不意味着，法人必然不能由相关创办人交由某公共当局或公务员进行管理，只要该当局或公务员并非像行使受相关规定规范的补充性公共职能般代表国家或地方行政机构进行管理即可。

救援、教育或培训穷困者或贫苦者为主要宗旨（参见第 439 条）。《行政法典》又将这一类别再细分为仁慈堂（Misericórdias）与其他公益团体。仁慈堂乃是"天主教兄弟会或教友会所创办及管理之援助性质或慈善性质之机构"（参见第 433 条）。然而，从指出其必要职责的第 434 条可见，其职责超出了慈善范围，而具有某些单纯人道性质（参见第 1 款及第 2 款）。第 439 条将其余慈善团体界定为旨在"援助以及教育或培训年幼、残障、患病或老年之穷困者或贫苦者"的团体。[61] 而第 441 条则将人道团体界定为"主要宗旨为救助伤者、病患者或遇难者、救火或以其他利他方式保护人身财产之团体"，以及（唯一附段）"为法定目的……以保护动物为主要宗旨之团体"。在这里，跟前一类团体相反，并不要求那些获得援助的人士，或那些获得保护的财产或动物的主人，必须为穷困者或贫苦者。

第 444 条将地方利益机构界定为"透过生前处分或死因处分，将财产投用于援助性质或教育性质之宗旨，而设立为私人财团之行政公益法人"。我们应该广义地理解"援助性质或教育性质之宗旨"，也就是说，那些地方利益机构的宗旨，也可以是法律为慈善或人道团体所订定的那些宗旨。但似乎在某些情况下，财团活动的受益人，则必须是穷困者或贫苦者。《行政法典》并没有再为地方利益机构进行任何次分类。

§4. 法人的设立

22. 讨论范围

在相关组织基础已经形成，并获得法律秩序认可后，法人即告设立。

上述两种元素（实质元素与法律元素）在通常情况下，是先有前者再有后者的。从发生时间先后的角度看，当然是这样。从逻辑上看，这就更加明显了，尽管在这个层面上，认可并非必然是组织基础之后的事（*posterius*）。

因此，我们需要分别学习组织基础的形成，以及各种法人的不同认可方式。在讨论这两个问题时，都需要把公法人与私法人分开讨论，因为两

---

[61] 关于包括仁慈堂在内的慈善团体的法律规定方面，还需要注意有关所谓的社会援助的那些立法：1944 年 5 月 15 日第 1998 号法律；1945 年 11 月 7 日第 35108 号命令（尤其参见第 25 条至第 26 条、第 102 条至第 112 条）。根据上述命令第 109 条，原则上在每一个市内只可以有一所仁慈堂。

者各自的内容都有所不同。同理，至少我们需要再对私法人进行次分类，而视乎所涉及的是上述哪一个问题，有关次分类也会有所不同。

23. 社团组织基础的形成：A）公法人社团·B）私法人社团

法人组织基础的形成，是指各种元素的创造以及其结集或组织化。这些元素，共同组成了相关法律人格的载体，亦即法律（Direito）透过认可而予以人格化的社会实体。在这里，需要将社团与社团分开讨论。以下将从社团的组织基础开始。

A）公法人社团

学理通常较少讨论公法人社团和财团在这方面的问题，一般只会指出，国家是在历史上自然形成的，而其他公法人则是因为国家的一项行为，亦即立法机关或行政机关的行为而生。即使有时候会出现私法人被提升为公法人的情况，但公法人这种身份仍然是因为国家行为使然的。如果要更好地了解此问题，就可能需要对它进行更深入的研究。然而，鉴于它的实际意义不大，所以就不值得对其高度关注。但要注意的是，在国家的组织基础的形成方面，即使上述学说是正确的，也不代表在这里就没有一种类似于认可的东西，使法律人格得以出现。[62] 另一方面，对于那些一开始是私法人的公法人而言，既存的组织基础是可以不发生任何变动的。它只是因为其公共性质而获国家赋予新的职责，并被升格为公共实体而已。[63]

B）私法人社团

私法人社团的组织基础，是因为社员的意思而形成的。他们拟集结起来，以某种方式彼此协力，藉以实现一项合法及可能的特定宗旨，并有意创造一个法律关系的独立自主中心，亦即一个新的法律主体。[64] 在社团型社会实体的这种仿佛自我形塑（auto-formação）上，学者们通常将社团的设立行为与章程区分开来，虽然两者可以同时发生，甚至载于同一份文件（文本）内。但对于这两个元素（行为）各自的自身功能，学理并无非常清楚

---

[62] 国家的法律人格，是法的产物。至于法本身，则由作为单纯社会实体的国家所设。一项先于法、不取决于法的法律人格，是无法想象的。而且这样的一项法律人格，并非一切法律体制的必要基础或前提。法对待国家的方式，可以是与众不同的，对待其他法人亦然。

[63] 值得指出的是，就大部分公法人而言，都是难以识别出所谓的意图元素的。

[64] 这并不意味着社员的决议必须完全自发。它可以是由国家促成的。但有关促成方式则无必要在此具体说明。

地加以区分。

然而可以说，设立行为是替社团奠基，并在社员之间建立起社团联系，指出社员要为社团所追求的共同宗旨作出何种贡献（财物或服务），确立上述宗旨，确定该新设法人组织的名称、住所和存续期。至于章程（estatuto，我们通常称之为 estatutos）则载有社团的详细规则，就像其"宪章"一样，或者说是"抽象地规管"社团实体"将来内部架构及其运作方式的规范总体"。[65]

上述行为，均要求创始社员［这个意义上的（hoc sensu）"创办人"们］一致同意。而且，有关行为亦会约束后来加入的社员。然而，社员可以透过多数决嗣后变更之。[66] 但这会有某些限制，我们将在后文再行阐明。

并没有一般性的法律规定明确指出，在作出社团创设行为或订定其章程时，应该依循何种手续。在葡萄牙现行法律中，适用范围最广的这类规范，是《公证法典》（1935 年 11 月 24 日第 26118 号命令）第 163 条第 3 款。它规定了"公司及其变更、解散及清算"必须以公证书作出。这种表述，已包括了公司的设立行为和章程。[67] 但对于其余私法人而言，如果没有更高的要求，那么文书[68]的必要性就仅仅在于：有关组织如要取得法律人格，则其章程（包括创设行为）就一定要获得有权限实体批准，或者至少应该将书面照会交予当局。

至于上述行为的真正法律性质，我们现在则不予讨论。

24. 财团组织基础的形成：A）公法人财团·B）私法人财团：Ⅰ）透过遗嘱·Ⅱ）透过生前行为

财团的组织基础，是因为一项（被用来谋求某项合法、可能的集体目的的）财产的创设而形成的。这些财团组织基础的元素，是如何建立和联结的？

65　参见 FERRARA, Le persone giuridiche, 第 177 页。
66　这必须根据法律、章程或设立行为的条款所定的方式为之。为此目的所要求的多数票，通常会比为其他目的所要求的高。
67　上述那些行为尚需进行商业登记（《商法典》第 49 条第 5 款）。上述条文，亦适用于以商事形式设立的民事合伙。公证书，是指一切为此目的所应有的由公证员在适当簿册（记录簿册）内缮立的生前行为文书（《公证法典》第 161 条第 1 附段）。
68　即使只是私文书，亦即并非由公证员缮立的文书也好，也许亦会要求对之进行认证（公证认定签名）。

A）公法人财团

前一号编码内的理论，经必要变通后（mutatis mutandis）亦可适用于此。而且以它来说明公法人财团甚至更加合理。在公法人财团方面，一切都是以国家的行为，或者以其他公法人的行为来实现的。

B）私法人财团

私法人财团的组织基础，是由创办人（或创办人们）的行为形成的。他们以其一部分甚至全部财产，来谋求一项合法、可能及适当的特定的集体目的。有人认为，上述行为可以透过终意处分（disposição de última vontade）（遗嘱）或生前法律行为（negócio inter vivos）作出。然而，是否真的如此？

首先，应该指出的是，以上述任一种方式设立财团，都是应该被允许的。只要私人的行为是合法地作出的，就应当尽可能不使私人受到太多掣肘。由于财团旨在谋求的是非个人性宗旨或称利他宗旨，也是公益宗旨，亦即对国家有利而且国家也试图实现的宗旨，因此，创办人越是慷慨大方，国家要以其自身资源去做的事情就越少，而且公共利益也能够越完全地获得满足。

所以，除了为慷慨行为而设的一般限制，特别是关于特留份继承人的利益方面的限制之外，理应让私人能更便利地将其财产投用于其拟设立的财团上。从立法论的角度而言（de jure constituendo），这是比较好的取态。而从实定法的角度而言（de jure constituto），当法律有含糊之处时，在法律解释上，或者当法律有漏洞之处时，在法律填补上，我们也应该抱持相同的看法。[69]

接下来，我们将根据葡萄牙的实证法，来思考这个问题。

---

69 众所周知，进行法律解释时，首要的因素（对比其他需要考虑的因素而言）是考虑各种可能的解决方案的实质价值和合理性。当遇有疑义时，当然要以最合理的解决方案为优先。至于法律填补方面，如果可以类推，则应首先使用类推，之后则"视乎个案情况"，求诸"自然法原则"（第16条）。当法律为一个已规范的情况所作的规定，对于未规范的情况（从立法论的角度而言，de lege ferenda）亦同样正确及应予采用时，易言之，当两种情况要求［根据相对性正义（justiça relativa）——这是我们的说法］在法律上获得相同对待时，则可运用类推。至于另一种手段，归根结底，就是针对未规范的情况，采用在法律体系中最合理的解决方案，亦即采用假设由法官为有关事宜立法、决定在法律中要订立什么规范时，所会制定的规范。

I）透过遗嘱

可以认为，规定消极遗嘱能力（透过遗嘱取得财产的能力）的第1776条及第1777条，禁止了向遗嘱人死后方透过有权限当局认可（第25条）设立的待设立财团作出遗嘱处分，从而以遗嘱人死因处分的财产作为有关捐助财产。的确，上引条文只是将透过遗嘱取得财产的能力赋予"已存在的人"（criaturas existentes）（第1776条），包括"自遗嘱人死后起计三百日内出生并存活且拥有人类形态之胎儿"（第1776条唯一附段），以及任何"于遗嘱人死亡时，身为某特定在生之人之第一亲等直系血亲卑亲属"的未出生人（第1777条）。显然，有待以遗嘱人死因处分财产设立的财团，并不属于以上任何一类。

但其实，这些条文完完全全能够被解释为：它们是旨在规定自然人的消极遗嘱能力，而非法人的消极遗嘱能力。这是法律字面意思本身会令人想到的限缩解释，而且第1781条的规定也加强了这种解释的可靠性。在《民法典》的该章节，唯一一条规定法人消极遗嘱能力的条文，就是第1781条。它规定了"非营利性法人可透过遗嘱取得财产"。此条文并无特别指明，这些非营利性法人是仅仅指那些已设立的，还是在某种条件下也可以包括那些在稍后时间设立的非营利性法人。然而，为了让有关解决方案更合理，在条文解释或法律填补上，我们均有充分理由认为，法律是允许透过遗嘱对财产进行死因处分，从而以有关财产作为遗嘱人所吩咐设立的财团的捐助财产的，而且其设立也不取决于其他人的意思。[70] 我们认为，当仅存在上述那些法律规定时，这就是葡萄牙法律的处理方式。因为从立法论的角度而言（*de jure condendo*），这种处理方式是最好的，而且也没有任何条文彻底与之相抵触。

但其实，在葡萄牙法律中，还有一些条文可以更清晰，甚至毋庸置疑地印证这种见解。第1902条就是其中一条。它规定了"如遗嘱人有委托遗嘱执行人，将某部分遗产之所得，用于某些财团或慈善用途或公益用途，则遗嘱执行人……须进行财产清册程序，并以公共拍卖形式变卖上述财产，且须传唤利害关系人或其法定代理人，并在检察院参与下进行"。但因为该条唯一附段（于1930年新增）排除了这条规定在"为上述目的，将遗产或

---

[70] 但有权限当局的认可总是必须的。

遗赠向具法律能力之既存社团[71]作出死因处分之情况下"的适用，所以说它会适用于其他的情况，而其中一种情况就可以是（而且也应该是，因为那样很合理）将财产死因处分予一个将于遗嘱人死后设立的财团，让这些财产（更准确地说，是它们的变卖所得）成为财团最初的财产——捐助财产。[72]

的确，观乎第1902条的字面含义，我们只能从中得出，法律允许遗嘱人对部分遗产进行死因处分，藉此以相关财产的变卖所得设立一个财团，并且指定一名遗嘱执行人来执行其意愿（参见第1885条）。然而，并没有什么理由要受此等狭窄的限制所局限，而不允许遗嘱人向其盼咐设立的财团作出遗嘱处分。[73] 因此，我们认为这种处分绝对可以在更宽松的条件下作出。[74]

而《行政法典》第444条更是有力地释除了一切争议。它将地方利益机构定义为"透过生前处分或死因处分，将财产投用于援助性质或教育性质之宗旨，而设立为私人财团之行政公益法人"。这一条文，清清楚楚地允许了对某些财产进行死因处分（因此也允许以遗嘱为之），从而以这些财产设立一个致力于遗嘱人所定宗旨的财团。因此，法律是允许直接将财产本身，而不单是其所得，死因处分给待设立财团的。这并不要求创办人指定一名遗嘱执行人来执行其意愿（参见第446条唯一附段），也没有对慷慨行为的范围设定任何限制，所以慷慨行为能够以全体遗产作为客体。[75]

显然，该条文只是针对那些可被界定为地方利益机构的财团而已。然而，该条文的处理方式其实应该普遍适用于其余的财团（亦即那些全国性利益财团），因为并没有任何理由以更严格的条件对待它们。[76] 此外，由于

---

[71] 财团也是可以的，因为并没有任何理由不允许将财产死因处分予一个已设立的财团。而且，在这种情况下，不适用该条的主文部分也是合理的。

[72] 这是该条文所包含的最主要的一种情况，但并非唯一一种。因为，至少尚有这样的一种情况：遗嘱人对财产进行死因处分，以其所得用于某种慈善或公益用途（诸如赈济、实行某项工程等），但却并非把它给予任何既存法人，而且基于所拟达致的宗旨的短暂性，亦没有必要为此目的而设立财团。

[73] 在1930年的改革之前，变卖财产的要求应与第35条（原始版本）的规定有关。

[74] 但在这种情况下，可以不适用（至少是部分不适用）该条的规定。除非唯一的不同之处在于死因处分范围及于全体遗产。在这种情况下，显然会类推适用第1902条的规定。

[75] 但法定继承人的特留份除外，这是必然的。

[76] 还有那些宗旨也许不能被界定为援助或教育性质的地方利益财团。

这种处理方式是附带性地提出，所以，从其他规范中已能得出这样的处理方式，也是有可能的。[77]

因此，有需要说明一下这些处分的价值，以及处分人应该如何作出这些处分，从而于其死后设立有关财团。毫无疑问，该等慷慨行为可以由遗嘱人自由废止，但在其死后则会变得不可废止，即使是其继承人也不可废止它。

至于设立财团的手续（*modus faciendi*）方面，视乎遗嘱人有否自己订立相关章程，以及有否委任遗嘱执行人，方法会有所不同。

若遗嘱人有订立章程，则只需要将章程提交予有权限作出认可的当局，让其批准即可。若无，必须预先制作之。各方面事宜，均应由遗嘱执行人执行。若无遗嘱执行人或其怠于行事，则当局可以依职权（*ex officio*）为之。大体而言（*grosso modo*），这种处理方式是合理的，亦为《行政法典》中关于地方利益财团的第 466 条所确立。[78] 《行政法典》的规范也可类推适用于类似的财团，但这时候有权限作出认可的当局就不是民事长官了。

一旦财团因其章程获批准而设立，财团即可透过负责有关行政管理的人（由遗嘱人指定或章程订定）进行与其宗旨相符的活动。[79]

Ⅱ）透过生前行为

可否透过生前（*inter vivos*）行为将财产处分予一个处分人拟创设的社团？这个问题，也有值得商榷之处。的确，第 1479 条规定，只有在生的人

77　因此，撇除其后所必需的国家认可不谈，葡萄牙法律是允许以遗嘱设立直接财团（*fundações directas*）的。要注意的是，并不会因为有遗嘱执行人，财团就不是直接财团，因为他本身并非遗嘱人的继承人或受遗赠人，因此并非相关财产的所有权人（连临时性的所有权人也不是），而只是一名遗嘱人意愿的执行人或执行监督人，或者说类似遗嘱人代理人的人而已（第 1885 条及第 1889 条）。

在法国，基于其《民法典》第 906 条（相当于葡萄牙《民法典》的第 1776 条），是不能直接向遗嘱人拟设立的财团作出遗嘱处分的。财产必须被遗嘱处分予自然人或既存的法人，并由其将财产用于遗嘱人指定的宗旨。为此目的，遗嘱人可以吩咐设立一个新的法律实体。若吩咐设立之，则前述的人必须促成新实体的形成及认可，并将遗嘱人死因处分的财产捐助予该实体。任何一种情况，均属一定条件限制下（*sub modo*）的遗嘱处分。第二种情况（法律无疑允许这样做）通常被称为间接财团（*fundações indirectas*）。作为例子，参见 PLANIOL, *Traité*, Ⅲ, 编码 3331 至编码 3346（尤其是编码 3343 及编码 3346）。

显然，葡萄牙法律也是允许上述的间接处分的。但遗嘱人并不一定要使用这些方法。他亦可选择以文中所指的方式为之。

78　关于慈善财团方面，尚参见第 35108 号命令第 25 条唯一附段。

79　在遗嘱人死亡直至财团获认可期间，被死因处分的财产归属这一问题，我们就不加以讨论了。参见上文，编码 6，最后部分。

和在慷慨行为作出时已经受孕的未出生人,才能接受赠与。而且,这里也没有一条相当于第1777条的规定,用以排除该规范的适用。然而,使用类似于上文为第1776条及第1777条而使用的方法,便可以释除以上疑问。这种处分的可行性,尚有着各种理由支持:首先,这样的解决方案是很合理的;其次,既然连向待设立财团作出遗嘱慷慨行为都被允许,那么要是禁止其他处分的话就说不过去了;最后,类推适用于其他财团的上引第444条的处理方式,亦可作佐证。

但这种处分的真正性质和价值是什么?这就是一个更棘手的问题了。在这里,当今学者们通常会将两项不同的法律上的行为或法律行为(actos ou negócios jurídicos)*区别开来:其中一者,旨在设立一个新的法律实体;另一者,则旨在将一项特定财产赋予这个新的法律主体。前者被称为创办行为或创办法律行为(acto ou negócio de fundação)。[80] 它是主行为,而且在某种意义上,它可以不取决于另一项行为而存在。后者被称为捐助行为或捐助法律行为(acto ou negócio de dotação)。它从属于前一项行为,因为如果前一项行为最终不能产生其效果(设立一个新的法律上的人)的话,它也无从达致它的目的,所以它是不能独立存在的。

至于上述两种行为或法律行为的性质和价值方面,现今学界的主流意见认为,它们属于单方性质,因此,即使创办人嗣后死亡或无行为能力,它们仍然成立。而且,创办人亦可废止有关行为,但仅于财团未获认可,因而用作捐助的财产尚未由这个新的法律主体拥有时,方可如此为之。

---

* 有必要对此处的译语稍加解释。在葡萄牙法和澳门法上,negócio jurídico 与 acto jurídico 是两个不同的概念,前者通译作"法律行为",因此,为了避免混淆,后者只好被译为"法律上的行为"(否则后者绝对可以,也更适合译为"法律行为")。澳门大学法学院唐晓晴教授已提倡将 negócio jurídico 改译为"法律事务",因为这样一来字面上更为符合外文原本语义,二来亦可避免上述两个概念的中译发生重叠。译者对此十分赞同,但考虑到"法律行为"这一名称已使用经年,故选择在文中沿用约定俗成的"法律行为"这一次佳译法(甚至可说是错误译法)。另外,当同时出现 negócio jurídico 与 acto jurídico 时,把它们译为"法律行为"和"法律上的行为",尚能区别两者,但文中却常把它们简称为 negócio 与 acto,因此,译者为了不使两者都成为"行为"因而无法区别,所以把 negócio 译为"法律行为",把 acto 译为"行为"。故下文会出现"行为或法律行为"这样的表述,汉语行文可能使人混淆,但实迫不得已。其实,若单独出现 acto(亦即后面没有 jurídico 这一形容词),则译为"行为"即可,不必赘译为"法律上的行为";但若单独出现 negócio(亦即后面没有 jurídico 这一形容词),则最好详译为"法律行为",以资识别。这一处理方法在学界亦为常见。——译者注

80 参见 ROMANELLI, Il negozio di fondazione。也有人用该术语来表示文中所述两项行为的总体。

第三章
法　人

那些在学者们之间存在严重分歧的问题，以及关于创办法律行为的各家学说，我们也不打算在此一一介绍。

但我们认为，在捐助行为或捐助法律行为方面，FERRARA 的见解值得一提。[81] 他把上述行为视为一项指定用途之法律行为（negócio de destinação）（将财产指定用于某一项宗旨）。这个概念有一个很合适的例子，那就是由接受嫁资的妇女自己所作的嫁资创设行为。另一方面，他认为，虽然捐助行为或捐助法律行为并非技术意义上的赠与合同，但它属于无偿处分行为，因而须受相关规范规管，也就是说：创办人必须具备作出慷慨行为的能力；可以提起债权人争议之诉，对捐助行为进行争议（第 1033 条、第 1035 条及后续条文）；捐助行为可以因损害特留份而被扣减或废止（第 1492 条及后续条文）；一般而言，创办人不用支付因追夺而产生的损失（evicção）（第 1468 条）。

根据葡萄牙法律，又应该如何考虑这些问题？

在上述处分中，确实需要将创办法律行为与捐助法律行为区别开来。但我们认为，这一种区分是理论意义大于实际意义的，因为在没有后一种法律行为的情况下，前一种法律行为也同样不能存在。的确，看来《行政法典》第 444 条也不承认创办法律行为可以与捐助行为互相分离。[82] 另一方面，这些处分真的可以不被界定为赠与来对待吗？我们对此是极度质疑的（撇开一些需要对有关词义作出调整或扭曲的个别情况不谈）。除了赠与，葡萄牙的《民法典》并不承认其他类型的生前（inter vivos）无偿处分，[83] 而且《行政法典》第 444 条也不像是有意视之为一种新的类型。虽然有第 1452 条、第 1456 条、第 1465 条及第 1466 条的规定，但赠与这个概念的本质，看来并不在于真正意义及本义上的合同性（contratualidade）——这要求受赠人作出接受。受赠人不需要作出接受的情况，至少有一个（第 1478 条第二部分）。赠与的本质，在于它是一项无偿的财产给予行为（acto de atribuição patrimonial gratuita）。赠与人透过这项行为处分财产，不仅是为

81　参见 *Le persone giuridiche*，编码 63 至编码 65。
82　至少，《行政法典》第 444 条是这样认为的：如果创办人不以一项有关当局认为足够的财产向财团作出捐助，或捐助行为绝对及明显无效，那么就不应该作出认可。而如果在作出认可后，捐助行为最终被证实无效，或用作捐助的财产最终被真正的所有权人成功请求返还，那就有一点商榷余地。
83　亦即不承认一些虽然类似赠与，但却有自身特色的类型。文中显然撇开了借贷不谈，虽然在某种意义上，它也是一种无偿处分。

了放弃有关财产（抛弃）从而让自己的财富变少，而是为了把财产给予其他人（受赠人）从而让他们获利；若赠与人希望将财产留为己有，是不可能出现这种给予行为的（受赠人也就不可能取得财产）。

所以，我们现在所讨论的这些处分属于赠与。然而，由于《民法典》的赠与制度的确没有对这一类行为进行任何规范，因此，当有关赠与的规定显得迎合不了该类行为的特殊性，或显得与以后倘有的、规范以生前行为创设财团的某些法律条文的精神相左时，我们可以认为，有关赠与的规定并不适用于该类行为。

因此，我们认为并不特别需要一项接受行为，因为财团经有权限当局认可而确定设立后，慷慨行为也会因而变得不可废止。在这之前，创办人仍然可以废止处分行为。处分行为会否因为赠与人在财团确定设立前死亡（又或者成为无行为能力人）而失效？我们认为是会的。原因在于：在认可顶替了接受行为的基础上，我们在此适用了赠与的那些原则（第1465条）。另外，慷慨行为可以仅仅是意味着一个方案而已（就算这个方案相当确定、认真也好），因此，处分人也可以放弃实行这个方案，这是可以理解的。[84]相反的处理方式，或许只在创办人已促成财团认可，或财团已投入运作的情况下，方显合理。[85]

至于上述处分行为制度的其余方面，按照此处所依循的总方针，原则上显然也会适用赠与制度的规范。这些方面，例如有：应遵守的要式（第1458条第2附段及第1459条；《公证法典》第163条第1款）、因追夺而生的责任（第1468条）、因损害特留份而导致的扣减或废止（第1492条及后续条文）等。

---

[84] 如果过了许久，赠与人仍然没有为设立财团而踏出下一步（例如，当章程并非早已一并载于记载处分行为的文书时，他没有制定章程；又例如，他没有促成有关当局作出认可），自然就属于这种情况。必须指出的是，慷慨行为转为不可废止，所取决的并不——像一般的赠与那样——纯粹是一项由他人随时作出的行为。它所取决的，是处分人其后的一项或多项行为。前引第446条（还有第35108号命令第25条唯一附段）的确让人认为，是创办人以生前行为制定相关章程，并将它提交批准的。无论如何，在创办人在生时，如果他没有要求进行认可，有权限当局绝不会促成社团的认可。这一切都表明了，现在所讨论的那些处分行为，实际上对于处分人而言只是带有方案性质而已，即使这个方案相当确定亦然（至少原则上是这样）。

[85] G. MOREIRA 所持见解与文中所述的相同。参见前揭 *Rev.*，第369页至第371页以及第387页。

25. 认可：A）公法人的认可·B）私法人的认可·类型·公法人及私法人的认可时间·谁有权限作出特许性认可

在通常情况下，认可会在组织基础完成就绪后作出，使法人完全地形成，亦即由单纯的社会实体转变为法律主体，从而作为法律关系的独立自主中心存在。我们已经讨论过法人这项元素的某些方面（参见编码12，Ⅱ）。现在，我们需要再说明一下某些已概括讨论过的问题。同时，其他一些不能忽略掉的新问题，我们也会加以研究。

A）公法人的认可

关于公法人的认可方面，仅需指出，认可通常是透过国家的行为为之。而该行为本身，也建立了获人格化的组织基础。那些可能出现的例外情况，在此并无必要加以讨论。

B）私法人的认可

在私法人的认可方面，组织基础与认可这两项元素是明确分开的，而且两者之间存在着时间差。首先，由一项社团或财团的设立行为，建立起社团或财团的组织基础，而认可则于随后出现，作为法人形成过程的终点，将法律人格赋予已存在的组织基础。由于葡萄牙法律并不承认法人自由设立主义这种体系（参见编码12，Ⅱ），所以我们现在仅探讨真正意义和本义上的认可即可。

类型

如前所述（参见编码12，Ⅱ），有两种重要的认可类型需要特别指出：规范性认可与特许性认可。规范性认可，是透过一项规范，亦即一项普遍和抽象的手段作出的。只要符合了规范所定的条件或前提，组织基础便即时被人格化。特许性认可，则是透过有权限公共当局的一项具体的自由裁量行为为之。它是个案式地决定是否适宜向某个事实上已经形成的团体组织基础赋予法律人格的。这种审查，应按照适时性准则而非纯粹合法性准则为之。[86]

需要强调的是，有时候，一项有待公共当局作出的行为，[87] 可能会被列作规范性认可的法定条件或前提。然而，只要细心分析一下，我们就不会把它与特许性认可相混淆了。毫无疑问，这项行为必然不涉及任何适时性

---

86 根据上文所述，显而易见，并不允许以被拒绝进行特许性认可为理由而提出司法上诉（参见 G. MOREIRA 的见解，载于前揭 *Rev.*，第465页），除非当中涉及权力偏差。

87 或一项有待向公共当局作出的行为。但在这种情况下，根本不会有任何疑问。

判断、价值衡量、自由裁量审查,而是完全受制于当局必须一丝不苟地遵守的法定准则。否则,那就会是特许性认可了。[88] 我们马上就会在下文看到一些很适合用来阐明上述区别的例子。[89]

公法人及私法人的认可时间

规范性认可,在葡萄牙法律上有一些清晰的例子。公司(《商法典》第104条第2款、第107条及第108条)或商业形式的合伙(《商法典》第106条;1901年4月11日法律第1条唯一附段)便是如此。这些合营组织,在根据商事法律所定条件及手续设立后,便即时取得法律人格。由于有关条件及手续是严格的(举例而言,合营组织的创设行为必须具备某种外在形式,参见《公证法典》第163条第3款),所以不能说,在上述合营组织方面所奉行的是法人自由设立主义的体系。

另外,即使在方式上要求使用公证书,亦即由公证员缮立的文书,也不代表那就属于特许性认可,因为公证员并不需要作出任何自由裁量审查(价值判断),而只需要记录当事人的宣示。极其量,公证员也只不过是审查当事人拟订立条款的合法性而已(《公证法典》第220条第1款;参见第101条第6款,a、b、c、e、f各项)。

几乎一切教会法人都是这样。在这一问题上,有必要在这类法人中,把宗教团体跟其余法人区别开来。前者适用规范性认可,但有关条件会视乎该等社团是否属于天主教教会而有所不同。若是,则仅需"由其住所所在之教区主教,或其正当代表,向有权限之民事长官作出书面照会"即可(《行政法典》第450条唯一附段、《政教协定》第Ⅲ条)。若否,则仅"于提交予相关区政府办事处之设立书面照会已作登记后,取得法律人格"(第

---

[88] 特许性认可也并非必然不能具有某种规范性质。法律可以规定,除了社团或财团组织基础的存在所不可或缺的那些前提之外,尚需符合特定前提,方给予特许性认可。然而,在这些条件成就之后,认可尚需取决于有权限当局的判断。

[89] 认可的价值为何,众说纷纭。它属于创设性、纯确认性,还是纯宣告性?这个问题,常常跟法人的真正本性或存在方式的问题有所联系。法人拟制说论者认为,认可具有创设性的价值。其他理论(主张法人有某种现实基础或对应的理论,亦即法人实在说)的支持者,则持别的看法。我们的看法又是如何?法人的法律独立性,仅于认可之后始能出现,而且也不被认为会追溯至之前的某个时点。另一方面,这种法律上的事物,肯定是对应着一种社会事物的。后者通常在认可作出之前就已经存在了。有见及此,在我们看来,认可是不可以被界定为单纯宣告性的。认为认可属于创设性或单纯确认性,虽然亦值得商榷,但问题是不大的。关于这个论题,参见 FERRARA,第48页至第52页;MAIORCA, Il riconoscimento delle persone giuridiche,第15页以下。

450条）。易言之，有关团体不会仅仅因为提交了照会便获得认可，因为该照会尚需于区政府办事处进行登记。

至于其余教会法人方面，同样会视乎有关法人属于天主教的其他教会法人，还是不属天主教的其他教会法人而有所分别。若属天主教，则只需要作出照会，便能即时取得法律人格。这就跟（天主教）宗教社团的情况一样（《政教协定》第Ⅲ条；参见《行政法典》第449条唯一附段）。若非属天主教，则适用一般法（第449条唯一附段），也就是说，适用特许性认可（下文将对此作出分析）。

由此可知，除上述最后一类教会法人外，一切教会法人（包括上述两种分类）均适用规范性认可。显而易见，就算仅于照会获登记后方取得法律人格也好，但正如前文所言，有关认可也应该被界定为规范性认可。

但另外一些法人则由于极其重要，而被法律要求进行特许性认可。例如，行政公益法人和教育、文化、康乐、体育、运动团体（《行政法典》第407条第8款），便是如此。对法律（前引条文）所指的所有这些法人的章程的批准，属于其设立地的区政府的权限。[90]

这种批准应当有赋予相关法人法律独立性的效力，这看来是明显不过的事。要是法律规定由某公共当局负责批准某些社团或财团的章程，但在作出批准后，却又再需要其他条件才可以让社团或财团取得法律人格的话，便令人费解了。同样，如果认为在这之后，又再需要获得第33条所要求的法定许可的话，也是匪夷所思的。

所以，私益私法人所适用的是规范性认可。至于那些公益私法人方面，

---

[90] 根据该条，如有特别规定要求将相关章程提交予其他当局审查者除外。这一但书明显仅对于以往生效的法律而言有意义。显而易见，在那之后生效的法律在适用上必然优于该条的处理方式。

1942年3月9日第31908号命令（经6月24日第10122号训令延伸适用至各殖民地），是其中一项后于《行政法典》公布，而且涉及第407条第8款的事宜的法例。该法规规定，"一切以青年公民、道德及体育教育为宗旨之组织、团体或机构，其章程必须经葡萄牙全国性青年组织（Organização Nacional Mocidade Portuguesa）之国家专员审查，方可设立及进行活动"（第1条）。此外，该等组织尚须由前述当局，以第2款所指的方式进行领导及监督。根据1943年8月3日第32946号命令，"任何以关注葡萄牙国民体育教育为主要宗旨或附属宗旨之团体"的认可（即使许可不是，至少认可是）——但前述组织的认可（由检察院为之）、F.N.A.T.的认可，以及"纯教育性体育团体"的认可除外——由国家教育部负责（第20条）。另外，尚有第35108号命令（第102条）。它规定了一切私人援助机构的认可，由内政部对某些实体进行听证后作出，但《行政法典》第453条及第454条所规定者除外。

教会法人所适用的也是规范性认可,但那些不属于宗教社团以及"属于天主教以外之信仰"的法人则除外(第449条唯一附段最后部分);而第407条第8款所指的各类法人,则适用特许性认可。但是,其他的法人又如何?

法律会对某些法人设立一些个别规定,但不值得在此论述。它们(我们所能看到的均是如此)都是规定,有关法人必须进行特许性认可。[91] 可是,如果没有特别规定的话,在法律上要如何解决(*quid juris*)?由于第407条第8款适用范围极广,所以应该只有很少数法人处于这种情况。然而,还是会有某些法人是这样的。第449条规定适用一般法的那些非天主教教会法人,便肯定是如此。[92]

对于这些法人而言,我们的问题就必须解决了。究竟在这方面的"一般法"指的是什么?如果法律没有其他规定,那么公益私法人要遵循何种认可方式?

我们认为,公益私法人要遵循的是特许性认可。

但对于这种说法,人们可以用1907年2月14日法律的第1条来加以反驳。该条规定:"一切享有民事能力之市民,可设立社团以谋求符合本国法律之宗旨。只要法律无要求,则不须由公共当局准许或批准其章程,而仅须预先将社团之住所、宗旨及内部制度知会民事长官即可。"

似乎可以从这一条文得出,如果法律没有订定其他要求,一切公益私法人仅因上述照会即获得认可(获赋予法律人格)。然而,正如《立法与司法见解评论》(*Rev. de Leg. e de Jur.*)[93] 所指,即使撇开该条文仅针对社团而非财团这个理由不谈,它的意义和范围本身就已经远非如此了。上述1907年2月14日的法律的第1条,仅仅旨在修改《刑法典》第282条的规定:"一切不具政府所认为合适的条件而不获政府授予许可之……人数逾20人之社团,倘若集结进行宗教、政治、文学或其他性质之活动,则社团须解散,且对领导及管理社团之成员,科处一个月至六个月徒刑。对其余成员,科处最高一个月徒刑。"

---

[91] 例如,对互助团体的认可,乃是透过政府对其章程作出批准为之(1931年1月29日第19281号命令第16条,及1932年2月27日第20944号命令第29条)。

[92] 尚可一提的,有那些不属于地方利益机构——基于它们涉及一般性利益(参见第416条)或宗旨有别于第446条所特别指出者(可是,这种情况是否真的有可能出现,是相当值得怀疑的)——因而不属于行政公益法人(参见第407条第8款及第416条)的财团,以及那些宗旨不属于第407条第8款所指者,且不能被视为行政公益法人的团体(属于一般性而非地方利益的慈善或人道团体;也许,还有其他的团体)。

[93] 第55年号,第212页至第216页。

第三章
法 人

显然，上述条文并非真正旨在规范人数逾20人的社团所适用的认可方式，而是旨在设定获得社团许可的前提条件，或者说（从刑事及治安的角度来看）是旨在设定其实际运作被视为合法、合规范所需的那些要件。[94] 而1907年2月14日的法律的第1条，只是想要重新规管有关事宜，建立一个比以前更自由的制度，也就是：如果法律没有对社团规定出其他要求，则只要已经作出该条文所指的照会，一切社团均即获法律许可，因而能够开展其章程所指的活动，而无受刑事或政治制裁之虞。自照会作出时起，社团即变得合法。但这并不意味着它们在同一时间亦会仅因该照会而获得认可，从而取得法律人格。1907年2月14日法律，丝毫没有规管这个问题的打算。它所关注的并非社团的认可，而只是其许可而已。这种结论，也可从该法律的其他规定中得出。[95]

一旦接受这种解释，[96] 就不能基于前引法规而断言公益私法人像几乎所有教会法人那样，适用要求向民事长官作出照会的规范性认可作为一般原则了。

而且，也没有任何法律条文设立了这样一种认可方式。所以，我们认为这些法人只有在章程获有权限当局批准后，才取得法律人格。也就是说，它们所适用的是特许性认可。

有什么理由能支持说它们所适用的是特许性认可？撇开比照第33条和第32条即可得出的理据[97]不谈，也还有两个理据可以佐证上述见解。

1）我们看不出有什么理由，在《行政法典》第407条第8款所指的各

---

[94] 不过，Rev.（第215页）指出，一经获授予第282条所指的许可，根据《民法典》第33条，有关社团也会具有法律人格。

[95] 准确而言，Rev. 所用的字眼并非许可与认可，而是设立或合法存在，与人格化，但它视后述的那些用语与前述那些有着相同的意义。

[96] 持这种见解的有：G. MOREIRA，参见其 *Instituições*，Ⅰ，第305页注释；CUNHA GONÇALVES 博士，参见其 *Tratado de Direito Civil*，Ⅰ，第779页。反对有者：JOSÉ TAVARES，参见其前揭著作，Ⅱ，第173页；MONCADA 教授，参见其前揭著作，Ⅰ，第376页注释。1907年的法律的第1条，与《刑法典》第282条和其他条文的联系，从该法律的其余规定中也能看得出来。该法律第1条唯一附段规定，以前的规定"不影响有权限当局之监督或治安之一般权力；倘社团抗拒当局行使该等权力，即由政府解散之，并对须就违法行为负责之社员适用《刑法典》第283条规定"。另一方面，该法律第2条禁止了社团在其住所以外运作或讨论有别于照会中所指宗旨之事宜（参见第1条）。它也规定，如果社团这样做了，其代表人将会遭到首次警诫。要是再犯，社团就会被解散，并对违法社员科处《刑法典》第282条的刑罚。

[97] 参见上文，编码12，Ⅱ。这种理据就是：葡萄牙法律是不承认法人可以自由设立的。因此，如果没有任何法律条文设立规范性认可制度，那么所适用的就会是特许性认可。但我们也认为，上述前提也不是很站得住脚的。第32条是否指，它所提及的一切社团都可以拥有人格，至于后法有否如此规定则在所不问？这并不见得很明显。

类法人，以及某些特别法所指的其他类型的法人，适用特许性认可的同时，不对其余公益私法人作类似的要求。例如，属于行政公益法人（第416条及第444条）的那些地方利益财团，只有在章程获得民事长官批准后，才能取得法律人格。凭什么不认为那些一般性利益财团所适用的也是类似的认可方式？凭什么有这样的一种区别对待？如果这里所要求的，是取决于某些条件的规范性认可，那还可以说得过去。但是，这需要法律有这样的规定才行，而实际上却完全没有这样的法律规定。而且，在比照地方人道社团与旨在于全国进行活动的社团两者后，我们也会得出类似的结论。[98]

2）另一方面，《行政法典》第449条唯一附段表明，那些不属于宗教社团并且不属于天主教信仰的教会法人，不会由第450条和第454条规范，而是由一般法规范。至于宗教社团方面，一般法被排除适用的最主要甚至几乎可以说是唯一的方面，就是所适用的认可方式（第450条）。所以，这种对一般法的准用，应该是尤其针对非天主教且非宗教社团的法人所适用的认可方式。顺理成章地，这意味着构成一般法的认可方式，[99] 要么是特许性认可，要么是有条件规范性认可——该等条件有别于那些为宗教团体定出的条件，也更为严格，因为其他教会法人不值得获得像它们那样的优待，[100] 这是由于宗教自由的首要、根本要求乃是崇拜自由。鉴于我们看不到有法律条文为此设立了规范性认可，因此，适用于公益私法人的认可方式方面一般法，所指的就是特许性认可。[101,102]

谁有权限作出特许性认可

当法律明确要求认可时，它也应该指出须为此而介入的当局到底是哪

---

[98] 显然，对全国性利益财团或社团的要求，要比对地方性利益财团或社团的要求更高，方见合理。

[99] 这是就公益私法人而言。

[100] 这里设立了一种区别对待。

[101] 这肯定了前文对1907年的法律所作的解释，也肯定了第32条和第33条是以特许性认可作为一般原则的（持后面这种见解的有G. MOREIRA，参见其前揭著作及章节）。另一方面，第449条唯一附段表明，葡萄牙法律是笼统地容许任何宗旨并非不法的社团或财团成立的，除非在没有其他规定时其认可属于特许性认可。

[102] 如果不是就认可方面而言，而是就许可方面而言，公益私法人的情况又是如何？观乎1907年的法律的第1条（"只要法律无要求准批"），表面上看来，第407条第8款所指法人的章程同样需要获得批准。基于第417条、第440条和第442条的规定，并考虑到之前就法人的"设立"一词的意思所作的论述，我们能很肯定地断言，行政公益法人的情况必定是这样。至于法律没有明确要求章程须获批准的那些法人，我们认为是适用1907年的法律的第1条。1933年4月11日第22468号命令（集会权）第2条第2附段并非彻底与之相左，因为"合法设立"的表述甚至也可被解释为仅针对单纯许可而言。

一个。例如，第 407 条第 8 款以及许多其他条文，均是如此。然而，当法律没有直接明确地要求这种认可方式时，情况就不一样了。例如，上述对于公益私法人而言构成一般法的原则的情况，就是一个例子。在这种情况下，有权限作出认可的当局是哪一个？

我们认为是政府。

毫无疑问，这种认可是透过国家的一项个别、具体的决定而作出的，而不是以普遍及抽象的方式（规范）为之。显然，该决定不能是一项（实质意义上的）立法行为。由于它也不具备审判行为的特性，故从上述特征可见，它明显是一项行政行为。公共行政（执行或行政职能），原则上便正是由政府负责。仅当法律另有规定时，亦即当法律将之交由其他实体负责，或者将之交由地方行政机关（堂区委员会、市政议会、省委员会）或总行政机关的一个地方机关〔堂区行政长官（regedor）、表现为行政官员时的议会主席、民事长官〕或该行政机关的其他中央机关负责时，它才会不由政府负责。

上述见解乃是主流学说。《宪法》第 109 条第 4 款，可以作为其佐证。因此，如果法律没有把认可的权限赋予其他当局，那么，对不适用规范性认可的那些法人作出认可，就属于政府的权限。

§5. 法人的民事能力

26. 后续内容的说明

在学习过法人的设立亦即其出生之后，现在就需要来探讨一下这些组织的运作或活动，亦即其生活。但是，我们不会关注这个问题的每一个方面，而只会着眼于其最重要、最根本的方面。那就是法人的能力。法人在法律世界中运作和活动，就是在施展它的能力。因此，有必要特别对它进行说明和界定。

为此，我们首先将会阐述所适用的一般理论，然后再讨论此课题的两个个别问题。这是因为它们有很大实际意义，而且法律规定也比较详细，同时在某些方面，它们也在学者之间引起了一些疑问和争论。我们所关注的只是法人的民事能力而已，因为其他问题与本课程并没有什么关系。所以，我们只会讨论在民事（或商事；参见《民法典》第 3 条）法律关系和法律上的行为方面的法人能力，至于法人在公法性质的法律关系和法律上的行为方面的能力，则不加以讨论。

27. 法人在民事行为能力方面的状况·基本理论·所谓的法人机关·法人机关是真正意义上的"器官"还是只是代理人

我们先从行为能力开始。这方面要说明的并不多,但在这之后会讨论的权利能力,则需要用较大篇幅来阐述。

基本理论

骤眼看来,法人似乎显然基于其本性而完全地、绝对地无行为能力。

权利[广义(*lato sensu*)的权利;参见上文,编码6]的行使,是透过适当的法律上的行为来实现的。而这些法律上的行为,必须由一个身心机体(*organismo físio-psíquico*)来作出,易言之,亦即必须由一个具备自身意识与意志,因而能够亲自行动的人来作出。因此,行为能力是天然的人或者说自然人所独有的,而基于事物本性(*per rerum naturam*),法人则没有行为能力。所以,这种无行为能力显然不能由辅助制度弥补,而只能由法定代理制度弥补。由于法人无法亲身作出行为,所以的确只能透过某些自然人为之。这些自然人以法人的名义并为法人的利益(在获授权力范围内)作出行为,而有关行为则于法人的法律领域内产生其效果。[103]

这样从表面上看来,法人是完全无行为能力的。然而,在法律上可以并非如此。一切皆取决于如何定义及定性法人和负责为其行事的自然人之间的关系;一切皆取决于这些自然人(在法律上,*de jure*)是否不仅仅是法人的代理人,而是法人真正意义上的器官(*órgãos*)。如果它们是真正意义上的器官,则毫无疑问,法人并非完全无行为能力。

在讨论这个问题之前,作为对它的初步认知,我们目前只需要记住:相当于章程所载宗旨的法人自身利益,必须由章程所指定或根据章程指定的某些个人来管理。他们负责作出决议、作出或使人作出法律上的行为、执行或使人执行有助于妥善管理上述利益的实质行动。

所谓的法人机关

上述个人通常被称为法人的机关(*orgãos*)。机关可分为单纯决议机关与代表机关。

---

[103] 但有时候,法人的代表仅于取得其他实体(非法人组织本身)的准许后,作出的行为方为有效。规定行政公益法人能力的《行政法典》第422条,即为一例。然而,更常见的情况是,这些代表仅于取得其他作为法人组织一部分的实体(亦即决议机关,参见下文)的准许后,才可以作出行为。

单纯决议机关负责作出决议，易言之，亦即就法人事务作出决定或打算。但它们并不与第三人打交道。它们不会向第三人发出或从第三人处接收任何对法人产生效果的意思表示。法人的意思虽然由它们形成，但它们却不表达意思、不将意思向外部表现出来。它们只在社团组织或财团组织的内部展开活动，因此它们是法人的内部机关（*Innenorgane*）。

代表机关则在法人与第三人的关系上代表法人。它们透过发出或接收在法人法律领域内产生效果的意思表示，从而与第三人打交道。尽管它们所必须履行的决定是由决议机关作出的，但它们才是将法人的意思外显出来的机关。因此，它们是外部机关或执行机关（*Aussenorgane*、*ausführende Organe*）。

如果我们跟随广为学者们甚至外行人所采纳的看法，把法人想象成生物的话，我们会说决议机关是法人的大脑，而代表机关则只是法人的喉舌或臂膀。

我们必须把机关跟那些单纯人员或协助人（agentes ou auxiliares）互相区别开来。后者只是受决议机关和代表机关（主要是代表机关）所托，甚至在其领导之下，为法人作出特定的实质行动。但应注意的是，我们所讲的实质行动是相对于法律行为而言的。这种行动可以是极为棘手费劲的智力劳动，或者传递决议机关意思表示，等等。

另外，根据《民法典》第1318条至第1369条，以及《商法典》第231条至第277条，法人也可以有受任人。而且这些受任人的设立方式、所受的对待都无异于自然人的受任人。他们由法人机关委任并赋予相关权力。由于他们负责作出的是一项或多项法律行为，因此他们便有别于单纯人员或协助人[104]了。而他们和机关的区别则在于：机关乃是产生自章程本身（仅基于章程本身或结合所适用的法律规定），[105] 但受任人却是因为机关所作出的决议而出现。[106]

如果继续追随机体说的取态，我们会说这些人员、协助人或受任人，都只是替法人的喉舌或臂膀充当工具，好让它们所负责实现的目的能更充分地实现罢了。

为了说明上述区分，我们以股份有限公司为例来思考一下。在股份有

---

[104] 但广义而言，这些用语也包括受任人。
[105] 虽然章程不会具体指明谁应该成为这些机关。
[106] 参见 ENNECCERUS-NIPPERDEY，编码102，Ⅰ及Ⅵ。

限公司内，我们会发现：作为决议机关的，首先有股东大会，有时候也包括董事会；作为代表机关的，有董事或常务董事；作为单纯人员或协助人的，有工人、职员（可以是具备高度专业资格的技术人士）、建筑师、工程师以及其他偶然为其服务的专业人士；作为受任人的，有部门经理、受托为公司打官司的律师等。

我们假设，为了公司的利益，需要订立一项合同。有关合同通常会由决议机关决定订立，再由代表机关跟对方缔结。然而，那些单纯人员或协助人也是可以为此而提供协助的，例如撰写或寄送所需信函，或就工作方式提供指引（例如呈交资料或意见书）。另外，还可以有受任人参与其中，由他们在授权范围内决定和作出法律行为。

但显然，由同一个人同时行使决议机关以及代表机关的职能，甚至那些可授予单纯人员或协助人的职能，也是有可能发生的事情。的确，一家公司的董事或经理，除了其典型的代表职能之外，或多或少总会有某种程度的决议职责，因为并非（远非如此）一切与公司事务有关的发言权，都是由股东大会甚至董事会垄断的。另一方面，由董事或经理亲自作出那些可以安心交给具备一定资格的普通职员去做的实质行动（诸如记账、函件往来、技术指导）的情况，也很常见（至少其他种类的公司是这样）。

法人机关是真正意义上的"器官"还是只是代理人[*]

就此问题，学者们争论纷纷。

关于"器官"和代理人的区分方面，基本思路是这样的：对法律（Direito）而言，"器官"是完全和法人浑然一体的，就像生物的器官是密切联系、融会于由它们所组成的有机体那样；至于代理人，则保持着其个体独立性，故有别于被代理人。申言之，法律会把机关的意思归诸法人，因此对法而言，机关的意思就是法人的意思。但是，代理人的意思却不外乎是其本人的意思而已，尽管它会即时于被代理人法律领域内产生效果。相应地，机关的行为就等同于法人自身的行为。法人透过其法律器官（órgãos jurídicos）行事，就像自然人透过其肉身器官（órgãos físicos）进行活动一样；[107] 然而，

---

[*] 葡语 órgão 可以指称"器官"、"机关"，唯汉语上两者意义泾渭分明，绝少混用。由于作者在这里把法人机关比拟成人体器官，因此译者在相应之处把 órgão 译成"器官"，否则无法表达作者的意思。——译者注

[107] 因此一旦接纳机体说，严格言之，法人就不会是真正意义上的无行为能力。

第三章
法　人

代理人的行为虽然可以有针对代理人的上述特定效力，但却只是代理人自身的行为而已。

讨论上述问题的意义，主要彰显在法人刑事责任与非合同民事责任方面。如果那些负责管照法人利益的个人是属于法人的器官的话，那么他们在职务范围内实施的不法事实便是法人的行为，而且，他们在行事时所具有的罪过或过错*就等同于法人的罪过或过错。因此，有关民事和刑事责任就会落在法人身上。对法律而言，上述责任是因为法人自身行为和过错或罪过而生的，而非因为他人的行为和过错或罪过而生的。可是，如果这些个人只是代理人而已，那么他们所实施的不法行为（不论有否罪过或过错）就是他们自己的行为，而非法人的行为，因此法人便不用承担相应的责任。

这是因为，具有独特效果（亦即在代理人的代理权限度内，代理人的行为后果会即时于被代理人法律领域内产生）的代理制度，只限用于法律上的行为（actos jurídicos）[甚至仅用于法律行为（negócios jurídicos）]，而不包括不法行为。更笼统地讲，这是因为以下原则使然：仅可因自身事实[108]而承担（刑事或民事非合同）责任。乍看之下（prima facie），似乎会有一些因他人行为而承担非合同民事责任的情况（参见第 2377 条 II、第 2379 条 II、第 2380 条及第 2399 条），[109] 但其实那终究只是因为自己的行为，例如没有谨慎看管他人行动（监督上的过错，culpa in vigilando），或者选择了一个不能胜任相关差事的人来履行职务或工作（选任上的过错，culpa in eligendo），而承担责任罢了。只不过是责任人被推定（甚至可能无法以反证推翻）具有这些类型的过错或罪过而已。或者极其量而言，它们只属于个别情况。在这些情况下，并不能说有因意定代理人（除非符合了某些很特殊的条件）或法定代理人所实施的不法事实而生的责任存在。

这一切都说明了，为何只有在个人的行为被法律（Direito）视为（因为在实际上绝不可能是这样）法人自身行为来对待时，法人方可因该等行为而承担责任。

主流学说把那些负责为法人作出决定和行为的自然人，视为真正意义

---

*　刑事上的罪过和民事上的过错，其葡语均用 culpa 表示。所以，虽然原文只有 culpa 一词，但因为文中问题同时涉及刑事与民事，故译者在此译成"罪过或过错"。——译者注

108　显然，我们在这里不仅是指积极事实（作为），而且还包括消极事实（不作为）。

109　尚可比照第 2394 条、第 2395 条及第 2398 条。

上的器官，而并非单纯代理人。[110] 这主要是因为，只有这样才可以为法人因自然人不法行为而承担的责任提供理据。然而，这种看法还有其他的一些考虑。例如，那些所谓的决议机关就肯定不能被称为单纯代理人。

根据葡萄牙法律，又是如何？撇开跟我们课程无关的法人刑事责任[111]问题不谈，我们稍后将会从中看到，法人是可以因负责为其利益作出决定和行为的个人所实施的不法事实，而承担民事责任的。然而，我们需要知道的是，是不是一定要采纳有机体说（或称机体说），从而将有关个人视为法人真正意义上的器官，才能够替这种责任提供充分的法律理据？[112]

关于这个问题，可以说，葡萄牙法律有设立一种某人（委托人）因为他人（受托人）在为其利益履行工作或委托时所实施的行为而要承担的责任，而且它并不取决于是否存在监督上的过错（culpa in vigilando）或选任上的过错（culpa in eligendo）（第 2380 条）。这是一种客观责任。[113] 它建基于这样的一种正义原则：因为他人为其利益作出行为而受惠的人，同样应该承担有关的损害。

这样看来，似乎机关就可以不是真正意义上的器官，而只是单纯的代理人了。自然人与法人之间的关系，并非紧密到构成一种真正意义上的机体关系。它仅仅是一种外部关系，亦即一种代理关系而已。但这绝不妨碍我们继续谈论法人机关以及机体性或结构性代理（representação orgânica ou constitucional）。[114] 只要知道该等用语在此并非取其严格意义，亦即并非用来表达相当于前面所界定的机关、机关关系或机体关系的概念，以及前面所界定的代理人和代理关系的概念，那么就不会有什么问题。

---

110 参见 ENNECCERUS-NIPPERDEY，编码 96，Ⅲ；载于 EGGER、HAAB、ESCHER 与 OSER 的 *Kommentar zum schweizerischen Zivilgesetzbuch*，Ⅰ，第 367 页以下的 EGGER 的见解（参见在立法上明文确认了这种取态的瑞士《民法典》第 54 条及第 55 条）；MICHOUD，*Théorie de la personalité morale*，Ⅰ，编码 64；MAZEAUD（Henri 与 Léon），*Traité théor. et prat. de la responsabilité civile*，第 4 版，Ⅱ，编码 1983 至 1987；RUGGIERO，Ⅰ，第 449 页至第 450 页；MESSINEO，*Manuale*，Ⅰ，编码 20，编码 3 及编码 10，和编码 41，编码 4，c）；AZZARITI 与 MARTINEZ，*Diritto civile*，第 2 版，Ⅰ，编码 244 及编码 248。

111 只有某些刑罚可以用于这种责任：主要是金钱性或其他财产性质的刑罚，甚至一些纪律性质的刑罚，但绝不会是人身性的刑罚（如徒刑）。

112 也就是说，才能够确立这种责任、才能够使这种责任跟我们法律体制的那些一般原则互相协调。

113 关于客观责任的概念，目前只需要知道它是一种不建基于过错的责任就够了。但在文中，该词所表达的是某种特定的意义。我们往后将对此有所阐述。

114 这有别于本义的代理或者说狭义（stricto sensu）的代理。

看来的确可以这么认为。只不过，对第 2380 条的规定可以有另一番解读。按照这种解读，该条文的前提是必须存在一项委托人对受托人的权威（因此也有对应的从属关系）、一项下达命令或指示的权利（参见该条文最后部分）、一项领导权力。在法国，面对相应的法律条文（第 1384 条，Ⅲ）时，这是主流的观点。[115] 这种观点认为，第 2380 条的理论只能在某些条件下适用于意定代理的情况，而且绝对不能（所有的人都是这样认为的）适用于法定代理的情况。因此，它也就同样不能作为法人民事责任的真正法律理据了。

有鉴于此，我们看不出有任何充分的理由摒弃（这个意义上的，*hoc sensu*）有机体说。[116] 所以，我们的结论是：法人是具有行为能力的。它们的行为能力与自然人不相伯仲，甚至比自然人的更广泛，因为法人行为能力是更少受到剥夺或限制的。[117]

28. 法人在民事权利能力方面的状况的一般理论·原则·限制

即使可以认为法人绝对无行为能力也好，但法人的权利能力却是不容被完全否定的。它只能受到一定的限缩。

因此，就需要知道葡萄牙法律是如何对法人权利能力（我们知道，它需要透过相关机关以法人的名义作出所需的法律上的行为来施展）进行限制的。

原则

我们可以说，法人的权利能力原则上就像自然人的权利能力那样，范围涵盖一切私法法律关系。

首先，法人可以成为财产性法律关系的主体。这是法人权利能力的主要领域，亦即其权利能力确立及发挥的首要层面。法人可以成为技术意义上的 obrigações（债关系）的积极主体（债权人）和消极主体（债务人）；法人可以成为所有权人，可以成为限制或称分裂物权亦即用益物权、[118] 担保物权、取

---

[115] 作为例子，参见 MAZEAUD, *Traité*, Ⅰ, 编码 882 至编码 902, 以及编码 928 至编码 940。

[116] 持此见解的葡萄牙学者有：G. MOREIRA, 参见其前揭著作, Ⅰ, 编码 113 及 227; CUNHA GONÇALVES 博士, 参见其 *Tratado*, Ⅰ, 编码 122 及编码 124。持相反见解的有：JOSÉ TAVARES, 参见其前揭著作, Ⅱ, 编码 25; CABRAL DE MONCADA 教授, 参见其前揭著作, Ⅰ, 编码 65。

[117] 法人为了某些目的而需要取得某些实体（并非相关社团或财团组织内的实体）的许可，也可以说是法人行为能力的一种限制。参见 CUNHA GONÇALVES 博士, 前揭著作, Ⅰ, 编码 124。

[118] 但设予法人（至少永久法人是这样）的用益物权，却不可以存续超过 30 年（第 1834 条及第 2244 条）。另外，法人能否成为单纯使用或居住权的拥有人，也是值得商榷的。第 2254 条至第 2257 条, 给出了否定答案。但第 2261 条及第 2244 条, 却给出了肯定答案。

得物权（例如优先购买权、优先权或选择权）[119]的拥有人，也可以成为设有该等权利负担的财产的所有权人；法人同样可以成为继承关系的主体，因为它们享有消极遗嘱能力（亦即能够透过遗嘱取得财产；参见第1781条）。

但法人的能力还不止如此，它还涵盖其他的关系。在某些情况下，它们可以拥有无形财产的所有权（例如文学作品的所有权）。当它们能参与其他社团时（一家公司能成为另一家公司的股东），可以成为社团权利的拥有人。它们可以成为人格权，诸如姓名权（若为公司，则为商业名称权）、荣誉权，以至名声权（名誉权）的拥有人。它们可以为某些目的而拥有住所，并以其作为法人行政管理机关总部的所在地（第41条）。它们甚至可以拥有国籍；如同国际私法课程所通常教授的那样，其为法人总部所在国的国籍。

限制

然而，上述原则会受到两大一般性限制，亦即一切法人都会受到的限制（除此之外，也有一些个别限制）。

1）基于事物本性或法律规定，有些关系要求有关主体必须是身心机体（organismo físio-psíquico），亦即必须具备人类个体性、自然人人格。这些关系是与法人能力不相容的。因此，法人不得成为亲属关系主体。法人不得成为某些亲属关系的主体，乃是事物本性所必然导致的（结婚；亲子关系，但收养的亲子关系则另当别论；配偶或父母之间的扶养债务）；至于其余亲属关系方面，则是因为法律规管它们的方式使然（监护）。同理，法人是没有积极遗嘱能力的，因此法律规定其不得订立真正意义上的遗嘱。法人亦无透过法定继承或特留份继承取得或移转财产的能力，因为上述继承制度的前提是存在一项被继承人和继承人之间的婚姻关系或血亲关系，而这种关系却是无从发生在法人身上的。

然而应该注意的是，国家是获赋权接收死亡时既没有遗嘱，又没有配偶和一定亲等血亲的自然人的遗产的。另外，稍后将会论述的关于法人消灭后财产归属的规定，亦属例外。

2）法人亦不得成为与"机构之正当利益"（第34条）无关的法律关系的主体，易言之，亦即不得成为与其章程宗旨不符的法律关系的主体。在法人被设立时，其社员或创办人只是为了谋求某一项宗旨，而要求赋予法人法律人格；而且，法律也只是于相应范围内（该宗旨所需并与该宗旨相

---

[119] 第35条的规定可以说明，第1679条仅适用于非合营组织法人而已。

第三章
法　人

符的范围内）透过认可将法律人格赋予法人。因此，仅当与章程宗旨相符，亦即与法人获认可设立以谋求的利益相符时，法人方可（作出相关法律上的行为，从而）取得或行使权利，以及负上或履行义务。其能力范围，仅此而已。这种理论，通常被称为专事原则*（princípio da especialidade）。它相当于英国法中的越权理论（ultra vires theory）。根据这种原则，法人的法律活动是不得超出章程宗旨范围的。

但我们应该灵活地理解这种限制。因此，它并不会像骤眼看来的那么严格。法人的确只拥有履行自身使命所必需的能力。但是，当某些乍看之下仿佛与其宗旨无关的行为，是旨在为法人带来经济资源以便谋求有关宗旨时，这些行为其实是与法人宗旨有关的。例如，即使是那些利他宗旨法人，也并非全无能力作出营利性行为以取得资源，进而满足它们拟谋求的利他利益的。在一定程度上，那甚至可以包括商行为（参见《商法典》第17条唯一附段）。[120]

可是，就算这样宽松地理解专事原则，它仍然不失为一种对法人能力的重要限制。它使公司不得作出赠与，[121] 也不得接受以赠与或遗嘱作出的慷慨行为，因为那是与其本身宗旨，亦即作出商行为（《商法典》第104条第1款）图利从而让股东分配利润（第1240条）此一宗旨相违背的。[122]

除了上述一般性限制之外，特定类型的法人尚会受到各式各样的个别限制，兹不赘述。往后，我们将会对永久非营利性法人取得不动产的能力的限制（第35条）有所讨论。而迄今为止，我们只需要回顾一下上文曾引述的第1679条规定就可以了。

---

* 有人译之为"宗旨专门原则"，但这种译法并不恰当。译者选择译作"专事原则"的理由，详见编码12中的译者注。——译者注

[120] 在商法课程中，关于各种法人的商事能力，将会有更好的阐述。某些仁慈堂拥有银行的情况，即为文中理论之一例。但也可以说，其实1866年6月22日法律第12条才是其根据。该条文准许第7条所指的社团和机构（其中包括"仁慈堂"）的"贷款资本或实物资本"被"相关行政机关指定用于建立区或省之农业及工业信贷银行"。

[121] 但也并非完全禁止这样做，因为该原则的要求并不那么严格。公司确实可以协助捐款、向员工分发奖金、向顾客派发赠品等。但是，最后两种情况（至少是这两种情况）是否为真正意义上的慷慨行为，是相当值得怀疑的。

[122] 看来的确是这样。因为，关于向公司作出的遗嘱慷慨行为方面，对仅提到非营利性法人的第1781条作出反面推论（argumento a contrario），即能印证这种见解。然而，不管是对于这些慷慨行为而言，还是对于有关赠与而言，上述问题也是值得商榷的。持相反见解者有：RUGGIERO，参见其前揭著作，Ⅰ，第448页，注4；AZZARITI与MARTINEZ，参见其前揭著作，Ⅰ，第373页，注1。

29. 法人民事责任问题·关于民事责任的若干一般概念·I) 法人的合同责任·II) 法人的非合同责任·其可否接受·内容阐释

我们将会讨论法人民事能力理论的两个具体方面。毫无疑问,这第一个问题,亦即法人民事责任问题,是最为棘手的。要解决这个问题,我们首先就需要认识民事责任的一般理论。

关于民事责任的若干一般概念

当某人违反了一项法律秩序为保护特定利益而施加的义务,亦即侵犯了相应的权利、实施了所谓的不法事实时,法律要求违法者必须令利益受损者的状况,重新回复到假设没有发生侵害时他理应处于的状况。这是透过将事物切实回复至实际上有可能达到,并且法律认为可以接纳的程度的应有状态而为之〔自然恢复(restauração natural)、回复原状或以特定方式执行(restituição ou execução em forma específica)、实际执行(execução real)〕。然而,它可以透过,也最主要是透过一项损失及损害赔偿(indemnização por perdas e danos)来实现,易言之,亦即由侵害人(或其他应该对其行为负责的人)向受害人给予一笔被认为相当于受害人所受损失的款项(等价复原或执行)。[123]

赔偿,首先包括受害人的财产所遭受的物质损害或称财产性损害,另外还包括(至少在某些情况下包括)受害人因为违法行为而承受的所谓精神损害或称非财产性损害(肉体痛楚、不快、羞愧)。在第一种情况下,赔偿乃是作为损失的确切金钱价值,从而偿付了损失;在第二种情况下,赔偿仅旨在补偿损失,使受害人能藉由赔偿获得满足,从而以某种方式抵偿

---

[123] 要产生赔偿,法律原则上(现在仅着眼于所谓的非合同责任)要求不法事实行为人在行事时有过错〔广义(*lato sensu*)的过错〕。作为例子,参见1941年10月24日最高法院合议庭裁判(载于前引 *Rev. de Leg.*,第74期,第345页)。若行为人是有意作出行为的,则这种过错表现为故意;若他只是在行事时缺乏应有的谨慎,易言之,也就是欠缺必需的审慎,则为单纯过失(亦即狭义的过错)。可是,在某些情况下,也例外地承认因无过错行为而生的非合同责任。交通意外和工作意外便是如此。在后一个领域中,雇主须对因为受害人过错而造成的意外负责(1936年7月27日第1942号法律第2条),但有关责任必然会因为不可抗力事件和受害人的故意而被排除掉。

如果非合同不法事实是故意实施的话,通常被称为违法行为(delitos)。若当事人单纯为过失时,则通常被称为准违法行为(quase-delitos)。此名称有时候也会用于无过错责任的不多的情况。但有时候,当谈论到违法行为〔以及违法者(delinquentes)〕时,则仅指刑事不法事实(刑事违法行为,亦即犯罪)而已,而且,此时即使是那些非故意的亦包括在内。

他所承受的伤害。

当法律如此规定不法事实行为人必须弥补所造成的损害时，则谓之民事责任。[124] 因此，这种责任表现为：一旦违反义务、不依法律规定行事，因而损害了受法律秩序保护的相应利益的拥有人，则行为人必须负责将受害人的状态回复至假设不存在有关侵害时他会处于的状态。这种回复，有时候是透过自然恢复而为之，但最主要还是透过一笔被认为等价于所造成的损害，或可与之相抵偿的款项而为之（损失及损害赔偿）。

被违反的义务（obrigação），可以是一项技术意义上的 obrigação（亦即债务关系或称债权关系），易言之，也就是一项使某人（或特定的一些人）必须为另一人（或特定的另一些人）利益而作出某项行为（作出某项给付）的法律约束（这项法律约束通常是独立的，亦即不从属于另一项范围更广的关系）。一言以蔽之，被违反的义务，可以是一项不获满足的债务。因不履行这种义务而生的责任，通常都被称为合同责任，因为合同是这类关系的最重要渊源。也许，称之为法律行为责任会更好，因为其他法律行为（所谓的单方法律行为）也同样可以产生这种义务。[125]

此外，被违反的义务也可以是与绝对权（诸如所有权、知识产权、姓名权、生命权、身体完整权或名誉权等）相对应的普遍消极义务（deveres negativos e universais）或一般性不作为义务（deveres gerais de abstenção）。那是一种法律施加于每一个人的、不妨碍有关权利行使的义务。在有关权利人面前，每一个人都应该遵守这种义务。如果涉及的是这种义务，有关责任则称为非合同责任（跟合同责任相对）或阿奎利亚责任［此名称源自古罗马规管此事宜的阿奎利亚法（Lex Aquilia）］。[126]

---

[124] 但也有人认为，用"民事责任"来指称那些无过错责任的（例外）情况是不恰当的。作为例子，参见 G. MOREIRA，前揭著作，I，第 587 页。

[125] 但这只属于例外情况而已。由于尚有其他可产生这种义务的渊源，所以应该称之为债务责任，如果在这里适用合同责任（responsabilidade ex contractu）本身的规范不会造成任何问题的话。参见 MAZEAUD，前揭著作，I，编码 103。但应该指出的是，肯定的见解有葡萄牙《民法典》第 2393 条第二部分的规定作为支持。

[126] 用以下的话来讲，甚至会更贴切：合同责任，是因为违反一项特别义务而产生的；非合同责任，则是因为违反一项一般义务而产生的。前者通常由消极行为（不作为）导致，因为被违反的义务几乎总是积极的（支付某笔款项、给予某物、提供某项服务）。后者则通常由积极行为导致，因为被违反的义务几乎总是消极性的。只在一些极为个别的情况下，这种责任才会因为对应的一般义务属积极性而源自一项消极行为（参见第 2368 条及第 2371 条）。

责任，除了有民事责任之外，还有刑事责任。而且，两者可以在同一个具体个案中同时出现。[127] 刑事责任之所以有别于民事责任，是因为责任人必须承受一项刑罚，换而言之，亦即承受一项制裁，但这种制裁并不像民事责任那样，仅仅旨在以适当方式尽可能回复受害人的私人利益，因为它所施加的是一种不同的害处：它的目的主要是对违法行为施以报应，以及预防同一名违法者（此即特别预防）或其他人（此即一般预防）再实施新的违法行为。[128]

介绍过以上有关民事责任的一般概念（尽管并非十分严格）之后，我们来想一下我们的问题：法人是否须因其机关或受任人及人员的行为对第三人造成的损害，而以其财产承担民事责任？

Ⅰ）法人的合同责任

这个问题在学者间可谓并无分歧。学界向来一致认为，如果法人没有切实地（或者说，没有彻头彻尾地按照债务约定）履行有关债务，则必须因所造成的损失和损害向债权人作出赔偿：参见第702条、第705条、第711条及第732条。

从上述条文便可得出这样的结论，因为它们并没有把法人所承担的债务视为例外。[129] 的确，当债务履行"遭受不可抗力事件或意外事件妨碍，且

---

[127] 盗窃、伤害身体、诽谤或侮辱皆是如此。它们会导致犯罪人被科处刑罚，而当私人权利（例如财产、身体完整性）受到侵害时，它们也会同时导致犯罪人因受害人的财产或精神损失而承担民事责任。但占有人对所有权的故意否认，则只是民事不法行为而已（只要占有人并非借着盗窃而进行占有）。犯罪未遂、实行未遂犯（在相当特别的情况下则另当别论）、任何单纯轻微违反（例如无牌持有武器）、意见表达犯等，则仅属刑事不法行为。

[128] 这自然是为了保卫有关的社会利益。

除了本义的刑罚之外，在刑法的领域内，还有保安处分，但这种措施也并非仅仅旨在回复受害当事人的私人利益。最后，我们要注意的是，在竞买得主不支付司法拍卖财产价金的情况下，可以对其判处的欠债监禁（prisão por dívidas）（《民事诉讼法典》第904条，Ⅱ及Ⅲ）并非刑罚，而是一种民事制裁，因为这项措施的目的是从竞买得主处取得欠款。的确，一旦竞买得主或第三人作出支付，或透过对相关财产进行新的变卖，或透过执行竞买得主财产而获得价金，从而收回款项，则监禁即告终止。其他类似欠债监禁的情况，参见《民事诉讼法典》第418条、第854条Ⅱ及Ⅲ、第894条Ⅲ及第2附段。

[129] 亦参见《商法典》第105条第1附段及第3附段、第153条第1附段（参见CUNHA GONÇALVES博士，前揭著作，XIII，第501页）。但可以对此反驳说，上述条文只是直接（参见下文，第130页至第131页）证明了公司可以负有债务而已，而没有直接证明公司会因不切实履行而对损失和损害（而不只是债务给付或其价值）承担责任。

无法排除"（第705条）时，债务人确切及准时履行债务的责任即获免除。根据GUILHERME MOREIRA所言，[130] 不可抗力和意外事件，是指无从避免，而无从避免又等同于债务人无过错。[131] 然而，假如法人的机关、受任人或人员以合理的谨慎行事时，即能按适当方式并准时地履行债务的话，那么法人债务的不履行（或不适当履行）就不被认为是属于不可避免或无过错。[132] 换而言之：虽然法人因为欠缺自然人格（身心独立性），不能亲自作出行为，而只能透过其机关、受任人或人员来履行其债务，但这种情况不被认为构成不可抗力或意外事件。

另外，主流学说认为，不切实地作出履行的债务人所须承担的责任，是不获履行或不获确切及忠实地履行的债的一种效力。这也是葡萄牙立法者的看法，因为一切相关条文都被放在《民法典》中标题为"合同之效力与履行"的一章里面。因此，法人合同责任是内含于（coenvolvida）法人承

---

[130] 参见其 *Instituições*，II，第2版，第122页。关于意外事件与不可抗力的区分方面，该学者于上述著作第122页写道："有些法学家认为，意外事件与不可抗力的分别在于：可以涉及自然现象或人类行为的不可抗力，虽然能够预先警戒，但这种情况本身以及其损害后果均是无从躲避的，而意外事件则与此相反。另一些法学家则认为，它们的分别在于：意外事件，是与人类行为无关的自然力量的发展；不可抗力事件，则是债务人被迫承受的、不会导致债务人因而须承担责任的第三人事实。若采纳后一种看法，则只要债务人因战争、抢劫、当局命令、被剥夺自由，而被妨碍履行债务，则上述事件即为不可抗力事件。"上述第一种标准，最早乃是由乌尔比安（ULPIANO）提出。根据这种标准，意外事件是"人类的思虑无法预见"（*nullum humanum consilium praevidere potest*）的事件，而不可抗力则指"一切无法抵御的力量"（*omnem vim cui resisti non potest*）。而且，这也更加符合有关词语的通常意义：意外事件，更倾向于指无法预见；不可抗力，则倾向于指无法抵御。参见MAZEAUD，前揭著作，II，编码1553及编码1559。G. MOREIRA（出处同上）还指出，这种区分对于合同责任而言是没有用处的，因为在这方面，意外事件和不可抗力的法律效果恰恰是一模一样的。但毫无疑问，它对于非合同责任的某些领域而言是有意义的。为此，我们稍后将会介绍意外事件的概念。除了意外事件，不可抗力也是另一种排除过错的情况（我们撇开债权人自身的事实不谈）。

[131] 但就这样将它们等同起来的做法，也是很值得商榷的。只有在十分宽松地理解过错这个概念时，这种做法方见正确。参见MAZEAUD，前揭著作，I，编码624至编码633，亦参见下注。

[132] 有些债务（也许大部分债务都是如此）甚至不只要求合理谨慎而已：债务人只有在客观及绝对履行不能时，方获豁免履行。与单纯手段之债（obrigações de meios）（或称小心谨慎之债）相反的结果之债（obrigações de resultado）（或称特定、确定之债），便是如此。金钱之债以及一般而言的其他给付物之债，就是主要的例子。参见MAZEAUD，前揭著作，I，编码103-2，及编码669至编码670。该著作（编码103-2）提到，前述区分是由DEMOGUE提出的，虽然在那之前，某些先驱们如GLASSON、PLANIOL和SALEILLES，已经依稀对此有所察见。显然，在这种债中，即使法人的机关、受任人或人员已经以这种谨慎行事也好，法人还是要承担责任的。

担合同义务（obrigações *ex-contractu*）或其他并非因违法或准违法行为*而生的义务（obrigações não deliutais ou quase deliutais）的能力的（法人的这种能力是没有人会否认，也无从否认的；参见第 34 条，以及《商法典》第 105 条、第 153 条等）。

  法人不用承担合同责任，是一种不合理的特权。当自然人亲身而非（因其处于任一种无行为能力状态而）由其法定代理人作出法律行为创设债时，即使只是基于他们所选择的代理人、受任人或人员的过错，而导致债务不获切实履行也好，前述自然人也要因而承担责任。那么，要是法人可透过机关或受任人作出上述法律行为，以谋求其章程宗旨，但却又碍于法人的本性，而完全不会有可能存在合同过错、完全不用承担相关后果（尤其是损失及损害赔偿）的话，就毫不合理了。另一方面，这样的一种见解，是不利于法人进行法律活动的，因此也不利于法人设立所为谋求的利益的满足。这是因为，要是这样的话，跟法人打交道的人就会知道，在法人所承担的债务因为其机关或人员的过错而不获切实履行时，他们是不能要求法人以其财产承担相应民事责任的，所以当他们跟法人进行交易时，就很难不要求法人即时履行其债务了。如是者，法人实际上就变得无法以分期履行方式进行交易（故亦无法以除账方式为之），因而只能与人进行现金交易，而且也要即时作出全数支付了。

  鉴于学术界一致持此看法，故无需再作赘述。

Ⅱ）法人的非合同责任[133]·其可否接受

  人们早已对这个问题抱有极大疑问，而且众说纷纭。但今天已经可以认为，这个问题的答案是肯定的。[134]

---

* 在葡萄牙法上，故意实施的非合同不法行为，又称为违法行为（delitos）。过失实施的非合同不法行为，则又称为准违法行为（quase-delitos）。——译者注

133 参见 G. MOREIRA 在其 *Estudo sobre a responsabilidade civil*，编码 40 及编码 41（载于 *Rev. de Leg.*，第 39 期）中的详尽阐述。国外学说方面，除了前述总的关于法人的文献（尤其是 FERRARA 和 MICHOUD 的）之外，尚参见：LORNE, *De la responsabilité civile des personnes morales et de leurs répresentants*（1910 年）；BARCIA LOPEZ, *Las personas juridicas y su responsabilidad civil por actos ilicitos*，第 2 版（Buenos Aires，1922 年）；MAZEAUD，前揭著作，Ⅱ，编码 1979 至编码 1993。

134 持否定主张的学者（例如 SAVIGNY）不多，而且近代的学者都已经不这样认为了。参见 BARCIA LOPEZ 在其前揭著作第 269 页至第 281 页中对他们的介绍。在阿根廷《民法典》中，有一个条文（第 43 条）似乎完全排除了法人的民事责任，而且在任何情况下均排除了刑事不法行为方面的民事责任。参见 BARCIA LOPEZ，前揭著作，第 421 页至第 450 页。

第三章
法 人

反对论者会指出：首先，除了法律另有特别规定的某些领域（工作意外、交通事故）[135]之外，非合同责任原则上是建基于责任人的过错的，但法人基于其本性，并不可能有过错，因为它并无自身意识、意思和行动。能够有过错的，只是法人的机关或人员而已，而不是法人本身。

其次，赋予法人机关、法人人员的权力，其范围仅仅局限于合法行为。既然法人是为了合法宗旨或利益而设立的，那么要谋求该等宗旨或利益，自然也是透过合法活动为之。肯定没有人会认为法人机关和（以自然人身份为法人服务的）自然人可以被设立、任命来实施不法行为。看来，这甚至也跟专事原则（第 34 条）相违背。但众所周知，民事责任恰恰就是以不法行为（iniuria）亦即违反法律的行为作为前提的。

这些理由能否令人信服？我们认为不能。而且，现今的主流看法也是这样认为的。

针对上述第二个理由，应该指出的是，那将会导致一种匪夷所思的法人机关或人员的间歇性代理（representação intermitente）——虽然有关自然人是持续地在其受托职务范围内为法人宗旨或利益行事，但这一种代理却会视乎上述机关或人员的行为是否在合法领域内开展，时而出现，时而消失。假设有一家公司的经理或某位职员，驾驶一辆汽车运送公司货物，那么按照这种见解，在没有发生意外引致第三人受损时，活动的利害均会归诸公司，可是一旦发生了这样的意外，公司却能置身事外，不再受到影响，这是令人费解的。再者，一切活动皆有其风险，皆可能出差错。行事者都要冒出现闪失、疏忽，也就是犯错的险。更何况，在上述例子中，如果这种交通事故是因为意外事件（例如，因内在原因或道路状况而导致相关机件在运作时出现故障，像是方向盘或制动器损坏、轮胎破裂或打滑等）而导致的话，驾驶者即使无过错，也肯定必须承担民事责任。[136]

至于上述第一个论据方面，我们知道，在特定情况下，就算我们自己没有过错也好，也应该基于他人为了我们的利益而作出的事实承担责任，即使该事实必须为过错事实亦然（这固然是向受损第三人承担责任的一般

---

[135] 亦参见第 390 条第 2 附段的情况（现在，该条文已被 1934 年 1 月 17 日第 23460 号命令第 7 条第 2 附段所取代）。

[136] 这种我们认为在法律（经 1930 年 4 月 30 日第 18406 号命令核准的《道路法典》第 138 条及第 140 条）中已有所确立的处理方式，今天也得到 1933 年 4 月 4 日统一司法见解判例（assento）确认。

原则)。这是很好理解的,而且葡萄牙法律也对此予以承认。

最后,针对上文批评过的两个理据,应该指出:要是允许法人参与法律生活,透过相关机关或人员进行活动以谋求其宗旨或利益,并且从这些活动中获益(必须与有关宗旨或利益相符)的话,那么法人就同样应该以其财产(经济能力)为它对第三人造成的损害负责。这是完全公正的。如果有关活动对法人有利(in utilibus),则法人亦必须承受有害(in damnosis)结果。归根结底,此处所依循的是以下著名谚语所揭示的基本公正原则:ubi commoda ibi incommoda(舒适所在,不适同随);ubi emolumentum ibi onus(益处所在,负担同随);cuius commodum, eius periculum(利属何者,险亦归之);eigenes Interesse, eigene Gefahr(自享利益,自负风险)。

况且,在某种意义上的确可以说,法人是依自身意愿设立从而透过其机关或人员进行活动,来谋求其宗旨的。在社团方面,实际上有一群个人集结起来,组成一个组织,藉以促进特定利益的满足。这些利益可以是他们自己的利益或他人的利益,但由于他们是致力于谋求这些利益的,所以从这一点上看,这些利益必然是属于他们自己的利益。至于财团方面,情况亦雷同,只不过是把社员都换成创办人罢了。[137] 这也表明,在非合同责任的领域中,法人无须承担责任同样是一种不合理的特权。而且,这是一种更离谱的特权,因为这意味着法人不需要(几乎绝对不需要)自食其果,甚至顺理成章地,也不需要谨慎避免第三人因法人机关或人员为法人利益而实施的不法事实而受损。

由此可见,在立法论的层面上(de iure condendo),法人必须承担非合同责任是毋庸置疑的。但在实定法的层面上(de iure condito),这种责任又是否得到承认?易言之,在葡萄牙法律中,它有否得到实际确立?虽然很难找到清晰确凿的根据,但我们认为是有确立的。

首先,第2361条的笼统表述即可包括法人的非合同责任。该条文规定:"侵害他人权利者",应当向"受害人"作出赔偿。"者"(todo aquele),无疑可以包括透过机关或人员作出行为的法人;同样,"受害人"一词,亦无疑包括法人。

---

[137] 至于透过法定代理制度弥补的无行为能力的自然人方面,就不是这样了。虽然无行为能力人也只能透过其代理人进行法律活动,但这种状况并不是他自愿要处于的。因此,就可以理解为何在因无行为能力人的法定代理人所造成的损害而生的责任方面,对无行为能力人的处理方式,跟对法人的并不一样了。

第三章
法　人

　　毫无疑问，非合同责任原则上是以过错为前提的。从许多条文中都可以得出这种结论（第 2377 条最后部分、第 2379 条最后部分、第 2384 条至第 2387 条、第 2394 条、第 2395 条及第 2398 条）。[138] 所以，第 2361 条应该隐含着"有过错"这种限制。可是，如果将过错字面理解成法人自身的过错的话，它是不能适用于法人的，因为法人并无现实或称自然的人格。然而，法人的过错可以是指其机关或人员的过错，这是不难理解的。

　　这说明了，我们可以将该条文解读成"过错侵害他人权利之自然人或（透过机关或人员行事之）法人"。毫无疑问，这样的前提部分是确认了法人民事责任的。由于这种解释一来可行，二来更是符合了在立法论上（*de lege ferenda*）比较合理的处理方式，因此，看来我们是应该接受这种解释，从而认为这种处理方式在实定法上（*de lege lata*）同样也是得到确认的。

　　另外，第 2380 条规定："仆人或任何负责履行工作或委托之人，如在履行该等工作或委托时造成损害，则彼等与其主人或委托人须承担连带责任，且不影响当前者逾越其所接收之命令及指示行事时，后者对前者之求偿。"

　　虽然上述条文的行文说不上直接清楚（*directis et apertis verbis*），但它表明了，委托人必须因受托人所造成的损失而承担责任。[139] 虽然，基于众所周知的一般原则（但某些领域如交通事故则除外），这种责任要求受托人在作出损害行为时必须具有过错，也就是说以受托人过错为前提，[140] 可是对于委

---

[138] 持这种见解的有 G. MOREIRA、CABRAL DE MONCADA 教授、GOMES DA SILVA 教授等。参见：G. MOREIRA, *Instituições*, I, 第 601 页；CABRAL DE MONCADA 教授, II, 第 481 页注；GOMES DA SILVA 教授, *O dever de prestar e o dever de indemnizar*, 第 224 页。持相反见解有：CUNHA GONÇALVES 博士, 参见其前揭著作, XII, 编码 1875；JOSÉ TAVARES, 参见其前揭著作, I, 第 520 页。但是, 上引条文中没有任何一条是笼统地提出这种原则的。它们只是以这种原则为前提而已。这些条文只是就其所涉情况, 肯定或局部排除这种原则, 或加入某些修正（举证责任倒置）。但是, 法律则为第 2394 条、第 2395 条及第 2398 条的情况明白地确认了这种原则, 这就可以说明, 法律实际上是以这种原则为前提的。毫无疑问, 在上述情况中, 更能印证相反的原则（客观责任）。参见 CABRAL DE MONCADA 教授和 GOMES DE SILVA 教授的前揭著作及章节。

[139] 我们所讲的委托人和受托人，都相应地包括了主人和仆人在内。

[140] 至少原则上是这样。过错应该抽象地加以审定［以善良家父（*bonus pater-familias*）甚至最优秀或最谨慎家父（*optimus ou diligentissimus pater-familias*）的标准为之］。这是非合同责任方面的准则。当受托人仅仅严格执行委托人的命令或指示时, 如果受托人的过错不因其无义务知悉被吩咐作出的行为属不法而被排除, 则它会和委托人的过错并存。在这种情况下, 由于委托人有过错, 因此他无疑要承担责任（第 2361 条）, 但受托人是否仍然要负责？从第 2380 条的字面上来看, 他是要的, 但可以说这种解决方案似乎不太合理。无论如何, 受托人肯定可以向委托人求偿全数赔偿。如果两方都有过错, 则只可求偿部分数额（参见第 2372 条及第 2398 条第 2 附段）。

托人而言，这种责任则属于客观责任。

换而言之，这种责任并不取决于委托人的过错，不论是在委托人所下达的命令或指示方面、在选择受托人方面（选任上的过错，*culpa in eligendo*），还是在监督或监察受托人行为方面（监督上的过错，*culpa in vigilando*）亦然。要主张委托人的这种责任，并不需要证明委托人有过错。而且，委托人也不能借着证明其无过错（举证责任倒置）从而排除这种责任。

现时法国和意大利的主流学说，便如此解释其《民法典》的相应条文。[141] 至于在葡萄牙法律方面，我们也应该抱持这种看法，因为在比照第 2380 条，与第 2377 条最后部分和第 2379 条最后部分（参见第 2394 条、第 2395 条及第 2398 条）后，也会得出这种结论。[142] 因此，委托人所承担的是一种不取决于过错，而是建基于风险（某种意义上的风险）的责任。受惠于他人工作而获取相关好处的人，同样应该对在执行该等工作时对第三人所造成的损害负责。既然委托人以这种方式提升了满足自身利益的潜在可能性，那么，作为一种法律上的平衡，也理应让他对受托人行为所造成的损害承担责任。[143]

要是不愿意承认上述关于第 2361 条的理据是明确充分的话，能否广义地理解"任何负责进行工作或委托之人"这一表述和"委托人"这一用语，从而将第 2380 条解释成它包括法人的非合同责任？在意大利，便有人如此解读 1865 年《民法典》的第 1153 条。[144] 可是，这种学说见解在葡萄牙法律中是否明显具有相同价值和合理性，是值得怀疑的，因为针对法人方面，我们可以有所保留地（*cum grano salis*）理解第 2380 条中提到"所接收之命令及指示"的部分——意大利《民法典》的相应条文是没有这部分的。[145] 话虽如此，但是否单凭这点就能完全得出有关结论，似乎也相当值得商榷。实际上，我们已经知道，对第 2380 条可以有另一番不同的解释。根据该种解释，该处所定责任的前提是：必须存在委托人对受托人的权威、领导权力以及相应的从属关系（因此，后者就仿佛是前者的一种工具或延伸）。这

---

[141] 法国《民法典》第 1384 条；意大利 1865 年《民法典》第 1153 条；意大利 1942 年《民法典》第 2049 条。参见 MAZEAUD，前揭著作，Ⅰ，编码 922 至编码 925；DE CUPIS，*Il danno*，第 315 页。

[142] G. MOREIRA 便是持此种见解。参见其前揭著作，Ⅰ，第 605 页及第 607 页。

[143] 参见 FERRARA，*Le persone giuridiche*，第 256 页。

[144] 参见 FERRARA，前揭著作及章节；亦参见 COVIELLO，*Manuale*，第 224 页。但在法国，通常是以另一种方式解释相应条文的。参见 MAZEAUD，前揭著作，Ⅱ，编码 1986，亦参见下文。

[145] 法国《民法典》第 1384 条，以及意大利 1942 年《民法典》第 2049 条，同样没有这部分。

种在法国盛行的（对其《民法典》第1384条，Ⅲ的）解释，显然有葡萄牙法律条文所提及的"所接收之命令及指示"作为支持。要是这样理解该条文的话，就不适宜用它来说明法人要对其机关的行为承担责任了，因为这里并不存在这样的一种领导权力（至少对于地位最高机关而言是这样）。[146] 要是这种责任的存在是合理的话，[147] 这种解释极其量也只可以证明法人要为其人员的行为负责而已。

最后，法律有明确规定，在某些情况下，法人是要对其机关和人员（有后者无前者则令人费解）的行为承担责任的。例如：第2398条（关于公司）、第2399条（公法人对其职员的行为承担的责任）、《行政法典》第366条（市、堂区或省对其机关或人员的行为承担的责任）、《道路法典》第139条（因为交通事故而生的法人责任），以及1936年7月27日第1942号法律第6条第1款（因为工作意外而生的法人责任）。

由此可见，法人非合同责任此一概念，与葡萄牙法律并无抵触。但是，如果不接受前述理由，难道就不能说这些条文的处理方式[148]能类推适用（第16条）于葡萄牙法律没有明文设立这种责任的那些情况吗？

---

[146] 作为这种见解（亦即反对第2380条确立了这种责任）的理据，还可以说，该条文是以委托人对受托人的选择作为前提的。但也许应该认同法国的司法见解，从而认为"选择"这个要件并不是必要的，或无论如何它相对于"从属关系"这个要件而言并无独立性。参见MAZEAUD，前揭著作，Ⅰ，编码880。

[147] 否则，甚至不用考虑这点。

[148] 至少是其基本原则。
　　至于公法人责任方面，第2399条及《行政法典》第366条只在有违反法律的情况下才承认这种责任。这个要求是完全可以理解的，否则的话，所实施的行为就不是不法的了。除了适用范围有所不同以外，该原则肯定也是适用于其他法人责任以至自然人责任的。因此，这不是非合同责任一般理论的真正限制。当这些条文要求公法人机关或人员必须在其职责范围内行事时，亦不属于上述限制。但第365条尚要求有关机关或人员必须"遵从必要手续，为实现合法目的"而行事。这种要求（也许亦适用于第2399条的情况）才构成法人责任一般理论的真正限制。一切皆取决于应该如何解读这种要求。但这个问题我们暂且不予讨论。在国家责任方面，还要问的是：国家机关的行为会否导致国家责任？因为2399条跟第366条不一样，它只提到了"公职雇员"而已。毫无疑问，因审判机关的裁判而生的国家责任，仅限于第2403条的情况（参见《宪法》第8条第20款，及《刑事诉讼法典》第609条），但法官和检察官则须根据《民事诉讼法典》第1089条承担个人责任。国家也不会因立法职能的行使而承担责任，这是因为这种行为并不是不法的。只有在那些理论上认为是违宪的情况，才有可能出现疑问。但可以说，由于违宪的规范是不应该被遵守的（《宪法》第123条），因此行政机关根据这些违宪规范所实施的行为便属于不法行为，所以便会涉及因行政职能的行使而生的国家责任的问题了。这种看法，有《宪法》第89条第1附段的规定（参见第2399条）作为支持。我们现在再来讨论第2399条的"公职雇员"一词。说"公职雇员"包括那些立法机关，是很难说得过去的。至少，很难说它包括了国会。由于共和国总统是不负个人责任的（《宪法》第78条），所以我们也（转下页注）

(接上页注148)不讨论因共和国总统的行为而生的国家责任,因为在有关机关或人员不承担责任的情况下说国家有责任,是让人难以理解的,而且法律的意思看来也是这样。至于行政机关的行为方面,疑问就更大了。"公职雇员"一词,也很难涵盖行政机关。至少,它是很难涵盖某些行政机关的(而且,要区别真正意义上的国家机关和单纯人员,从来就不是一件容易的事)。此外,传统见解认为,对于那些不属于纯私法上管理行为的行为,国家是不用承担责任的。这种传统见解得到 LAFERRIÉRE 的赞同,他指出"本于主权之行为,任何人均须服从,且无须补偿",而且这种看法在第 37 条及第 2399 条(它们的原来版本)中亦有所体现。参见 G. MOREIRA,前揭著作,I,第 613 页至第 616 页;MARCELO CAETANO 教授,*Manual de direito administrativo*,第 2 版,编码 362;PAUL DUEZ,*La responsabilité de la puissance publique*,第 V 页、第 1 页、第 5 页至第 6 页;LALOU,*Traité pratique de la responsabilité civile*,第 14 版,编码 1386。不过,看来部长的行为是会导致这种国家责任的。的确,如果国家对从属于部长之下的公务员负责,却不对部长的行为负责的话,那就难以理解了。但有一点值得思考:无行为能力人是否在不对(指定受托人的)代理人的行为负责的同时,亦不对其受托人的行为负责(参见第 224 条第 7 款)?另一方面,部长是必须因其职务行为而承担民事责任的(《宪法》第 114 条)。第 2399 条(还有 1930 年改革时公布的司法部官方文告)则让人认为,这种个人责任是会带来国家责任的。至于葡萄牙总理以该身份作出的行为方面(《宪法》第 107 条),问题就更加棘手了,因为在这方面并不存在一条像第 78 条或第 114 条那样明确的宪法条文(参见第 108 条)。无论如何,需要注意的是,当共和国总统颁布法规,行使行政机关制定规章的职能(参见《宪法》第 109 条第 3 款)时,这种职能的行使原则上并不会引致国家责任。在这种情况下,所实施的行为并无违法性(ilegalidade)[因而亦无不法性(ilicitude)],因为根据《宪法》第 123 条唯一附段,抵触或超越法律(contra ou praeter legem)的规章,效力亦等同于法律。参见 AFONSO QUEIRÓ 教授,载于 *Rev. de Direito e de Estudos Sociais*,I,第 218 页至第 230 页的见解,以及 *Teoria dos actos de governo*,第 144 页;但 MARCELO CAETANO 教授,则在其 *Manual*,编码 354 中,持相反的看法。尚要注意的是,当不符合某些民法的一般前提,例如行为无违法性(上文也曾以欠缺违法性作为排除国家责任的理由)、没有对私人造成特别损害,或有关机关或人员无过错时,国家责任即被排除。因此,当涉及所谓的政府行为(参见 QUEIRÓ 教授,*Teoria*,编码 25),诸如宣战或宣告戒严、外交行为,以及法律(宪法或普通法律)由于认为国家、国会或政府的政治管理行为在此领域中属可容忍,因而不允许向行政法院提起争议(参见 QUEIRÓ 教授,*Teoria*,编码 13 至编码 19)(但不应该认为,法律不允许这些行为提起行政上的司法争讼的理由本身,彻彻底底地排除了国家责任)的其他行为时,这种责任实际上即获排除。最后,在理解上述推理和结论时,一定要记住的是,葡萄牙的行政法是成文法而非判例法,而且,不论是在此领域还是在其他领域中,葡萄牙的法院都不像法国的国务委员会般,拥有那么广的审判权力。参见 MARCELO CAETANO 教授,前揭著作,编码 19、编码 23(两部分)及编码 366。除上述原因外,由于葡萄牙法律传统是不承认公权力责任的,所以我们只能在现存法律条文所能推断出(或者清晰地得出,如果可以的话)的限度内承认这种责任。但在那些纯私法管理行为(参见第 3 条)方面,就不是这样了。在这方面,国家和那些较小公共实体,是要根据民法的一般规定承担责任的。关于公法人责任的问题,亦参见 MICHOUD,前揭著作,II,编码 288 至编码 302;MAZEAUD,前揭著作,III,编码 2002 至编码 2015;CUNHA GONÇALVES 博士,XIII,编码 2046 至编码 2049,及 2051 至 2054。涉及此问题的法律条文,关于国家方面,尚参见 1943 年 11 月 24 日第 33256 号命令第 6 条,以及 1949 年 12 月 19 日第 37666 号命令第 58 条第 1 附段。

至于合营组织方面,G. MOREIRA 在 *Rev. de Leg.*,第 39 期,第 305 页(前揭 *Estudo*,第 40 期),以第 173 条及其第 2 附段、第 186 条第 2 附段及第 207 条第 2 附段为由,拒绝承认因合营组织行政管理机关成员的行为而生的非合同责任。可是,自这些条文中似乎不能清楚得出上述结论。参见 CUNHA GONÇALVES 博士,前揭著作,XIII,第 502 页。

第三章
法　人

　　前文的论述所针对的，只是由法人机关或人员实施的行为（当中也不把作为社团法人组织一部分的大会排除在外，只要其决议不需经其他机关或人员[149]作出任何执行行为便已能对第三人造成损害即可）。最后，还要讨论一下受任人（mandatários）的情况。在这方面，肯定应该像对待法人人员行为那样对待受任人行为，但仅当受任人根据第 2380 条并在该条所涉事宜上可以并应当被视为真正意义上的受托人（comitidos）时，方是如此。[150] 看来显而易见的是，当他们的权力受限到无任何自主行动的余地，或虽然他们获授予一定范围的代理权，但他们与被代理人（principal）之间的内部关系属于劳务给付关系时，就可以把他们界定为真正意义上的受托人。后一种的例子有仆人（要视乎情况）、商业经理（《商法典》第 262 条最后部分）、出纳员的情况［除了上引条文之外，参见《商法典》第 263 条及第 264 条，并比照《民法典》第 1363 条第 1 款及第 2 款、第 1364 条，则理由更见充分（a fortiori）］。但当授权是为了他们自身的利益而作出时（处理自身事务的受任人；mandatários in rem suam），就显然不能以这种方式界定他们了——假如葡萄牙法并不排斥处理自身事务的受任人这种概念的话（参见第 1364 条第二部分）。可是，正确而言，所有这些情况都不可以说是纯正的委任。另外，对于受任人获给予极狭或极广行动自由的其他情况而言，要进行界定就非常困难了：因为受任人总是有一些自主行动的空间，而委任人也总是可以向受任人下达其有义务遵守的指示的（《商法典》第 236 条唯一附段、第 238 条及第 242 条）。[151,152]

---

[149] 甚至受任人。文中所指情况虽然很难发生，但仍然是有可能发生的：例如，大会决议订立一项因恶意而带有瑕疵的合同（第 663 条及第 697 条第 2 附段；参见第 896 条唯一附段、第 1555 条第一附段及第 1558 条），而且另一方当事人当场接受要约（这是 OERTMANN 所举的例子），或者大会表决一项诽谤或侮辱第三人的动议（这是 DEMOGUE、CUNHA GONÇALVES 博士所举的例子）。当真的发生了这样的事情，就有更充分的理由（a fortiori）承认法人须向受害人承担责任了。参见 OERTMANN，*Allgemeiner Teil*，第 3 版，第 126 页；DEMOGUE，*Traité des obligations*，Ⅲ，编码 346；CUNHA GONÇALVES 博士，前揭著作，XIII，第 506 页。

[150] 显然，第 1345 条及第 1350 条的规定并不适用于这种情况，因为它们只是针对合同责任而已。关于文中接下来所讨论的问题，参见 MAZEAUD，前揭著作，I，编码 941 至编码 946。

[151] 但值得思考一个问题：即使有关指示并没有命令进行任何不法行为，这种权力会有时候是不受限制的吗？为此，主要可以想一想作为诉讼受任人的律师的状况。

[152] 认为仅当受任人应被视为委任人的受托人时（情况不必然都是这样），委任人方对受任人的行为承担非合同责任（甚至在无委任人过错的情况下亦然）的观点，参见 MAZEAUD，前揭著作及章节。但 DEMOGUE 则持反对见解。参见其前揭著作，Ⅲ，编码 333 及编码 337。他是普遍地承认这种责任的。另外，在法定代理方面，他所主张的也是相同的处理方式。这也是 von TUHR 的观点，但那只是就立法论层面而言（de lege ferenda）而已。参见其前揭著作，编码 32，Ⅱ。

最后，尚要特别一提另一个问题。那就是因动物或其他不属于动物的物而生的责任。它被规范在第2394条及第2395条（亦参见第2398条）。法人必须对它拥有的动物或其他物承担这种责任（这亦适用前述理论），这一点看来是十分显然的，因为，于法于理，均无任何理由认为法人可以例外地获得豁免。最后要指出的是，在交通意外责任和工作意外责任方面，均是如此，而且也有清晰的条文作如此规定（《道路法典》第139条唯一附段，以及第1942号法律第6条第1款）。

内容阐释

基于上述理由，我们不仅要在立法论的层面上（*de jure constituendo*）承认法人的非合同责任，还要在实定法的层面上（*de iure constituto*）对它予以承认。[153] 然而，其具体内容为何？接下来，我们将主要讨论这种责任的前提，但也会考虑其他的一些方面。

Ⅰ）首先，实施引致损害的不法事实的机关或人员一定要有过错。[154] 但显然，若法律在某些事宜上确立了无过错责任，则不在此限。[155] 的确，即使是由法人亲自作出行为（假如这是有可能的话），也必须符合这项要件。不法事实行为人为了自身利益，而以个人名义而非以法人机关或人员的身份作出行为的情况，亦是如此。否则，在这方面，法人的处境就会比自然人

---

[153] 一旦承认机体说（参见上文，编码27，最后部分），则当不法行为是由法人机关作出时，这种责任是直接的，或者说是由法人自己的（亦即亲自的）行为导致的；而当不法行为是由单纯人员或某些情况下的受任人［参见上文，第141页（译者按：即中译本第143页）］作出时，这种责任则是间接的，或者说是由他人行为导致的。

[154] 当机关或人员在精神错乱状态（或类似状态）下作出行为，法人是否也要承担责任？这个问题是有争议的。肯定的见解，参见 DEMOGUE，前揭著作，Ⅲ，第557页；MICHOUD，前揭著作，Ⅱ，第237页（其理由乃是基于机体说的原则，以及认为机关的意思终究等同于法人的意思）。相反的见解，参见 LORNE，前揭著作，第119页。但需要指出的是，在那些单纯受托人（法人人员）方面，DEMOGUE 和 MICHOUD 是持相反见解的。在葡萄牙法律中，需要考虑的是第2377条。但无论如何，过错是必须存在的，哪怕它只是一种客观过错亦然。这种客观过错，表现为一种"行为错误"（语出 MAZEAUD），而对这种行为错误的评定，则是仅仅透过比对诚实、谨慎和精明的人，亦即"正当可靠地作出行为的"（语出 GÉNY）人的抽象模范而为之。

[155] 上文也指出过这些事宜［参见上文，第126页注1、第132页注2（译者按：即中译本"第128页注123""第134页注135"）］。除此之外，还有1919年5月10日第5786号命令第156条、第161条第1附段第4款及第2附段（参见1936年7月3日第26852号命令第2条）。它们规定了，某些电力装置的所有权人的民事责任，是包括那些"使用方式的性质所导致的"损害。在责任虽然建基于过错，但过错是由法律推定的那些领域内（参见第2394条），受害人就损失及损害起诉法人时，同样不需要证明有过错的存在。参见 MAZEAUD，前揭著作，Ⅰ，编码918。

的处境来得差了,这是不合理的。这种原则可以换另一种方式来表达:要使法人承担责任,就一定要存在一项由机关或人员作出的、根据相关情况本身就能导致机关或人员向受损第三人负责的事实。

在这第一项要件中,包含了损害事实的不法性。因为这是众所周知的,所以我们并没有特别提及。但显然,如果法律规定了所谓的因合法行为而生的责任,那么就不会有这种要求了。例如第 2396 条至第 2397 条的情况,便是如此。

关于公法人方面,在法国以及其他国家[156]有一种强烈倾向,认为在一定情况下,即使无法律明文规定、无过错甚至无不法性,法人亦须承担责任。[157] a)一方面,法律广泛确立了职务过错(culpa do serviço)[158]的情况下公权力的责任。这种过错,是指行政业务运作上的缺失,至于能否归责于特定机关或人员,认为其能力不足或没有尽心,甚至进行违法程序,则在所不问。只要存在一种行为人不详的、客观的过错便已足够,哪怕这种过错也许在纯粹合法性的层面上不能审查,而只能在适时性的层面上审查亦然。该等缺失,可以表现为职务执行差劣(作为的过错,culpa in committendo)或没有执行职务(不作为的过错,culpa in omittendo),而后者还包括迟缓执行职务的情况。[159] b)另一方面,除了民法上必须因意外事件而承担责任的极少数领域之外,法律也规定了,在行政机关对私人[160]造成异常和特殊风险的某些情况下(例如进行公共工程、军事训练、军火库爆炸等),如果意外实际上对他们造成了严重、持续,而且同样属于异常和特殊的损害的话,公权力即须对意外事件承担责任。还有一些时候(例如进行公共工程、因职位取消而把公务员撤职等),倘若由行政机关为自身目的而有意地作出的合法行

---

[156] 在某种意义上,在意大利也是这样。参见 SANTI-ROMANO, *Corso di diritto amministrativo*, 第 2 版, 第 305 页至第 319 页; VITTA, *Diritto amministrativo*, I, 编码 117; ZANOBINI, *Corso di diritto amministrativo*, I, 第 363 页至第 380 页。

[157] 随后的简述将尝试揭示法国司法见解的根本取态。这方面主要参见 DUEZ, 第 11 页至第 75 页;但亦参见 MICHOUD 与 MAZEAUD, 前揭著作及章节, 以及 LALOU, 前揭著作, 编码 1493 以下。

[158] 有时候亦称为行政过错。行政机关在民法领域外就损失及损害所承担的责任,也经常被称为行政责任。

[159] 然而,由于职务过错被认为一定要达到某种严重性,因此人们还是需要容忍一些轻微的职务过错。这种过错的存在与其严重性,需要视乎个案的性质及情况(技术状况、事故地点和时间等),以一种对于有关工作而言属合理的标准予以评定。

[160] 尤其是在公有物周边或公共部门作出行为之地周边的人们。这是所谓的毗邻特殊风险(risco excepcional de vizinhança)。

为，造成了上述性质的损害，即使它是完全正确地作出因而不能说是一种职务过错也好，公权力亦须对此承担责任。[161] 这种风险与随后损害的异常性和特殊性，是指它们超出了集体生活所固有[162]（由于是固有，所以每一个人都应当承受而不能要求赔偿，以作为集体生活给他们带来的不可估量的好处的一种代价）的事故偶发性、侵扰以及损失的限度。

按照葡萄牙法律，又可否接纳上述取向？

首先，上文已经提过，葡萄牙法律传统上是不承认公法人民事责任的。再者，在葡萄牙法律中关于此事宜的一般性条文（前引第2399条及第366条），规定了这种责任的前提之一是法人机关或人员必须作出了一项违法行为。而且，上述条文虽然没有明确要求有关机关或人员必须有过错，但也没有明确不要求这种过错，因此并没有很强的理由要跟民法领域中相反，在法律没有规定的情况下，在这方面事宜上适用客观责任。[163] 所以，可以容易得出：一般而言，在葡萄牙法律中，是不应该接受法国法上那套见解的。

尤其在因职务过错而生的责任方面，当能够证明某公法人的机关或人员行为违法而且有过错，而只是不能具体指出犯错的行为人是谁时，是毫无必要承认这种责任的。然而，当行政机关的程序既在自由裁量领域内开展，又没有权力偏差，因此至少不能被认为是违法时，就不是这样了；此即职务过错的典型情况。[164] 在因意外事件而生的责任方面，法律明确规定了，在民法承认这种责任的那些主要领域中，公法人须承担之（《道路法典》第139条唯一附段、第1942号法律第6条第1款）。然而，由于不存在

---

[161] 这两种责任（因意外事件而生的责任，以及因合法行为而生的责任）常被归入行政风险的一般概念之中。

[162] 因此，也是由各个公共部门组成的（广义，*lato sensu*）国家组织的存在所固有的。

[163] 关于最后这一点，参见 QUEIRÓ 教授，*Teoria*，第199页至第206页。他也持文中所述的见解。

[164] 甚至也可以是一些不能认为行政机关存在任何过错的情况：如果工作质量不可取、达不到技术上有可能达到的水平，是因为与设备和人员有关的缺失所致，而这些缺失则是因为财力资源匮乏使然的话，就会出现这种情况。虽然葡萄牙法律并不承认真正意义上的因职务过错而生的责任，但在一些极端情况下，不允许受害人获得任何补偿似乎是极不公允的，因此，也许需要考虑一下，在这些情况下可否适用相反的解决方案。如果职务瑕疵属明显的话，那么私人就没有抱怨的必要，因为如果他们不希望承受有关后果，他们尚且可以不去使用这些服务。但当职务瑕疵并不明显，而行政机关又没有注意到要提醒公众提防它的存在时，如果再排除这种责任的话，就会令人相当不能接受了。至少，当有关职务瑕疵造成特别严重的损害（例如人命损失）时，这种做法是相当不能接受的。举例而言，可以设想一下以下情况：一座桥的安全状况恶劣，但行政机关既没有封闭交通，又没有提醒公众当心它会造成的危险，最后，这座桥在这种情况下倒塌了。参见 VITTA，前揭著作，I，第494页及第497页。

更多持此取态的法律规定,所以我们是不能再进一步说些什么的。

最后,法律为某些情况明文确立了因合法行为而生的公权力责任。MARCELO CAETANO[165]教授就指出了以下一些例子:因公用征收而生的责任(1912年8月26日法律第20条、1913年2月15日法令第24条)、[166] 因最高行政法院合议庭裁判的特定执行的严重损害、障碍或不可能而生的责任(1930年2月27日第18017号命令第6条第1附段、经1931年1月16日第19243号命令核准的《最高行政法院规章》第49条第2项及第3项、1933年5月30日第23185号命令第15条)。然而,这种例子也许还有更多:因刑事判决再审而生的责任(第2403条及上指的相关条文)、[167] 因在某些政治犯罪中不合理扣押(如果仅能于事后认定属不合理扣押的话)犯罪工具而生的责任(1933年10月6日第23303号命令第44条、1943年11月24日第33256号命令第3条及第6条)、出于道路建设原因而在私人土地上兴建水塘或其他储水设施所导致的责任(经1949年8月19日第2037号法律核准的《国家道路规章》第89条唯一附段)。[168]

然而,法律无直接明文规定的情况又如何?

凡于追求公共目标时对合法私人利益(至少是对真正意义上的权利[169])造成特殊和严重的损害,则似乎应当由受益的集体(视乎情况,由国家或

---

165 参见 *Manual*,第577页。
166 当仅出于公用理由而决定进行其他征收时,即使情况重要紧急,亦只可"在公共灾难的情况下"进行(1912年的法律第20条)。一般而言,要达到有关目的,只需要临时占用私人不动产即可,有时候则是再取用水、石或其他该处的设备,便已足够。参见 CUNHA GONÇALVES 博士,前揭著作,XII,第298页;MARCELO CAETANO 教授,前揭著作,第374页。
167 认为这并非因不法事实而生的国家责任的观点,参见 VITIA,前揭著作,I,第391页。
168 但这并非穷尽列举。作为例子,亦参见1850年7月23日法律("道路加高或挖掘所造成的损害的赔偿")第49条第3附段。应当指出的是,法律有时候是强制排除因不法事实而生的责任。这种做法,参见《道路规章》第108条II、第113条唯一附段及第160条。但总的来说,这些情况并不太重要。它们是:对认为有利于公共利益时即可撤回或加以限制的准照或特许予以废止(第108条II及第160条最后部分),以及法律向处于某些法定状况下的所有权人施加或可施加的限制所导致的损失(第160条)。在第一种情况下,有关权利是 SANTI-ROMANO 所称的不完全权利(direitos imperfeitos)(第154页、第155页及第308页)。这种权利"基于本身性质,带有一种内在条件:当一项公共利益和它相抵触,并对其造成限制或使其终止时,权利即须退让"(第308页)。关于第二种情况,参见 SANTI-ROMANO,前揭著作,第309页。
169 关于这个概念与不完全权利,以及单纯法律上的利益或正当利益(包括单纯利益、偶然受保护的利益、直接受保护的利益)的比较,参见 SANTI-ROMANO,前揭著作,第148页至第149页,及第154页至第160页。

由其他较小的集体）支付有关款项，以重新分配牺牲。这是基于公共负担面前市民平等这一原则（参见《宪法》第5条）。这样也防止了上述集体以受害人的牺牲为代价，从而获得一种可以称得上是不公正的利益。但不能因此就认为，这种处理方式应该在法律上得到确立。一方面，它并非对于每一种利益而言都是正确的，因此我们就有必要准确地界定哪些利益在受到侵犯时应该适用这种处理方式。另一方面，立法者所采纳的解决方案并不总是那些最公正的，因为并非所有最公正的解决方案都可以合适地实行。在这种情况下，除了难以准确界定哪些利益属于应予重视之外，还必须适当考量到（这一点非常重要）这种处理方式所会造成的沉重财政负担。[170] 因此，就立法论的角度而言（de lege ferenda），它可以是一个值得赞同的纲领式宪法性方针，易言之，当立法者出于一系列公平或适时性的理由考量，而不认为需要避忌这种因合法行为而生的责任时，就会承认这种责任。然而，立法者却没有在法律（或者《宪法》本身）中加入一个条文，规定说这种责任乃是作为一般原则，因而在没有排除这种责任时都必须适用。[171]

所以，在一并考虑到葡萄牙法律的传统和第2399条及第366条的规定后，就可以知道，就实定法的角度而言（de lege lata），这种规则显然是不存在的。由此可见，因合法行为而生的责任获法律确立的那些个别情况，都应该被视为例外情况。因此，我们便可即时排除了（或至少能有力地反驳）在上述情况以外类推适用这种责任的可能。[172] 无论如何，QUEIRÓ 教授的主张是相当冒险的。[173] 根据他的说法，在葡萄牙法律中，只要当行政机关

---

[170] 只要对受害人可获得的赔偿金适当加以缩减，这种财政负担还是可以接受的。在关于邮政服务的法例中，便确立了许多限制责任的情况，虽然其决定性理由并非上述者，或并非仅为上述者：作为例子，参见1919年5月10日第5786号命令第39条（经1948年1月13日第36726号命令部分修改）及1911年8月22日规章第52条B（由1937年9月3日第28007号命令新增）。但这些情况并不属于因合法事实而生的非合同责任，而是属于合同责任。

[171] 这种见解，参见 G. MOREIRA，前揭著作，I，第615页。也许 MARCELO CAETANO 教授也是持这种见解，参见其前揭著作，第578页。

[172] 的确，传统学说是反对类推适用例外性规定的。而且，《民法典》第11条也是抱持相同的取态。但也有人认为，在作为例外性规定背后原因的原则的范围内，是可以进行类推的。这种原则比一般规范狭窄，因而绝不会使一般规范并非有效（invalidação）。参见 ENNECCERUS-NIPPERDEY，前揭著作，编码44，I，编码2，a）。基于第11条的字面意思，对一般性规定进行限缩解释，是替这种解决方案辩解的技术性手法。关于判别例外性规范的标准，参见 GUELI, Il «diritto singolare» e il sistema giurídico。

[173] 参见 Teoria，第206页至第237页。

的一项具体的合法行为[174]（包括战争活动）使私人的财产权利受到特殊和严重的损害时，就应该适用这种责任。这种结论，是透过类推适用有关征收与征用[175]的法律规定，并根据《宪法》第 9 条及第 17 条而得出的。《宪法》第 17 条把"依法就一切实际损害获得补偿的权利"列为市民的个人权利与保障之一。可是，如上所述，这只是一项值得赞同的纲领式宪法性方针而已（就算不这样认为也好，至少《宪法》第 17 条也是更广泛地确立这种责任的，而不仅仅限于侵犯财产权的情况）。至于对征收与征用的规定所作的类推方面，我们不认为要完全否定它（亦参见第 2360 条的规定），但可以反驳说，这种类推只可用于行政机关把私人财产据为己有（即使只是临时性的亦然）因而必须以相应价值偿付私人财产的损害（而非其他因据有私人的财产而对他们造成的损失）的那些情况而已。另外，除了上述的考量之外，还有一点很值得注意：当法律明确预见并容许某些私人利益或权利遭到牺牲，但却没有就赔偿作任何规定时，那么，最理所当然的想法难道不是认为法律想否定赔偿的可能吗?[176] 最后，我们认为，在缺乏相关法律规定的情况下，是没有理由认为因战时军事行动导致的损害是可以获得补偿的。由于这些损害所涵盖的范围非常广，因此便急需一项法律来判别哪些损害应予补偿，并定出补偿限度。此外，至少当被敌军占领的财产遭受破坏和损害时，可以反驳说有关损害其实是由敌军引起的。[177] 而对于那些由敌军直接造成的破坏而言，这就更加明显了。[178]

Ⅱ）不法事实与相关机关或人员之间必须存在联系。因此，机关或人

---

[174] 而并非直接的是一项立法性质的行为（在这里也包括规章命令）。参见 Teoria，第 217 页至第 218 页注。

[175] 征用可被（不尽严格地）定义为在紧急情况下对动产进行征收。在种种征用中，只有军事征用有一般性制度。参见 MARCELO CAETANO 教授，前揭著作，编码 232。文中所提及的这种类推，在意大利亦有人主张。参见 SANTI-ROMANO，前揭著作，第 307 页，以及 VITTA，前揭著作，Ⅰ，第 493 页处所提到的学者们。QUEIRÓ 教授还援引了公共工程事宜相关规定的类推适用，但却没有指出任何支持这种做法的法律条文。

[176] QUEIRÓ 教授正是基于这种想法，而认为一项（广义，lato sensu）立法规定所直接造成的损失，是不可获得赔偿的。参见 Teoria，第 218 页注。但可以认为，这种想法也同样能用于文中的情况。这样的见解，参见 ZANOBINI，前揭著作，Ⅰ，第 377 页至第 378 页。他认为，在没有法律明文规定因合法行为而生的责任的情况下，仅当行政机关根据（没有特别指明要牺牲哪些权利的）一般原则，尤其是紧急避险原则行事时，这种责任方能成立。

[177] 同理，当公权力基于某些产品或货物出现异常情况而不宜被使用，或基于其性质危害公众健康，因而命令销毁它们时，公权力亦无责任。

[178] QUEIRÓ 教授似乎也认为文中最后一种损失是可获赔偿的。参见 Teoria，第 234 页。

员必须是以这种外表或身份行事；行为必须是在处理属其职务范围内[179]的法人事务时作出，更准确地说，不法事实必须是在其职务——例如履行被托付的"工作"（第2380条）、履行其债务（第2399条）或"职责"（第2400条；《行政法典》第366条）——的履行上因为该等职务而作出，而不仅是在履行该等职务之际作出而已。因此，不法事实与机关或人员的职务之间的联系必须是直接、内在、因果性的。单纯一种间接、外在、纯偶然性的关系是不够的。

所以，如果一辆由一家公司的执行业务股东或雇员驾驶的车辆，在为公司工作的过程中对第三人造成损害，那么，当事故是因为意外事件、过失或不熟练而导致时，公司必须承担责任。然而，如果事故是基于驾驶者对受害人的怨恨或敌意而有意造成的话，则可以有别的解决方案。[180] 如果执行业务股东或雇员为了处理其个人事务而中断行程，然后作出不法事实，或者如果他利用该车辆同时违法运载自己的货物或商品（例如走私）的话，公司责任就肯定会被排除。同样，倘若法人的一个机关在代表法人作出法律行为时，欺骗了对方合同当事人（根据第663条，属欺诈），则法人即须承担责任。然而，如果是趁机偷走手表或皮包的话，就不是这样了（这是ENNECCERUS的见解）。[181] 又例如：如果法人的机关以该身份（亦即仿佛以官方名义）行事时，过失向第三人提供了有关其职务事宜的错误资讯，从而对第三人造成损害，又或者一家公司的机关为公司利益进行不正当竞争（例如，命令在相关商品上使用会跟别家公司的商标相混淆的商标）的话，法人就要承担责任。可是，倘若是在履行职务之际吸烟并引起火灾，法人则不用负责，即使那是基于单纯疏忽亦然。[182]

但是，在上文的概述中，有一些用语的含义需要厘清一下。一方面，应该指出的是，只要不法事实是被包含在相关权限的笼统范围（quadro

---

[179] MICHOUD 于其前揭著作，II，编码276中，似乎否定了这种限制，而认为只要机关"在法人事务范围内"行事就够了。但很多时候，这个问题不会有很大实际意义，因为有关机关的职务是很广泛的。

[180] 之所以会讲得这么犹豫不决，是因为《道路法典》第139条规定，车辆所有权人须与驾驶者承担连带责任。另外，这也是后文将讨论的一个疑问所致［参见第153页（译者按：即中译本第154页至第155页）］。

[181] 但显然，如果是为了法人利益而进行这种"业务"的话，法人就必须在其得益限度内承担责任了。

[182] 在这方面，有一种情况值得注意：一家公司的一名行政机关管理人员，为了让公司能领取有关保险金而故意造成火灾。

geral）内（根据 EGGER、OERTMANN 所言），亦即在他们获托付事务的总体架构内，就可以认为，这些不法事实是在职务执行范围内作出的。否则，法人责任实际上便都会被排除掉（或者变小）了，因为一切不法事实在某种意义上必然都是逾越了有关权限的。[183] 另一方面，要是不法事实的发生可以不取决于机关或人员的职务（如果该人碰巧处于相关场所的话），那么就应该认为，这些不法事实并不是因为机关或人员的职务而作出，而只不过是在执行职务之际作出罢了。[184] 一言以蔽之：[185] 必须存在一项不法地实施、引致民事责任的固有于机关或人员的职务的行为。

以上见解，在因法人机关的行为而生的法人责任方面，乃是主流见解。[186] 我们也没有很好的理由要否定它。唯一有疑问的是，根据这种看法，当不法事实虽然在形式上是机关的职务行为，但却是为了有关职务以外的目的而作出，尤其是为了满足行为人自身利益而作出时，[187] 法人是否也要负责？有些人认为，即便在这种情况下，法人还是要负责的。[188] 可是，虽然有时候采纳这种观点不至于产生很大的问题（例如，以官方名义提供错误资讯的情况），但有时候问题就大了。例如，在上文所举的例子中，亦即公司的执行业务股东在为公司工作期间，基于自己和受害者之间的个人恩怨而有意造成交通事故的情况下，便会产生大问题。[189]

至于由单纯人员实施的不法事实方面，至少当他们在有关机关的真正权威及领导之下（亦即他们处于从属地位）实施不法事实时，法人就必须根据

---

[183] 参见上文，第 132 页。但也参见 MICHOUD，前揭著作，Ⅱ，编码 274。他在该处主张说，专事原则所限制的只是法人所谋求的宗旨而已，而非为此目的而使用的手段。

[184] 这种说法见于 ENNECCERUS-NIPPERDEY 的前揭著作，编码 103，Ⅰ，编码 3，注 7。虽然它或许不是非常精确，但也是相当富有启发性的。

[185] 这是就第二点而言。

[186] 这种见解，参见 ENNECCERUS-NIPPERDEY，前揭著作，编码 103，Ⅰ，编码 3；OERTMANN，前揭著作，第 124 页（亦参见 *Recht der Schuldverhältnisse*，第 1433 页至第 1434 页）、von TUHR，前揭著作，Ⅰ，第 540 页；EGGER，前揭著作，第 375 页至第 376 页；MICHOUD，前揭著作，Ⅱ，第 237 页至第 238 页；DEMOGUE，前揭著作，Ⅲ，第 557 页。相反见解，参见 LORNE，前揭著作，第 104 页至第 120 页；PLANIOL 与 RIPERT，*Traité pratique de droit civil*，Ⅵ（由 ESMEIN 协著），第 697 页；FERRARA，前揭著作，第 257 页。

[187] 在上述情况下，为了法人本身利益而故意实施不法事实，或无论如何其目的是跟法人利益有关的情况，也是可以想象的。

[188] 参见 OERTMANN，前揭著作及章节。

[189] 为免涉及《道路法典》第 139 条规定的情况，可假设车辆并不属于公司。文中所指的情况，例如有：执行业务股东在为公司工作的过程中，为了损害第三人而存心丢落一件东西。参见 OERTMANN，*Recht der Schuldverhältnisse*，第 1433 页至第 1434 页。

因受托人行为而生的委托人责任的一般规定承担责任,这一点看来是相当明显的（参见第 2380 条）。但在法国与比利时,则很盛行一种理论:根据该理论,即使不法事实是单纯在受托人履行职务之际作出也好,亦会导致这种责任。[190] 然而,在德国则不然。[191] 而即便在法国和比利时,也不乏反对这种见解的人。[192] 他们的反驳理据,包括有关条文[193]的字面意思,以及某些能显示立法者另有所想的历史资料,[194] 而且,也不可能定出精确的标准,来界定不法事实与受托人职务之间的偶然联系是指怎样的一种联系——但这却是让委托人承担责任的充分必要条件。[195] 因此,看来前述见解是不够清晰明确的。

可是,那些对比了因法人机关行为而生的法人责任,而如此界定因受托人行为而生的委托人责任的人,却认为这种差别是完全合理的。这是因为,委托人对于受托人而言处于一个权威地位,并因而拥有领导和监督权,但法人是不能对其机关行使这种权威的,至少,它并不能对那些最高机关

---

[190] 法国和比利时在这个问题上的学说及司法见解的详细资料,作为例子,参见 MAZEAUD,前揭著作,Ⅰ,编码 910 至编码 915; DE PAGE, *Traité élémentaire de droit civil belge*, Ⅱ,编码 989 至编码 990。

[191] 参见 ENNECCERUS - LEHMANN, *Recht der Schuldverhältnisse*, 编码 236, Ⅱ, 2; OERTMANN, 前揭著作及章节; HECK, *Grundriss des Schuldrechts*, 编码 27, b, 编码 7（至于债务人因其协助人的事实而生的合同责任,参见德国《民法典》第 278 条）。

[192] 参见 MAZEAUD,前揭著作,Ⅰ,编码 911 至编码 912; DE PAGE, 前揭著作, Ⅱ, 编码 990。亦参见 PLANIOL 与 RIPERT, 前揭著作, Ⅵ, 第 881 页至第 882 页。

[193] 亦即《拿破仑法典》第 1384 条Ⅲ。该条文也被搬进了比利时《民法典》中。

[194] 这些历史资料乃是出自《拿破仑法典》的预备文案。

[195] 再者,由于这种责任不允许委托人透过证明其无任何过错［选任上（*in eligendo*）或监督上（*in vigilando*）的过错］来排除责任,所以亦为委托人带来重担。参见 DE PAGE,前揭著作及章节。至于文中所指的标准方面,比较不模糊的有以下这几种:如果受托人的行为是为委托人利益而实施,而且其目的在某种意义上也是固有于受托人的职务,则委托人须因受托人行为而承担责任（目的联系）;如果受托人行为是在其职务工作的地点和时间实施（地点和时间联系）,则导致上述责任;如果受托人的职务（因其职务而可使用的手段）便利了其行为的实施（工具性联系）,则导致上述责任。参见 PLANIOL 与 RIPERT,前揭著作,Ⅵ,编码 650; SAVATIER, *Traité de la responsabilité civile*, Ⅰ, 编码 318 至编码 322。但在地点和时间联系方面,是有很大限制的,参见 SAVATIER, 前揭著作, 编码 320 至编码 321。至于存在工具性联系的情况方面（在这种情况下,受托人的确是为了与委托人无关的利益行事）,经常会特别提到职务滥用。参见 PLANIOL 与 RIPERT, 前揭著作, Ⅵ, 第 881 页。"职务滥用"是一个合理的名称,因为在这种情况下受托人并无履行其职务（亦即无尝试履行其职务,不管履行得好还是不好）,但却利用了其职务（为了其他利益或目的而利用其职务）。参见 APPLETON 的论述,转引自 MAZEAUD,前揭著作,Ⅲ,编码 2005-5。在上述最后的那种情况下,没有争议的一点是,若受害人并非不知悉受托人滥用职务行事,则委托人责任即告排除。参见 MAZEAUD,前揭著作,Ⅰ,编码 914。

行使这种权威。然而，法人透过其机关，却是可以对那些单纯人员（受托人）行使这种权威的，因此，法人便应该以上述那种比较宽松的前提条件来对其人员的行为承担责任了。[196]

至于公法人方面，务必记得《行政法典》第366条。它规定了该条所指的自治团体（市、堂区及省）仅当其机关或人员（包括散位人员）"在相关职责与权限范围内，遵守必需手续，并为实现法定目的"而行事时，方须承担责任。[197]

比照前文所述，可以容易得出，这个条文会为法人民事责任的一般法带来某种限制。因为（一如其字面意思所示般）该处所指的"法定目的"，是指机关或人员的每一项职责行为的特定目的，所以它不仅要求机关或人员必须为自治团体的利益，或者更笼统地说，必须为公共利益而行事而已。此一条文不适用于单纯私法管理行为，因为人们一贯认为，法人乃是按民法的一般规定来对这些行为承担责任的，这一点看来十分明显。而且，看来该条文的处理方式显然也会延伸适用至国家责任，因为国家责任的条件没理由要比单纯自治团体责任的更加宽松。最后，应该指出的是，"遵守必需手续"这项要件基本上只跟那些真正意义上的行政行为（法律上的行为）有关，而对于那些纯粹行政运作（实质行为）[198]而言，则无甚适用余地。

Ⅲ）机关或人员须与法人一同向受害第三人承担连带责任。

这是自第2380条及第2399条（尚参见第2361条、第2372条及第

---

[196] 参见 MICHOUD，前揭著作，Ⅱ，编码276。

[197] 此条文并无明文规定自治团体只会在该条所定情况下承担责任。但看来其意思理所当然是这样的。这种见解，参见 MARCELO CAETANO 教授，前揭著作，编码362。但 CUNHA GONÇALVES 博士则持相反见解，参见其前揭著作，ⅩⅢ，编码2047。除了其他较不重要的理由之外，他还援引了一条相当于现行《行政法典》第820条第8款的、今天已完全不能适用的条文作为理由。

[198] 关于这种区分，参见 MARCELO CAETANO 教授，编码287。在因邮政及电报服务而生的国家责任方面，法律设立了各种限制，当中包括质的限制（排除一切赔偿），也包括量的限制（仅缩减或确订明相关金额）。为此，可参见1919年5月10日第5768号命令第38条及第39条（一般制度）。当中，后一个条文被1948年1月13日第36726号命令作了新修改。尚可参见由1937年9月3日第28007号命令（邮政包裹）新增的1911年8月22日规章第52条B，以及1922年3月18日第8069号命令第256条、第261条及第262条第4款（电报信函）。值得特别一提的是，第5786号命令第37条唯一附段：它规定了，国家须因看管或经手处理相关有价物或信函的雇员所实施的毁损及盗窃行为，而对邮政及电报服务使用者所遭受的损害承担责任。还有第38条第4款及第5款：该处规定了，国家不会对私人交托给送递员以便进行挂号或换成单据的信件、包裹或款项负责。但需要指出的是，该法例所针对的一切或几乎一切情况，所涉及的都是合同责任而不是非合同责任。

2398条第2附段）得出的结论，因为上述条文的相关部分没有理由不同样适用（直接适用或类推适用）于法人机关或人员。[199] 机关以其机关身份行事，并不妨碍它与法人负连带责任，因为机关的独立性无须为此而消失，也就是说不会被相关组织，亦即透过机关来形成、外显意思的法人完全吸收掉。[200]

但应该指出的是，如果有关机关属于合议机关（例如大会或理事会），则并非其每一位成员均须仅因其成员身份而承担责任。须承担责任的，只是那些身为不法决定肇因者的成员而已，易言之，亦即那些投了票的人。极其量，也只是包括那些无正当理由不出席或不参与投票的人罢了。至于就不法决定投了反对票的那些人，则绝对无须承担责任。[201] 因此，责任其实并非由机关承担，而是个别地（亦即仅限于符合法定的责任要件的那些人）由组成机关的人承担。[202]

倘若不法行为的直接行为人有上级机关或人员，且后者在有关事实上有过错，则其（如果是合议机关的情况，则为相关的成员）亦须负责。[203]

然而，下级机关或人员并不会仅因单纯服从上级命令便无须负责。参见第2380条最后部分。[204]

至于公法人方面，也有各种问题需要考虑。

1) 从《行政法典》第366条及第367条的确是有可能得出，该处所指的自治团体（市、堂区及省）的机关或人员，只要"在相关职责与权限范

---

[199] 别的解决方案都不会是合理的。而且，法人偿付能力比机关或人员还要低的情况，也是有可能出现的。参见MICHOUD，前揭著作及章节。

[200] 参见MICHOUD，前揭著作及章节；MAZEAUD，前揭著作，Ⅱ，编码1989；SAVATIER，前揭著作，Ⅰ，编码2080。相反见解，参见LORNE，前揭著作，第122页至第124页。他正是基于这个原因而不接受法人机体说的。

[201] 至少，如果他们十分强烈地提出反对的话，他们便无需负责。参见PLANIOL与RIPERT，前揭著作，Ⅵ，第700页。但一般均承认这种过错的举证责任会落在受害方身上。MAZEAUD，前揭著作，Ⅱ，编码1990。

[202] 参见MAZEAUD，前揭著作，Ⅱ，编码1989及编码1990。亦参见LORNE，前揭著作，第131页至第135页；DEMOGUE，前揭著作，Ⅲ，编码354。

[203] 参见LORNE，前揭著作，第142页。尚需要知道的是，为此是否只要存在监督上（in vigilando）或选任上（in eligendo）的过错就足够了？肯定的见解（但仅着眼于机关方面的问题而已），参见DEMOGUE，前揭著作，Ⅲ，编码354。他在此处强调道，这种过错是必须证明的，而在此并不会适用相应于葡萄牙第2380条的规定。

[204] 参见PLANIOL与RIPERT，前揭著作，Ⅵ，编码561。一般而言，仅凭"遵守他人命令"本身并不构成不法事实直接行为人责任的阻却情节，因为其过错是有可能不获排除的。参见MAZEAUD，前揭著作，Ⅰ，编码497。

围内，遵守必需手续，并为实现法定目的"而行事，便无需对其不法职务行为承担个人责任。然而，我们认为不应该这样解释上述条文。[205]

与私法人的机关或人员相比较之下，我们不认为公共利益的迫切理由足以支持这些机关或人员享有一个如此突出的优越地位。就明显不法和有过错的行为而言，这种无需因担心招致责任而缚手缚脚的便利，他们是绝对不值得享有的，因为至少也应该使他们对上述行为负责，这样他们在履行其职务时才会谨慎行事。另一方面，这种处理方式显然也和适用于国家人员的第 2399 条（就算不认为它适用于国家机关也好，至少它也是适用于国家人员的）有矛盾（参见上文，第 138 页，注 3）。而且，我们也看不到有任何合理理由要优待自治团体的机关或人员。因此，如果第 366 条和第 367 条的意思真的是那样的话，法律应该会规定得清清楚楚才对。但实际上，上述条文却没有很明确地作出这样的规定。极其量，也只能从上述条文中反面推论（a contrario）出那样的结论罢了。但众所周知，这种推论是很容易出错的。最后，亦可一引《行政法典》第 503 条唯一附段，以作佐证。在国家机关或人员的责任方面，则可援引《公务员纪律通则》（1943 年 2 月 9 日第 32659 号命令）第 10 条唯一附段。

2）显然，服从义务是可以排除公法人人员责任的，因为它是一种为了公共利益而施加的、与上级权威有关的法定义务。但《行政法典》第 502 条及第 503 条、《公务员纪律通则》第 9 条及第 10 条，对这种义务设定了一些限制。从这些条文可以得出，下级在大部分情况下都会因为服从以法定方式[206]下达的工作命令或指示而获免除责任。当有关命令或指示明显抵触法律字面意思时，责任是不会获得免除的。这也是最主要的一种不获免责的情况。但当下级曾向上级请求书面传达或书面确认命令时则不然。[207]

3）法国的司法见解已经一致认为：仅当不法事实是一项"个人行为"（fait personnel）时，公务员方须承担责任；而当不法事实完完全全

---

[205] 这种见解，参见 MARCELO CAETANO 教授，前揭著作，第 571 页。他甚至大胆地没有提过这样做会出现争议。

[206] 因此，当法律要求以书面方式为之时，便应以如此为之。参见 MARCELO CAETANO 教授，前揭著作，编码 170。

[207] 亦参见《司法通则》第 266 条（关于检察官）。

123

是一项"职务行为"（fait de service）[208]时，公务员则无须负责。上述两者均属履行职务时实施的行为（至少在广义上而言，"履行职务时实施的行为"一语可以包括那些单纯在行为人履行职务之际实施的行为）。因此，根据该国司法见解，两者均会导致国家承担责任。[209]但是，在个人行为中，公务员乃是故意行事，或行事时存在重过失[210]（若公务员基于个人考量行事，即属重过失[211]）至于职务行为则大不相同，因为公务员仅有轻过失。[212]因此，个人行为（或至少是导致该行为的过失）是可以与工作分离的，因为个人行为应该归责于公务员自己而非其职务。但职务行为的情况则相反，因为这种（不法）行为是因为职务本身的缺陷，或履行职务时的自然意外性而导致的。有关公务员必然会犯错，因为那是人之常情。[213]

葡萄牙法律并未提及以上区分。[214]在没有条文规定的情况下，看来我们是没有理由支持这种区分的。因此，我们不应该采纳它。在面向受害人的方面，亦即在所谓的外部关系的层面上，若法人机关或人员无责任，则法人即无责任。这是绝少例外的一项大原则。[215]只有在面向法人本身，亦即在所谓的内部关系的层面上，机关或人员的处境才可能会好一点，因为仅当其过错达到一定严重程度（比其须对受害人承担责任时所要求的严重程度

---

[208] 通常亦相应地将有关缺失或过错，称为个人缺失或过错（faute personnelle），以及职务缺失或过错（faute de service）。

[209] 参见 MAZEAUD，前揭著作，Ⅲ，编码 2008-3。

[210] 重过失，是指特别严重，亦即令人愤慨、粗劣的过失。传统上，法律对待重过失的方式，跟对待故意的方式是一样的（culpa lata dolo aequiparatur，重过失等同故意）。不然的话（暂且撇开其他因素不谈），实际上属于故意的情况就可能会被冒充成重过失了。参见 MAZEAUD，前揭著作，Ⅰ，编码 414。

[211] 即使，当仅着眼于损害事实本身时（亦即从本质上讲）充其量只能谴责有关公务员轻度不谨慎，甚或其不存在任何过错（客观责任的情况）亦然。作为例子，可以想一想公务员为个人目的而利用其公务用车的情况。

[212] 轻过失，是指一个中等敏锐和谨慎的人（善良家父，bonus pater-familias）所不会犯的过失。再轻点的，是所谓的最轻过失，亦即只有异常聪颖的人（最优秀或最谨慎家父，optimus ou diligentissimus pater-familias）才不会犯的过失。

[213] 关于上述的区分标准，参见 PLANIOL 与 RIPERT，前揭著作，Ⅵ，编码 715 至编码 717；MAZEAUD，前揭著作，Ⅲ，编码 2005 至编码 2005-6。

[214] 但亦参见《行政法典》第 366 条及第 367 条的处理方式。

[215] 虽然绝大部分情况下都是这样，但也不是绝对的。至少，法律设立了因合法行为而生的责任的那些情况，即为例外。实际上，那些虽然不能确定过错者身份，但却能证明的确存在过错者（法人的机关或人员）的情况，也是一个例外——假如这种情况并非绝无可能发生的话。

第三章
法　人

要高）时，方可要求他们承担责任。尽管如此，我们认为这方面仍然存在相当的疑问。[216]

4）最后，关于公法人人员的民事责任方面，需要注意散见于各部门自身法律的一众条文。例如：在公证员方面，参见《公证法典》（1935年10月24日第26118号命令）第101条至第107条；在物业登记局局长方面，参见相关法典（1929年7月4日第17070号命令）第52条至第53条；在民事登记局局长方面，参见相关法典（1932年12月22日第22018号命令）第120条至第127条。认为上述公务员责任可并加于国家责任的见解，除了第2399条之外，尚可援引1949年12月19日第37666号命令第58条第1附段I的规定以作佐证。

Ⅳ）已经向受害人作出有关赔偿的法人，可以向可被归责不法行为的机关或人员讨回款项。从立法论的角度而言（*de lege ferenda*），这种求偿之诉（acção de regresso，又称为acção regressiva、acção recursória，或简称为recurso）是有明显的合理考量作为支持的。[217] 它看来也不会跟法人机体说不相容，因为自然人也可以用他的一个器官对其他器官施加影响。从实定法的角度而言（*de iure constituto*），该诉的依据为第2380条[218]以及其他条文，例如第37666号命令第58条第1附段Ⅱ。

然而，为此目的，应该在内部关系的层面上审定机关或人员的过错。仅当机关或人员并无尽其因职务而应被认为有义务向法人尽的心力行事时，方存在上述过错。因此，在这里会适用合同责任的那些准则（参见第2393条）。该等准则是可以比非合同责任的准则宽松的，尤其当机关或人员在没有报酬的情况下履行职务时，更是如此（参见第717条第3项、第1336条、第1383条第1款、第1435条）。[219] 因此，以下的情况是有可能出现的：面向受害当事人方面，机关或人员是有过错的，但面向法人方面却不然。无论如何，可以确定无疑地认为，在客观责任的情况中，倘无任何过错可归

---

216 至少，对于机关以及可被界定为真正意义上的公务员的人员而言是这样。的确，如果说他们在面对相关公共实体履行其职务时，所需抱持的谨慎程度不必像他们面对私人时那么高的话，是匪夷所思的。

217 其中一种考量是（这也可用于机关或人员向受害人承担的责任上）为了避免强烈地反向激励了不法行为的实施，进而导致此等行为增加。参见DEMOGUE，前揭著作，Ⅲ，编码343及编码353。

218 此乃透过类推而适用。在此部分进行类推是完全可行的。对该条文的最后部分（"当前者逾越其所接收之命令及指示行事时"），不应从字面意思上理解之。

219 当人员为未成年人时，亦是如此（参见第1334条及第2377条）。

责于机关或人员，法人是没有求偿权的。

上述处理方式同样适用于公法人，但不妨碍在有关机关或人员过错审定的标准严宽程度上，可以有所不同。

公法人可以向机关或人员求偿，这点是不容置疑的。第37366号命令第58条第1附段Ⅱ，所考虑的正是国家与其公务员的责任。而且，在1930年改革时由司法部公布的官方文告（12月16日第19126号命令）为了替确立公法人责任的第2399条的新文本提供依据，也类推了私人因其仆人行为而承担的责任，而前者无疑是针对后者有求偿权的（第2380条）。[220] 至于有关机关或人员的过错审定方面，在这里需要重新回顾一下前述法国司法见解的取态。而且应该指出，关于私法人方面，在法国也存在着一种类似的倾向。[221]

Ⅴ）最后，当机关或人员须向受害人承担责任，然而在内部关系的层面上无任何过错，或其过错不足以使其承担责任时，机关或人员亦可以向法人求偿。这一点虽然在学理上相当受忽视，但却是肯定无疑的，只是实际意义有限罢了。

30. 法人取得财产的能力·《民法典》第35条的处理方式·第35条的立法缘由

法人取得财产的能力，原则上适用上文曾论述过的处理方式，亦即只要行为并非与章程宗旨无关或与其相违背（这是基于专事原则的要求），[222] 法人即可有偿地（例如买受、交换）或无偿地（例如接受赠与或遗嘱慷慨行为）[223] 作出任何财产取得行为，藉以取得财物或财产性权利。但之前曾提及的用益权不得持续超过30年这一规限，则另当别论。[224]

---

[220] 参见 SIMÕES CORREIA 博士，*Código civil português actualizado*，第2版，第2399条中提到的这项官方文告的相关部分。

[221] 作为例子，参见 LORNE，前揭著作，第145页至第150页；DEMOGUE，前揭著作，Ⅲ，编码353。

[222] 我们知道，法人民事能力还受到另一种限制：主体必须为自然人的那些法律关系，法人是不可以参与的。但这种限制很少会适用在取得财产方面，或更概括而言，很少会适用在非建基于人身关系的财产关系上［建基于人身关系者如：婚姻制度、父母对未成年子女财产的权利、配偶（或前配偶）或血亲之间要求扶养的权利］。但亦参见上文（编码28）关于使用权或居住权的论述。

[223] 虽然这种表述（至少是"遗嘱慷慨行为"）不太确切，但无论如何也是完全可以理解的。

[224] 尽管第1834条只提到永久性社团，但第2244条这一条范围更广的规定却无疑涵盖了一切法人，如此一来，便排除了从前一条文中得出不同处理方式的可能。

然而，上述处理方式会受到一些重要的限制。在私益私法人（合营组织）方面，该处理方式并无遭受任何明显限制。[225] 但在其他法人（非营利性法人）方面，就不是这样了。因此，有必要说明一下葡萄牙法律在这方面的规定。由于法律为某些特定类型的非营利性法人而设的个别规定实在汗牛充栋，而且实际意义并不大，兹不赘述。我们只会着眼于大部分非营利性法人皆通用，亦即具有某种普遍性的规定。

《民法典》第 35 条的处理方式

上文所指的那些普遍性规定，见于《民法典》第 35 条。该条文所针对的是"永久公益组织及社团"，而第 2 附段则定义了永久的含义。我们必须清楚这里所指的法人有哪些。由于这个问题早已在本书的其他章节讨论过了（参见编码 19），因此，我们现在只需回顾一下有关重点即可。

一方面，"公益组织及机构"这一表述，原则上包括一切非营利性法人，也就是一切公法人[226]和公益私法人，而仅仅不包括私益私法人（合营组织）。另一方面，第 2 附段所定义的性质形容词"永久"，除了指无限期设立的非营利性法人（在此"永久"一词尚与其通常意义相称）之外，尚可指有限期设立的非营利性法人，但前提是这些法人必须"不以物质性利益为宗旨"。所谓物质性利益，也就是经济性利益，但它必须不表现为一项营利性宗旨，否则，那就已经超出非营利性法人的范围了

---

[225] 但专事原则还是适用于它们的。适用于一切法人的一般性处理方式，必然包括专事原则所导致的那些限制。这些限制可以归纳为：合营组织不得透过赠与或遗嘱取得财产。但有很多反对论者否定这种观点：除了前面所引的那些学者［参见上文，第 125 页，注 1（译者按：即中译本第 127 页注 122）］之外，亦参见 MICHOUD，前揭著作，Ⅱ，编码 234；他指出，主张它们可如此为之的见解，乃是主流意见。但我们原则上倾向认为，它们是不能这样做的，因为无偿取得财产，跟这些法人（合营组织）本身的投机性宗旨是从根本上互相对立的。参见 G. MOREIRA，前揭著作，Ⅰ，第 316 页。因此，按照这样的思路，无偿取得仅当例外地没有出现这种对立时，方为有效。以合营组织的工人或职员的福利或援助为目的而作出的慷慨行为，也许就是这样。参见 MICHOUD，前揭著作，Ⅱ，第 121 页，注 3。更确切地说，这种情况所涉及的是一种类似信托基金（fundação fiduciária）的东西（参见上文，编码 12，Ⅰ，c）。

[226] 但根据法律理由（ratio legis）（参见下文），这里并不包括国家。第 35 条是否包括除了国家以外的一切公法人？对于某些公法人而言，可能是有疑问的，但我们认为在没有相反规定或理由时，应该认为第 35 条包括一切公法人。至于自治团体方面亦然，因为应当记得，昔日那些所谓的永久财产解放法（leis de desamortização）（参见 1866 年 6 月 22 日、1869 年 8 月 28 日及 1871 年 10 月 12 日法律，以及 1866 年 6 月 26 日及 1869 年 11 月 25 日命令）是适用于它们的。而在今天，需要考虑的规定有：《行政法典》第 51 条第 7 款及第 10 款、第 255 条第 3 款及第 5 款、第 316 条第 3 款及第 4 款。

(第39条)。

由此可知，公法人、谋求利他宗旨或谋求非经济性利己宗旨的公益私法人，以及无限期设立的谋求非营利性的经济利益宗旨的法人，均属永久。而且也可以得出，为此目的，法律意义上的永久会比通常意义上的永久范围更广。

在界定了第35条的外延后，我们需要了解它的内涵。[227] 在上述法人取得财产的能力方面，该条文作了什么规定？

第35条并未规范动产的取得，而只规范了不动产的取得。这些法人取得动产的能力，会继续适用前文已述的一般处理方式（但有我们在这里不予讨论的特别规定者除外）。根据上引条文，这些法人取得不动产的能力，会视乎有关取得属于无偿取得（例如赠与、遗产或赠遗）还是有偿取得（例如买受、交换）而有所不同。另一方面，这种能力也会视乎有关财产对于这些法人自身职务的履行而言（"对于该等组织或机构之义务之履行而言"）是否属于不可或缺而不同。[228]

非营利性法人可以无偿取得任何不动产，即使有关不动产对于法人职务履行而言是可有可无的亦然。但在这种情况下，以无偿方式取得它们的

---

[227] 当我们谈到一项法律规范的外延（extensão）和内涵（compreensão）时，我们想用这两个词来表达的意思，就类似于逻辑学上对概念的结构进行分析和阐述时，使用这些用语来表达的意思。"外延"，是指规范所抽象地考量和规管的生活状况或关系；"内涵"，则是指为了这些状况或关系而设的规制本身。我们知道，规范是藉着预视（prever）一些情况，来调整（prover）这些情况的。它所预视的，就是它的"外延"；它所调整的，就是它的"内涵"。"外延"也可称为法定假设或前提；"内涵"也可称为法定效果、规则或命令。前者相当于法律命题的主语，而后者则相当于法律命题的谓语。

[228] 显然，我们将在下文阐述的法律规定，所规范的只是所有权或不动产物权的取得而已，而并不是针对这些财产的单纯对人权（债权）的取得（不动产租赁）。从法律精神甚至法律字面意思（参见第375条第2款）都可以得出这种结论。

另一方面，有关规定并不适用于统合公债证券的取得——这些证券在某些条件下会被法律界定为不动产（第375条第3款）。这种结论，是毫无疑问地得自对第35条原文本的比照，以及前引司法部官方文告的相关部分的（见于SIMÕES CORREIA 的前揭著作）。但当这些证券被视为不动产时，由于其不可转让，因此就不得永久非营利性法人（以及任何自然人或法人）取得了。另外，在任何情况下，要移转它们，都必须缴纳一种独特的（sui generis）无偿移转税。这种税相当于利息的5%（经1940年12月30日第31090号命令核准的《公共信贷委员会规章》第84条）。除非获得豁免，否则永久非营利性法人亦须缴纳此税（前引《规章》第84条唯一附段 b 项及 c 项、第89条）。但其实，很多永久非营利性法人都会获得这种豁免（除前引条文外，亦参见1943年1月23日第32640号命令第2条，及1944年1月29日第33512号命令第21条 d 项）。

法人"须缴纳以每30年为一期之移转或继承税[229]"[230]。

如果不是这样的话，当不动产被永久性公益组织或机构取得，而非由自然人取得时，就会不利于这种税的国库收入了。在自然人取得的情况下，由于人类的生命是有限的，所以不但在取得财产时必须支付无偿移转税，而且在取得人死亡后财产因继承而移转至其他人时，亦必须再次缴纳税项。然而，如果不动产是由上述法人取得的话，由于这些法人的存续期一般都是无限期（第2附段第1款）或相当长的（因为它们旨在谋求永久性宗旨），因此就可能出现这样一种情况：因为有关财产几百年来都没有被移转过，所以在这几百年间都没有再缴纳过上述税项。

然而，所考量的也不仅如此而已。有关条文所针对的法人，同样也可以是那些存续期有限的（第2附段第2款）。而且，它们的存续期也许还相当的短。[231] 可是，它们并不因而不受有关法律规范。因此，这里必然同时存在着另一种考量：立法者想避免不动产过度集中在这些法人的支配底下。这种考量，我们稍后将回过头来加以探讨。

至于有偿取得方面，原则上它们是被禁止的。[232] 这种结论，是透过对第35条的主文部分及其第1附段作出反面推论（*a contrario sensu*）而得出的（亦参见第1561条、第1594条及第1679条）。此外，比照一下这些条文的现行版本与原来版本，就可以更肯定地得出上述结论。我们尚需知道，违反这种禁止性规定的后果是怎样的。我们首先会想到的是相关取得归于绝对无效。第1567条的规定，在第1561条的规定的比照之下，可用以支持这

---

[229] "继承及赠与税"这种名称是从1929年（4月13日第16731号命令：税务改革）起才开始使用的，而在这之前（1899年12月23日规章）则称为"无偿登记税"。它除适用于不动产无偿移转外，亦适用于动产无偿移转。

[230] 这种税可被称为死手税（*imposto de mão-morta*）或永久财产税（*imposto de amortização*）。参见 CUNHA GONÇALES 教授，前揭著作，I，第804页。如无豁免，则除了必须于每30年届满时缴纳这种税之外，亦必须缴纳因财产取得而生的一般税项，亦即无偿移转税。但这类豁免是多不胜数的。它们见于第16731号命令（第114条）以及补充法例中。参见 BORBA JUNIOR，*A transmissão operada segundo o direito civil e sua tributação pelo direito fiscal*，III，第100页至第119页。获豁免的通常都是一般税项，而非死手特别税。

[231] 尽管这种情况应该十分罕见。

[232] 甚至也禁止永久非营利性法人在其本身债权的执行中买受财产。作这种规定的条文，作为例子，有1926年8月31日第12303号命令第1条。但上述条文允许了在某些情况下作出这种买受。

种看法。然而，这个问题仍然存在争议。[233]

接下来，在不考虑财产取得名义（título aquisitivo）属于何种性质的情况下，我们来思考一下对于履行自身职务（法律则是说相关非营利性法人的"义务"）而言可有可无或不可或缺这种性质。[234] 若属可有可无，则完全适用上述处理方式；但若属不可或缺则不然。一方面，财产的有偿取得是被允许的。这是根据法律的一般规定为之，也就是说，取得人仅需于取得财产时支付移转税，[235] 而不必在其后支付任何新的移转税。另一方面，如果财产是无偿取得的，也无须以前述方式支付新税项。仅于法律无相反规定（亦即豁免）的情况下，方须缴付相应于有关取得的无偿移转一般税。[236]

---

233 另一种可能的解决方案是：有关财产会归国家所有。作这种规定的，有我们昔日的永久财产解放法［《律令汇编》（Ordenações），Ⅱ，18，pr. 及 1］和 1866 年 6 月 22 日法律第 10 条。至于比《民法典》晚出台的立法方面，1871 年 10 月 12 日法律及 1889 年 6 月 21 日法律第 1 条唯一附段，亦被认为是持此取态的。

234 所谓可有可无或不可或缺，所着眼的显然并非财产的金钱价值，而是其原物，亦即实物（em espécie，或昔日 1867 年 6 月 22 日法律第 12 条所讲的 em ser）财产本身。

235 但不必然是这样，因为常常会有豁免。参见 BORBA JÚNIOR，前揭著作及章节。自 1929 年（第 16731 号命令）起，这种税开始被称为物业移转税（sisa）（很久以前已有 sisa 这名称），但在之前则被称为有偿登记税（1899 年规章）。它只适用于不动产的有偿移转。

236 这是永久非营利性法人的不动产取得能力的一般制度。我们在这里不需要讨论法律为特定类型的永久非营利性法人而设的相关特别规定，但我们会就这方面作两点简介：

a) 在行政公益法人方面，《行政法典》第 422 条第 1 款规定，"不动产有偿取得"须获政府内政部许可。但是，这并不排除前引第 35 条第 1 附段最后部分的适用。这只构成后加于该条文所设限制的一种限制而已。另一方面，该法典第 423 条还规定了，行政公益法人"仅可限定接受继承，且不须履行超出遗产或遗赠或赠与之偿付能力限度以外之负担，无论此乃基于该等负担使遗产价值耗尽，还是涉及超出所接受财产之收益之定期给付亦然"。该条唯一附段还规定了，"超出遗产或遗赠或赠与之偿还能力限度以外之负担，须减缩至相关收益之限度，或减缩至资本之三分之一"。由于行政公益法人非常重要，所以我们还是有必要了解一下这些规定。

b) 至于教会法人，即使是其不动产取得能力方面，也是受永久非营利性法人的一般制度所规范的。《行政法典》第 452 条更是明确地对宗教社团作了这样的规定。另外，关于一切天主教教会法人方面，可参见《政教协定》第Ⅳ条。但应该指出的是，由于《政教协定》第Ⅵ条规定了，那些以往属教会所有（以及被国家所占有）的财产，包括主教院、教区长馆及其菜园、苗圃及其篱笆，须返还予教廷，所以显而易见，就算身为法人（《政教协定》第 1 条）的教廷本身不能，至少那些天主教教会社团或财团也能在将来依第 35 条以任何名义取得用于该等宗旨而且对于其职务履行而言属不可或缺的不动产，从而产生相关后果。至于这些法人（天主教教会社团或财团）取得不动产的能力方面，参见《政教协定》第 XXⅦ 条、《传教协议》（1940 年 5 月 7 日，Ⅰ-Ⅵ确认令）第 10 条、第 11 条、第 15 条、1940 年 7 月 25 日第 30615 号命令第 41 条，以及《传教通则》（1941 年 4 月 5 日第 31207 号命令）第 3 条、第 40 条、第 45 条、第 63 条、第 70 条、第 75 条。

第 35 条的立法缘由

因为总的来看，这个制度的目的尤其在于避免不动产过度集中地受有关法人支配，所以原则上它们是被禁止有偿取得这些财产的。至于无偿取得方面，除却不适用 30 年税（imposto trintenal）的例外情况以外，这些财产的价值会逐渐被这种税抵减直至完尽。而且往往也不用那么久，因为有关税率是相当高的。现行版本的第 35 条之所以定出这种措施，其理由是与旨在解放非营利性法人永久财产（desamortização）的著名立法运动的促成原因同出一辙的。在 19 世纪，在当时已是大势所趋的自由主义的影响下，这项立法运动在葡萄牙以及许多国家逐渐形成。昔日，由于信徒们和其他善长人翁经常性地作出慷慨行为，而有关捐献有时候更是数额不菲，于是就让那些永久非营利性法人，尤其是教会法人以及公益法人，最终取得了幅员辽阔的土地（还有其他不动产性质的财产及权利）。这除了让它们取得了被认为是过度强大和危险的经济实力、（因此也包括）社会及政治实力之外（更何况，在那个时代，动产又不像日后那样有那么巨大的拓展），也意味着它们对整体经济造成了严重的损害。这些财产一旦大量落入这些法人手中，就会在那里待上数百年，因为它们并不会被让与，而是无限期、长久地维持现状。于是，有关财产便几乎永远不会在交易市场中流通[237]。此外，同等性质的财产在这些法人手上，生产力会比起它们属于自然人、合伙或公司的情况下还要低（这是因为管理者并不会受个人经济利益这一动机所驱使）。鉴于此等理由，20 世纪的永久财产解放立法，甚至强制要求那些永久非营利性法人将它们现有的不动产，包括那些对于落实其自身宗旨而言属不可或缺的不动产转让出去，换成某些动产有价物，尤其是转换成统合公债（dívida pública consolidada）。至于将来无偿取得的不动产方面，亦是如此。此外，更绝对禁止它们重新有偿取得这些财产[238]

今天《民法典》第 35 条（现时仍生效的 1930 年版本）的规定，如上所述，是那次立法运动遗留下来的。这样说也许更好：它反映了那次普遍

---

[237] 因此，这些财产被称为死手财产（bens de mão morta）。"它们就像被一个死人的手抓住那样，永远也进入不了商业交易的领域"（参见 JOSÉ TAVARES, *Os princípios fundamentais*, II，第 211 页）。相应地，永久非营利性法人又被称为死手社团（corporações de mão morta）。有关财产被这些社团取得的情况，也相应地被称为有关财产的永久拥有（amortização），而文中及下注所指的法律则被称为永久财产解放（desamortização）法。

[238] 参见 1861 年 4 月 4 日法律、1866 年 6 月 22 日法律及 1866 年 8 月 22 日法律。亦参见前引第 35 条的原来版本。

应该说，如果因为第35条容许有关法人有偿取得对于它们而言属不可或缺的不动产，[239]而且又不强制它们将其无偿取得的不动产进行转换，所以并不如以前的立法般对这些法人的能力有那么严格的限制的话，那么，就应该让这些法人的经济富裕状况多蒙受一点不利，所以，它便要求这些法人必须因为这些财产（前述例外情况则除外）而支付每30年一期的新移转税。

§6. 法人的消灭

31. 导致消灭的原因·概论·Ⅰ）公法人·Ⅱ）私法人：A）社团·B）财团

我们已经讨论过法人的设立，以及其活动或运作（虽然在第二个问题上，我们只是着眼于其民事能力而已）。接下来，我们要讨论的便是法人的消灭。为了简便起见，我们只会阐述这些法律主体自其设立一刻直至消灭一刻，亦即自其开始存在直至存在终结这段时间内，可能会经历的那些典型变化（不影响法人同一性的变异或改变）。

概论

我们知道，自然人的法律人格会基于死亡这个事实而必然消灭（*mors omnia solvit*，死亡了结一切），而且现今它也只会基于这种自然或肉体上的原因而消灭而已，因为葡萄牙法律并不承认任何导致这种人格消灭的纯粹法律原因，例如因为某些特别严重的犯罪而由一项刑事判决所判处的所谓法律上死亡（*morte civil*）。反之，法人的法律人格就可以基于各种各样的原因而终止，但这些原因却又不包括死亡。事物的本性，决定了法人并不可能出现这种现象。毫无疑问，它们的存在是无形的、非生物学意义上的。其法律独立性并没有一种自然独立性、一个身心机体（*organismo físio-psíquico*）作为基础。一言以蔽之，它们不属于生物。所以，对于它们而言，并不可能出现真正意义及本义上的死亡。说法人死亡，只是一种隐喻罢了。它包括各种可以导致法人消失的原因。

---

239 某些后于《民法典》（因此也后于第35条的原始版本）出台的法律，已容许了特定的永久非营利性法人这样做，但在大部分情况下，要取得这些财产，都必须得到有关的政府许可。参见1871年10月12日法律及1899年6月21日法律。

笼统而言，这些原因之所以对法人的消灭起决定作用，是因为作为法律实体甚至现实或社会实体（法外实体）的法人，是由多项元素共同构成的，所以当缺少了当中某项元素的时候，法人就免不了要归于消灭。

因此，我们接下来将会对这些原因逐一进行说明。至少，我们会讨论那些最典型的原因。为此目的，就像在讨论其他问题时那样，我们也需要将公法人和私法人区分开来讨论。

Ⅰ）公法人

在公法人方面，首先要从国家开始讲起。它是第一个法人，而其他一切法人都是从它那里获得生命的，因为它是整个法律体制的前提和根源。因为一场巨大灾难而令一个国家的整体领土和人民消失，这种情况虽然并非无法设想，但却是光怪陆离的，因此我们就撇开它不谈了。更常出现的情况是：一个国家因为被并入另一个国家而归于消灭。这种归并，可以是出于自愿的，也可以是受武力迫使的。它可以表现为被其他既存国家吸收（并合），也可以表现为与其他既存国家联合构成一个新的国家，这时候，该新国家便不属于单一国，而是属于复合国（例如君合国、政合国、联邦、邦联）。

至于地方（或称地域）自治团体方面，同样地，撇开其整个地域因为某些自然力量的作用而消失这种反常情况不谈后，就只剩下它们因为国家的行为（根据法律实施的立法行为或行政行为）而消灭的可能了。被废除的自治团体的地域，会被划作另一个自治团体的地域的一部分，或者被分配予多个既存或新设立的自治团体。一切地方自治团体均被废除，亦即对整个国家领土仅作总体行政管理，而无地方行政管理，这种情况也是有可能出现的。上述状况，也可以仅仅发生于某一个或某几个自治团体以及相关的地域上。

至于那些获赋予法律独立性（人格）的公共部门（又称为具法律人格的公共机构，或者机构性自治团体）方面，其典型的消灭原因是一项国家行为（立法行为或行政行为）。国家便是藉此行为而撤回其人格。有关部门即使予以保留，但亦会转而并入总体行政管理之中，又或者，其相关职能会被移转予另一个机构性自治团体。除却这种消灭原因以外，也很难找到其他的消灭原因了。

最后，在那些半官方实体方面，作为公法人，其消灭也是基于一项撤回其统治权力的国家行为。但有时候，它们仍可作为私法人而存在。在这之后，它们的消灭，便是因为下文将会指出的某些原因使然。

Ⅱ）私法人

在私法人方面，我们需要把社团与财团分开讨论。按照前述的总体思路，私法人的消灭原因，可以关乎各项它们藉以构成的元素，也就是说，可以关乎所谓的（这个意义上的，*hoc sensu*）实质元素（组织基础），也可以关乎不可或缺的法律元素，亦即认可。

A）社团

1）与人的元素相关的原因

因为要设立这些法人，就一定要存在一群打算互相合作，透过有关机关共同谋求一项利己性或利他性（即使在后一种情况中，社员们也是致力于以满足他人利益为己任）共同宗旨的个人（亦即社员），所以马上就可以明白到，如果这些人全部都消失了的话，法人即告消灭。只要他们不离开社团（至少要剩下两人），法人原则上仍然会存在。在一般情况下，法人可以仅由两名社员组成，就是基于这个原因。[240] 有时候，法人的消灭可能是因为它们实际上不可能实现其宗旨，或不可能以章程所载方式运作所致。学者们并非普遍认为（*communis opinio*），当社员的数量下降至只有一名的时候，社团就必然不能再存在。实际上远非如此，因为许多学者都认为，在这种情况下，只要有重建社员群体的可能（*spes refectionis*，重组的希望），社团就得以继续存在。这种见解主要在股份有限公司方面获得承认，因为那是极有可能发生的：只要所有股份的唯一持有人，决定让与其中一部分股份就可以了。因此，只有当全部社员都消失了，才会必然导致社团消灭。而社员则是因为死亡或离开社团（如果容许社员自愿离开社团的话，离开可以是自愿性的，亦即退出；离开也可以是强制性的，例如除名）而丧失社员身份。然而，对于某些社团而言，只要任何社员不再参与社团，便会导致社团不复存在（参见《商法典》第120条第1附段及第2附段）。[241]

另一个有关人的元素的消灭原因，是社员们的决议。如果说，他们的意愿是决定社团出现的首要原因（假设其他元素均齐备），并管理和领导着

---

[240] 在罗马法中，设立一个社团（*collegium*）的最低社员人数要求是3人，因为当时认为这样才能作出多数决。但在现代法中则不然。那些公司（股份有限公司除外）也常常只由两人组成而已。

[241] 其他的社团，基于法律或章程条款，则必须维持符合最低要求的社员人数。作为例子，参见《行政法典》第431条第1款。但这种要求，跟设立社团的最低社员人数要求，并无必然联系。参见《商法典》第162条第1款，以及文中前述内容。

社团、推动和规划着其活动的开展的话，那么，同样由他们的意愿来决定社团的最终命运，就再理所当然不过了。因此，社员的意愿可以让社团的生命完全终止（亦即当下及永远的终止）。仅当法律或章程有相反规定时，才不是这样。而法律或章程同样可以要求，为此目的必须得到全数社员同意（参见《商法典》第 120 条第 6 款），或者特定法定人数（*quorum*）同意。这种要求，可以是关于必须出席有关会议的股东或合伙人的人数方面，也可以是关于为使决议有效所必需的社员人数方面；若有关法人为合营组织，它还可以是关于资本额方面。[242] 最后，股东或合伙人的意思，可以一开始（*ab initio*）便即时在章程内定出社团的存续期限，从而预先决定社团的消灭（暂时性社团，*corporações ad tempus*）。

2) 与目的元素相关的原因

这些原因可以归纳为三种：已达成社团设立所为实现的宗旨、宗旨嗣后不能或嗣后不法（参见第 120 条第 2 款及第 3 款）。在上述任一种情况下，法人的消灭都是完全合理的，因为社员们设立法人的理由，和法律秩序向其赋予人格的理由，都已然不复存在。

在上述三类原因中，只需要对不能（*impossibilidade*）作一些说明。视乎宗旨变得不可能实现，是对于任何人或组织而言，还是仅仅对于有关法人所拥有的资源，或更笼统地说，对于法人所处的具体处境而言，不能可以分为客观不能和主观不能。因此，在特定情况下，社团财产的耗尽或严重减少，可以成为社团的消灭原因。然而，不能以此作为一般原则，因为社团财产很有可能可以重新恢复过来，再者，对社团（跟财团的情况相反）而言，财产的存在也肯定不是必要的构成元素。

同样基于此，在特定情况下，股东之间或合伙人之间无法解决的不和，也被承认是合营组织解散的原因。最后，在宗旨不法方面，应该指出的是，它会导致原先授予社团的认可被默示废止。[243]

3) 与意图元素相关的原因

由于缺乏其他更好的用语，而被我们称为"意图元素"的这项元素，正如我们之前所言，表现为创设一个新的独立自主法律实体、一个有别于

---

[242] 不过，与此相反，也有可能单凭一名社员的意思即足以解散社团（《商法典》第 120 条第 1 附段）。

[243] 例如，当一项法律禁止了某种运动或某种宗教，或禁止传播某种意识形态时，有关法人便会基于宗旨不法而导致消灭。

每一位社员的法律关系中心的意图。缺少这项元素，但其他元素却继续存在的情况，是有可能出现的。这只需要社员们决议继续保留社团，但希望它不再具有自身法律人格就可以了。这时候，社团便仅依靠社员们的自然人人格〔亦即仅作为事实社团（associação de facto）〕存续下去。如果在这种情况下社员已可设立社团，那么社员其后解散社团时，也理应回复到这种情况。虽然，正如我们所见，这种情况的确是不太可能发生的，但也并非完全不可能。

4）认可的废止

与社团的法律元素有关的那些消灭原因，都可以归结为认可的废止。其废止方式可以是多种多样的。认可在授予后可以被撤回，因为并无任何理由能支持说认可在授予后即不可变。授予认可，可以让有关法人的组织基础获得法律人格；同样，废止认可也可以解除这种属性。

废止的方式，不必与认可的方式互相对应。例如，特许性（而非只是规范性）认可，可以透过有权限公共实体的一项普遍性规定予以撤回。以规范性方式作出的废止，不能跟社团宗旨嗣后不法混为一谈，因为在前一种情况下，变得不法的并非该宗旨本身（亦即相关活动），而只是"任何法人，或特定类型的法人，或符合一定条件的法人谋求有关宗旨"这种情况。另一方面，规范性认可亦可以被个别和具体的行为（行政行为）废止，易言之，亦即也可以透过对应于特许性认可的方式废止。然而，要这样做，便必须在作出认可之时就已经存在一项法律规范可作为上述废止的依据，又或者在认可后、废止前这段时间内颁布这样的一项规范。如果废止并非由作出认可的公共实体或其上级作出的话，是不能接受的（至少不能承认这种做法可以作为一般原则）。最后，废止显然并不必然妨碍社团作为事实社团（亦即无人格社团）继续存在，只要在废止的同时没有撤回许可就可以了，因为我们知道，许可能够（虽然也仅此而已）使组织基础的存在与运作变得合法，从而允许社团透过其社员的自然人人格继续存在，并开展其活动。

B）财团

财团并非由人的元素构成，亦即人的元素并非财团组织体或内部结构的组成部分。创办人虽然创立了财团，并且可以（通常都可以）设立规则（章程）藉以管理财团，但他却是先于（antes de）财团的。一定范围的财团受益人或相对人，虽然是财团拟满足利益的拥有者，但他们却是后于财团或位处财团之外（depois ou para além de）的。无论是先于财团还是后于财团也好，两者都处于财团的外部（fora）。因此，创办人的消失并不会导致财团消灭。而且，虽然是创办人的意思决定了财团的出现，但其意思却不得结束财团，除非在创办行为中有这样的条款规定，并根据该处所定明的条件为之。显然，受益人是不能以其意思废除财团的。

但当受益人或相对人完全地、绝对地消失了的时候，就不是这样了。因为他们是关乎财团宗旨（目的元素）的，所以基于他们与目的元素之间的联系，上指事实可以导致财团消灭，因为这已经使创办人拟谋求的宗旨达成或者变得不能了。在相当于社团的人的元素的、财团的财产元素（捐助财产）耗尽或严重减少时，财团也不会因而消灭。在这方面，上文为社团而作的考量（经必要变通后，mutatis mutandis）亦可适用于此。至少，不能说相反的见解是正确无疑的。

另一方面，因为如上所述，在财团方面并不接受任何与意图元素相关的消灭原因，所以，财团只可能基于与目的元素有关的原因，以及基于认可被废止而消灭。而这些消灭原因实际上也会发生。但因为上文为社团所作的论述，经必要变通后可适用于此，故不必赘述，仅需再补充上刚才所述的财团受益人或相对人完全地、绝对地消失的情况即可。[244]

32. 法人消灭后其财产的归属·总览·Ⅰ）公法人·Ⅱ）私法人：a）私益私法人·b）公益私法人：1）永久性公益私法人·2）临时性公益私法人

法人在消灭前，可以是某些也许相当重要的财物或财产性权利的所有权人或拥有人。这些财产的归属如何，我们是有必要知道的。这个问题，类似于自然人死亡时会出现的、由继承法规范来解决的问题。因此，我们可以称之为法人继承问题；同样，相关的规范也可被称为法人继承法。构成这种继承法、规定已消灭法人财产命运的规范有哪些？这就是我们需要了解的问题。为此，我们将会把各种法人分开讨论。这种分类，是粗略地以法人拟实现的目的或宗旨的性质（亦即目的元素）来作为区分基准的。

---

[244] 但亦参见第447条。显然，除了上指消灭原因之外，在一定情况下也可以有其他消灭原因，不论是对于社团还是财团而言亦然，只要法律（参见《商法典》第120条及《行政法典》第431条）或规章有这样的规定即可。

总览

首先，需要作两点总的说明。

1）下文将透过对葡萄牙法律进行解释或填补，从而得出一些个别规则，而从这些个别规则中，我们又可以推论出一项大原则。那就是：法人消灭后其财产的命运，是与法人存续时财产的用途相符的，易言之，亦即与法人设立所为谋求的特定宗旨相符。因此可以说，从根本上而言，法人的继承是一种目的性继承（sucessão teleológica）。

2）接收已消灭法人的财产的（一个或多个）实体，可以是必须整体地接收包括资产与负债在内的有关财产，易言之，亦即所接受的财产并非资产净值。上述实体也可以是必须在必要限度内接受财产结算扣除负债后余下的资产。在第二种情况下，交到这些实体手上的只是净资产，亦即已消灭法人的剩余资产而已。但要指出的是，即便在第一种情况下，上述财产的接受人亦不须在遗产偿付能力限度以外（ultra vires）对有关负债负责；即使是对于自然人继承人而言，所适用的也是这种处理方式。但某些个别情况则另当别论，我们将于适当的时候对它们加以讨论。

下文在论述界定财产接受人的规则时，将不会讨论已消灭法人财产的移交时间，因为这是一个比较次要的问题。

Ⅰ）公法人

总括而言，这个问题是非常简单的。显然，一个不复存在的国家的财产，无论是公有财产（bens dominiais）还是其非公有财产（bens patrimoniais），均会转归并合了相关领土与人民的另一个既存或新的国家所有。如果已被废除的国家的领土与人民被多国瓜分，则有关财产会被相应地作出分配。至于地方自治团体方面，所适用的也是类似的处理方式。然而，如果因为已消灭的自治团体被国家总体行政管理所取代，导致该自治团体的财产被纳为国家财产，则另当别论。如果是机构性自治团体，则相关财产会被纳入国家的总体财产之中，或转归获移转原属已消灭机构性自治团体的职能的另一个机构性自治团体所有。但在半官方实体方面，就可能会出现一些争议。不过，我们认为不必在此研究它们。

Ⅱ）私法人

至于私法人方面，首先要遵循的是有关章程为法人消灭时相关财产的归属所作的决定。它可以是原章程，也可以是经修改的章程。社团肯定是可以透过社员的决议来作出这种修改的，[245] 而财团亦可以透过授予其认可的当局，或其后获赋予这种权限的当局的决定，来进行这种修改。[246] 另一方面，在社团方面，看来要承认社员大会（如果社团消灭时社员们犹在的话）可以为法人的财产于其消灭后的命运作出相应安排，只要在这种情况下所决定的归属不会跟法人设立所拟谋求的宗旨不相容就可以了。也就是说，大会可以有效地对此作出决议，但前提是必须在章程所载的社团宗旨所容许的能力范围内为之。赋予大会的这种权力，被比喻为法人遗嘱能力（语出 CROME）。伸而喻之（*simile*），行使这种积极遗嘱能力（*testamenti factio activa*）而作出的决议，也是一种社团遗嘱。[247]

最后还要知道的是，对于按前述分类法划分的各种私法人而言，在章程没有规定，也没有相反决议（能没有的都没有）的时候，究竟要如何解决我们的问题。我们将从私益私法人（合营组织）开始。它们相对而言不会太有争议，但公益私法人则不然。另外，我们将会只着眼于依法应采纳的一般性解决方案，而不讨论偶尔因为一些个别条文而导致的例外情况。

a）私益私法人

被解散合营组织财产的归属，通常是和它所固有的营利性宗旨相符的（《商法典》第 104 条、《民法典》第 1240 条）：合营组织财产会被清算，并由股东们或合伙人们按他们的出资份额比例进行分配，但在这之前首先需要满足仍然存在的债务（《商法典》第 138 条）。所以，股东们或合伙人们所分享的是合营组织的净资产。然而，在一定情况下，至少对于某些类型的合营组织而言，即使有债权人存在，合营组织财产似乎亦可以在无预先清算的情况下被分割。这时候，债务会在不影响债权人权利的情况下，由

---

[245] 虽然，决议的有效性可以取决于特定票数（一般决议所遵循的仅为多数决原则），例如 1901 年 4 月 11 日法律（有限公司）第 44 条、1932 年 2 月 27 日第 20944 号命令（互助团体）第 63 条的情况。决议的有效性甚至可以取决于全体社员的同意，如《商法典》第 151 条第 2 附段，即为一例。

[246] 参见《行政法典》第 446 条唯一附段及第 447 条。关于上述首个条文方面，需要指出的是，订立章程权似乎理所当然地包含了修改章程权。

[247] 然而，就算法人已消灭在即［仿佛是其临终之际（*in articulo mortis*）］也好，这种决议似乎仍应在法人消灭前作出（或在社员们解散法人的行为中作出，如果社员们想这样做的话）。因为在消灭后，社团的能动性就会减弱，并会受制于清算相关财产的行为。这时候，社团就变得只是为了清算而在法律上存在。参见《商法典》第 122 条、第 20944 号命令（互助团体）第 72 条及 1937 年 12 月 27 日第 28321 号命令（退休及福利基金）第 78 条。第 122 条提到"清算及分割"，但这也不足为奇，因为，撇开债权人权利不谈，被解散公司财产最后都是会被股东们分配的。

股东们或合伙人们分担（《商法典》第 105 条第 1 附段及第 3 附段、第 137 条、第 153 条及其第 1 附段等）。看来股东们或合伙人们甚至可以约定，如果遇到这种情况，则由他们当中的某一人（或多人）取得整体合营组织资产与负债，并付现补足其余股东或合伙人。[248]

b) 公益私法人

在公益私法人方面，需要把永久性公益私法人与临时性公益私法人分开讨论。

1) 永久性公益私法人

在永久性公益私法人方面，第 36 条（参见第 35 条）规定"如特别法无其他规定，则其财产收归国库"。也就是说，这些财产会被归国家所有。这条规定还适用于符合第 35 条第 2 附段那些要件的财团（否则是令人费解的）。这种结论，看来可从第 36 条唯一附段提到"创办人"的部分得出[249]（虽然该词亦包括社团的创始社员），或透过类推适用该条文主文部分的规定而得出，因为对于财团而言，它也有着相同的存在理由（法律理由，*ratio legis*）。的确，由于国家是最高级的公益法人，故其拟于每一个可能的方面实现公共利益，所以，这些公益法人的财产归国家所有这种做法，（大体而言，*grosso modo*）终究是跟这些法人设立所为达致的宗旨相符的。

需要强调的是，第 36 条的现行版本以清楚的行文（*apertis verbis*），允许以章程条款预先为法人在消灭时所拥有的财产，订定有别于该条文（唯一附段）所指的归属。但这种解决方案以往却曾受人抨击，理由是：它作为一项公共利益与公共秩序性质的规范，是不得因协定而被排除适用的（*publicam ius privatorum pactis mutaris non potest*，私人协定不得变更公法）。另一方面，该条文的主文部分提到，法律对某些法人可以另有不同规定。[250]例如，《行政法典》第 432 条、第 443 条及第 448 条，就属于这种规定。然而，上引条文实质上并非与第 36 条的规定背道而驰，因为它们只是为该处

---

[248] 关于上述处理方式，除文中所引规定外，亦参见《商法典》第 130 条及第 138 条唯一附段。

[249] 再者，第 36 条在 1930 年改革时新增的这个唯一附段，看来是受到了 G. MOREIRA 的一段论述（参见其 *Instituições*，I，第 326 页）所影响，而该处的内容正是明确地一并针对财团的。

[250] 甚至也包括比《民法典》早出台的法律规定吗？在这里不能适用"一般法不废止特别法"（*generalia specialibus non derogant*）原则，因为在此情况下，法律诏令（carta de lei）（译者按：指核准 1867 年《民法典》的 7 月 1 日法律诏令）第 5 条是排除了这项原则的。但可以认为，在此情况中第 36 条废止了前述规定（参见 G. MOREIRA，前揭著作，第 325 页）。可是，由于并未出现这样的事例，所以此一问题在今天已无任何实益。

所指法人的财产，定出一个它们认为跟被解散社团或财团的宗旨更紧密相符的归属罢了。[251] 需要注意的是，在这里不仅要遵守法律的明文规定，还要遵守从条文或法律体系中推断出来的可靠的非明文规定。[252]

2）临时性公益私法人

在临时性公益私法人方面，并无任何法律条文直接对有关问题作清晰规范。因为这些社团的宗旨是利己性、经济性但非营利性的（否则就是永久性公益私法人了，即使存续期有限亦然；参见第35条第2附段第2项），所以，似乎根据目的原则（上文已讨论过的每一种法人的继承均奉行此一原则，理所当然地，在此亦然），有关财产会移转予解散时存在的社员们，亦即由他们作为其继承人。简言之，也就是说适用为合营组织而设的规定。许多人，甚至所有我们可以参考的学者们，大致上都是这么认为的。

然而，多年以来，在本学院*的课程中一贯讲授道，原则上临时性公益私法人应适用第36条的规定，因此其财产须归国家所有。我们将继续采纳这种取态，但我们也了解到它也不一定是对的。以下是支持这种取态的一些理由。

1）我们知道，那些利己性、经济性但非营利性宗旨法人，被法律看待成公益法人（例如，它们会受到公共当局的特别监督、享有某些豁免或特权等）。虽然这些法人是直接谋求社员们的私人利益的，但这种私人利益被认为跟公共利益有相当密切的联系，所以，法律便对这些法人高度关注，而且法律规管它们的方式，在许多方面也能与利他性宗旨法人相比拟。因此，我们便将它们界定为公益私法人。有鉴于此，透过类推而将第36条的规定适用于它们，看来是理所当然的。

2）在我们现正讨论的问题上，并无决定性理由要将那些利己性、非经济性宗旨社团（甚至可以是纯粹消闲性宗旨），跟那些利己性、经济性但非营利性宗旨社团区别对待。如果后者拟达致的宗旨属于利己性质的情况，要适用我们所摒弃的解决方案的话，那么该解决方案也同样会适用于前者，但事实却并非如此（第36条，并对照第35条第2附段第2项）。

3）那些利己性、经济性但非营利性宗旨法人，倘属无限期，则适用第

---

[251] 或许从这些条文，尤其是第448条，可以得出：国家是有法律义务尽可能按社员们或创办人们的意愿，替这样被国家据有的那些财产定出归属的。

[252] 因此，难道不应该认为，天主教会法人的财产应该归获《政教协定》（第1条）赋予法律人格的教廷所有吗？

* 指葡萄牙科英布拉大学（Universidade de Coimbra）法学院。——译者注

36条的规范（参见第35条第2附段第2项）。但就算它们是有限期地（尽管时间可以是很长的）设立的，看来也没有决定性的理由要适用别的制度。

4）在公司（或商业形式合伙）方面，合营组织财产是以实物形式或在清算后（变价为金钱，并向倘有的债权人作出支付）由股东们或合伙人们所分配的。不光是合营组织以替股东们或合伙人们取得利润为目标，另一方面，合营组织财产的取得也有赖于解散时存在的股东们或合伙人们的贡献。就算他们并非原有股东或合伙人也好，他们也有为其股东或合伙人地位（posição social）付出代价（通常是向离开公司的股东们或合伙人们作出支付），易言之，就现在所涉及的方面而言，他们有为他们在合营组织存续时分享利润（分红）的权利，以及在合营组织消灭时对所谓的清算后部分（quota de liquidação）所拥有的权利付出代价。[253] 他们透过为其股东或合伙人地位付出代价，或因为获得前股东或前合伙人作出慷慨行为（或透过非遗嘱继承），从而自前股东或前合伙人处取得了这种地位。但正如那些利己性、非经济性宗旨社团那样，我们现在所讨论的那些社团的情况，就不是这样了。加入此等社团的人，须持续支付相应于其社员身份持续时间的会费（quotas）（一般是月计的）。有时候，他们在加入社团时，还须支付一笔

---

[253] 一个合营组织的股东或合伙人的地位，或任何社团的社员的地位，表现为一系列的权利。这些权利分为两大类：一类是德国人通常称为组织性权利（direitos de organicidade）的参与社团行政管理的权利（亦即决定及表决相关事务、被选任社团各种职位的权利），一类是使用和收取符合社团宗旨的某些社团性利益的权利。后者可以有多种不同性质，例如使用用于上述宗旨的财产或场所、某些情况下收取金钱津贴、接受医疗援助等。在合营组织方面，股东们或合伙人们所拥有的这类权利，主要就是文中所指的那两项权利。所有这些权利，都是独特（sui generis）的人身权利。它们不是物权，也不是债权，但上述第二类权利在有关利益获社团行为授予后则另当别论。上述各种权利通常被称为社团权利，而相应的法律关系也称被为社团法律关系（它也由社员们的义务所组成）。

除了对每一名社员而言均相同的一般权利之外（但这种权利可能因应每一名社员对社团财产的贡献不同，而有量的不同），还有所谓的个人或私人权利（Sonderrechte，特别权利）。根据我们认为较优的学说，它们体现为根据社团设立行为而给予某些或某一阶级的社员们的特权或特别好处。由于这些权利在某种意义上是透过合同赋予其拥有人的，所以不得在无他们同意的情况下予以撤回。然而，一般权利则受社团规则所约束，因此，它们原则上可以藉由社员大会决议予以变更（这种变更同样是属于一般性的）。而前述的另一种权利，我们可以称为优越权利。这种权利所受的保护，在程度上是相当于对第三人权利（非社团性质的权利）的保护的。

最后，关于社员们在社团决议中表决的权利方面，值得指出的是，1901年4月11日法律第39条第3附段的处理方式是应该适用于一切社团的。根据该条的规定，"任何股东均不得亲身或作为受任人，在直接与自身相关的事宜上表决"。但正如学界通说所认为的那样，这并不妨碍任何社员在公司职位选举上投自己一票。该规定只是禁止社员在为解决他与社团之间的利益冲突而作的决议上投票（是投票，而不是出席大会或参与讨论）而已。

由章程或后来的决议为新会员预先订定的、通常称为入会费（jóia）的款项。然而，加入社团的人却不会向离开社团的会员，或向社团本身，支付一笔按社团财产状况来计算的、相应于他对社团消灭时相关财产清算后部分所拥有的权利的款项。

要是不采纳我们所主张的解决方案，就可能会出现这种情况：在社团解散时存在的社员们，虽然不是每一个都是创始社员，也不是每一个在过去都一直是社团的一分子，但他们却可以在没有获得其他人透过适当的法律行为移转其于社团消灭时分享财产的权利的情况下，径自接收了因其他人的贡献而得来的财产。更甚者，该等社员可能只占了曾经拥有社员身份的人的一小部分，而且入社日子也很短，也只对数额或许甚巨的社团财产作出了一些微不足道的贡献而已。所以，我们所反对的见解，显然会造成一种不公正的得利情况。这应该是法律直接将第 36 条适用于那些利己性、非经济性宗旨法人的主要理由之一（如果那并非首要理由的话）。这也是其中一项最显著的理由（如果那不是当中最显著的话）支持我们将该条文类推适用于利己性、经济性但非营利性宗旨的法人。

但这只是原则性的解决方案而已，所以它还是会受到一些限制的。例如，若社团基于其宗旨而须向社员们或其代表作出金钱给付，那么首先要做的事，便是就这些他们有权得到的给付，向他们作出赔偿。只有在这之后，已消灭社团的财产才会遵循第 36 条所定的归属。另外，当法律另有规定时，这种解决方案显然即须让步。[254]

---

[254] 至于前述原则的那些限制方面，知道一下特别法为福利机构解散后其财产的归属作了哪些规定，也不是毫无意义的。1935 年 3 月 16 日第 1884 号法律第 19 条规定，福利机构消灭后，其资产（净资产）［但人民福利社（Casas do Povo）或渔民福利社（Casas de Pescadores）的资产则另当别论］会由相关受益人们按相关数理储备金（reserva matemática）的比例分配。粗略而言，这种数理储备金是一笔应该留作备用的款项。它被用以应付有关机构须向其受保人作出给付时的所需，而随着须作出给付的可能性增大，这笔款项亦会相应增加。

然而，《退休或福利基金规章》（第 28321 号命令）第 80 条，对基金资产超出数理储备金的情况作出了规定。该条规定为这些余款作出了另一种归属。有关归属由社团副部首长（Subsecretário das Corporações）指定，而且可以不是由受益人们分配。而《互助团体规章》（第 20944 号命令）第 75 条，规定了（这是毋庸置疑的）净资产由领取津贴者分配，若不存在这些人，则由区的那些互助团体进行分配。另一方面，关于以福利事业为宗旨的人民福利社方面，1933 年 9 月 23 日第 23051 号命令第 27 条唯一附段规定，超出国家所提供的款项以外的财产，归相关善堂区委员会所有。至于渔民福利社方面，第 1953 号法律的纲要 IX 规定，其财产会由同类的福利社分配；若无同类福利社，则由社团副部首长指定的那些福利机构分配。

第二部分
法律关系客体总论

第一章　概　论

33. 法律关系的客体（权利的客体）·概念·法律关系（或权利）的客体与内容

法律关系的内部结构有两项元素：积极元素，亦即一项权利（狭义的权利或形成权），以及消极元素，亦即一项义务（obrigação）[法律义务（dever jurídico）或屈从]。众所周知，在习惯上，使用"法律关系的客体"一词时，所关涉的只是前一项元素而已。当我们说某一项法律关系的客体，或者泛指法律关系的客体时，我们想指的就是某一项权利或泛指的权利的客体。另一方面，虽然前面讲到，该词（稍后我们将会对其下定义）在使用上只与权利有关，但其实它也不用于那些所谓的形成权。至少，这个概念不会用于相当多的形成权，尤其是那些创设新的法律关系的形成权。因行使形成权而出现的狭义（*stricto sensu*）权利，才会有客体。

概念

我们已经知道，法律关系客体在此是指权利客体，那么权利客体又是什么？相关的概念又是怎样的？

构成一项权利的内容的一项或多项权力（poder）（那是单纯观念上的、被设想出来的事物），是以一个获赋予该等权力的实体作为前提基础的（这种权力确保了某项利益能处于优越地位，并使义务主体的对立利益相应地处于从属地位；获赋予权力的实体，至少通常而言，便是权力所确保的利益的拥有人）。易言之，此等权力是以身为其拥有人的一个主体、一个（法律意义上的）人作为前提基础的。然而，这种权力也以它所指向（incidir sobre），亦即作为其行使对象的一个可被感知或不可被感知的东西（*quid*）作为前提基础。权利的客体，正是由该权利给予其拥有人的一项或多项权力所坐落（recair sobre）或针对（versar sobre）的那样东西。法律秩序向一个人赋予权利，是为了让他的一项利益（至少原则上是其自身利益）获得满足，而与此同时，相应义务主体的一项对立利益便要因而被牺牲。为此目的，法律秩序会将某一项好处（bem）交由权利人处置。它可以是人身性质或非人身性质的、实质性质或观念性质的。这一项好处隶属于权利人的权力之下，而权利人则对其行使支配或权威。

这种好处，就是我们现在所讨论的权利客体。泛指的权利（亦即不只是特指的某一项权利）的客体，是指一切能被权利所指向，或者说能被构成权利的那些权力所指向的东西。它是一切获法律秩序承认具备这种资格的东西。一言以蔽之，它是被法律秩序认为值得在某些情况下（这些情况是多种多样的）透过赋予权利和施加相应义务，从而予以保护的任何种类的好处。[1]

法律关系（或权利）的客体与内容

提到权利客体的概念，很容易会令人联想到权利内容（conteúdo）的概念。归根结底，权利的内容也就是指权利所包含的一项或多项权力。因此，它也就是权利人可以去实行或期望的事。例如，所有权这项权利的内容，就是所有权人获赋予的受法律秩序保护的极广泛的各种权力（使用、收益、加工、处分）；至于所有权的客体，则是该等权力所指向的物，亦即所有权人行使该等权力时作为行使对象的物（例如房地产、动物、书籍等）。

可见，权利客体和权利内容是两个不同的概念。另外，权利可以没有客体，但必定会有内容。如上所述，形成权便是如此。另一方面，若干项权利有相同客体，但其内容各异的情况，也是有可能出现的（例如在同一

---

1 需要指出的是，许多德国学者（例如 von TUHR、LEHMANN）把被我们界定为本义权利的，亦即不属于形成权的一切权利，称为支配权（direitos de dominação ou de supremacia）（*Herrschaftsrechte*）。之所以如此命名，是因为获赋予这种权利的人可以对某一项客体（它可以是人，包括自己，也可以是有体物或无体物）行使一种类似于主权般的管领或支配。这一类权利的拥有人，可以针对一项现实生活中的事物作出实际行动。但形成权就完全不是这样了，因为某种反射力量（esforço de reflexão）是毫不费劲地显现出来的。然而，如果我们比文中所讲的更广义地去理解"好处"（bens）这个概念，则形成权亦符合文中所言。

个房地产上，可以有两项内容不同的物权）。甚至，两项不同权利（债权）有着相同客体、相同内容的情况，也并非不可理解。[2]

34. 法律关系客体的类型·直接客体与间接客体

习惯上，我们会根据有关权力是直接指向客体，而无任何中介元素介入其中，还是间接指向客体，而把权利客体分成直接客体（objecto imediato）与间接客体（objecto mediato）。然而，应该指出的是，这种区分不是必然会出现的。物权便是仅有直接客体的权利的典型例子，因为其拥有人的权力是直接对物行使的，当中并无任何人或别的东西（quid）作为中间媒介。至于同时有直接客体和间接客体的权利的例子，至少有给付特定物之债的情况［此处"债"（obrigação）所指的是技术意义上的 obrigação，亦即债务关系或称债权关系］。债权人权利的直接客体，是债务人的给付，亦即应交予对方之物的交付。或者，我们也可以说其直接客体是债务人的人身，但这里所谓的"人身"仅仅是就与给付相关的有限方面而言。至于债权人权利的间接客体，则为债务人须给付的物本身。也就是说，其直接客体是一项由义务人作出的事实或者说行动，而其间接客体则是有关事实或行动须给予债权人的物。显而易见，应交付之物只能是债权人权利的间接客体，而绝不能是直接客体，因为债权人只是透过债务人的人身而对之拥有权利而已。正是债务人的人身，在权利与物之间建立起了联系。但是，经常会出现一种情况：基于第715条的规定（由真正所有权人所作之买卖或赠与）或其他原因（例如，寄托人、使用借贷贷与人或出租人，寄托、出借或出租其物的情况），债权人除了债权之外，还对有关应交付之物（res debita）拥有一项物权。但可以容易看出，这只是表面上跟前述理论相悖而已。

---

[2] 例如，A 分别向 B 和 C 承诺出售同一项不动产（第1548条），此时，两项债务完全是可以并存不悖的。它们只是不能同时都被履行而已。但预约出卖人可以既不售予 A，又不售予 B，而就相应的损失和损害向他们赔偿；他也可以卖给其中一人，而向另一人赔偿。但是，物权（我们暂且不讨论共有）就不能既有相同客体，又有确切相同的内容了。它们当中只有其中一项得以优先，因为在物权方面，法律基本上所遵循的是时序优先原则（prior in tempore, potior in iure，时间上优先，则权利优先：参见第1578条）。然而，若为不动产上的物权，则攸关者并非移转的先后，而是倘有的登记的先后（第949条第1款、第2款及第4款，第951条以及第1580条）。

35. 关于各种可行的法律关系客体的说明：1）人·2）有体物·3）某些无体物：人格利益与无形财产·疑难：1）指向己身的权利·2）指向权利的权利·总结与后续内容的说明

权利的直接或间接客体，性质不一而足。形形色色的事物，均可担当此一角色。

1）人

毫无疑问，权利可以指向自然人，但在当今一众法律体系中，这只可以发生在法律明文规定的情况之下，而且亦受法律高度限制（要是不认为债权的直接客体是债务人的人身的话）。亲权，无疑就是以自然人为客体的权利的一个适例。在一定限制的情况下，父亲甚至可以对子女施以体罚，并对子女的人身作出某种限度的处分，但这种权力必须是为子女本身的利益而行使（第137条及第142条；亦参见第224条第7款、第243条第1款及第3款）。以上就亲权所言者，亦适用于监护权（第100条、第185条、第224条第7款、第243条第1款至第3款）。另外，也不能认为"权利指向具自然人格与法律人格的实体"这种概念，有任何矛盾之处。因为，显而易见，视乎人是作为权利主体还是权利客体，该人所处的地位会有所不同。这种见解有一个决定性的理由堪为支持，我们将会在稍后论述其他主题时再提出。

2）有体物

权利无疑能够以有体物或者说物理意义上的物为客体。物权，尤其是作为最卓然极致的物权（o direito real por excelência）（plena in re potestas，完全的对物权力）的所有权，即为典型例子。然而，这不是说一切有体物都可以作为权利客体，也不是说它们可以作为任何权利的客体，即使仅就物权而言亦非如此（参见第36条）。

3）某些无体物：人格利益（bens da personalidade）与无形财产（bens imateriais）

虽然这个问题并非全无争议，但我们认为，某些无体物（在这里，"物"表示人以外的一切东西）可以作为权利客体这种说法，还是相当可靠的。我们欲探讨者有二：其一是所谓的人格利益；其二是所谓的无形财产。

人格利益，与其（原初）拥有人的人格领域（esfera da personalidade）紧密联系，但并无任何独立财产价值。其例子如人的民事姓名、商人的商业名称等。至于无形财产，虽然同样与其拥有人的人格有密切关系，但却

150

并非（或者说不能）没有独立的财产价值。其例子如特定的人类才智创作或精神产物，诸如文学作品、科学作品、艺术作品和工业发明等。它们都是所谓的无形财产权亦即著作权（因为这种权利最初是属于有关作品的作者的）或所谓的文学、艺术或工业产权的客体。

关于无形财产方面，应该指出的是，上述权利的客体是观念形式上、精神层面上的相关作品，而非其藉以显现于感官世界的、构成其形体或者说外在化身的物。指向这些实物的权利，主要都是所有权。而指向作为观念实体、作为思想或观感的独特组合的作品的权利，虽然在一些主要方面和有体物的物权相当近似，但仍有其特殊之处。因为，观念作品是独立于其实质形体的东西（quid）。这种无形财产获法律秩序给予其认为适当的保护，而此等保护则是透过赋予前述权利为之。这些权利，表现为作者获赋予的、在一定限制下对作品进行处分的专属权力。也就是说，仅有关作者方能允许作品公开（亦即发表），或以任何形式复制、演奏或制作（如音乐创作、发明）、演出（如戏剧创作）、翻译（如文学或科学作品）、改编或修正。这种专属处分权力，主要表现为作者对作品进行经济性利用的专有特权。然而，它还包含其他特权（不发表作品的权能；在作品没有指明作者姓名或使用了错误的姓名时，阻止作品公开发表的权能；作品公开发表后，阻止它在遭改动的情况下被复制的权能）。这些特权，都是源自一个理念：那就是保护反映在作者作品上的作者人格。著作权有两个层面。在第一个层面上，它具有财产性质。哪怕其经济价值可以是零，甚至因作品缺乏内在价值或因公众莫名厌恶而为负值也好，它还是带有财产性质的。在第二个层面上，它则具有人身性质。最后，我们应该注意的是，著作权是可转让和可继承的。所有或几乎所有上述第二类的特权，均具有这些特性（至少是具有可继承性）。[3]

疑难

迄今为止，我们已经讨论过某几类权利客体。把它们界定为权利客体是不会引起争议的，或无论如何是不会有太大问题的。然而，在某些东西可否成为权利客体的问题上，则存在着不少疑问，而且众说纷纭。我们以下仅将焦点集中在其中两个问题上（但所占篇幅已是不小），而其余问题则可容后再谈。

3　文学、科学及艺术产权制度，见于 1927 年 6 月 3 日第 13725 号命令。工业产权制度，则见于有关法典（1940 年 8 月 24 日第 30679 号命令）。

1) 指向己身的权利

权利人的权利，能否以其人身作为客体？我们可否接受这种所谓的"指向己身的权利"*（direitos sobre a própria pessoa）？这是一个极富争议性的问题。有人认为，这种权利是不可能存在的。他们认为这是不言自明的道理（a priori），因为这样的一个法律概念着实荒谬怪异。但是，我们应该毫不犹豫地回绝这种观点。因为，如果说权利是法律秩序赋予相关拥有人的意思的观念力量（poder ideal de vontade）[4] 的话，那么，权利可以指向其拥有人己身，就是完全可以理解的事了，因为就连人类意思的物理力量（poder material da vontade humana），也不只延及外在世界，而是尚延及作为意思主体的人类自身。

另一个问题是：葡萄牙的法律制度，或者泛言之，当今一众立法例，实际上有否承认任何以权利人己身作为客体的权利？有的人认为答案是肯定的，例如身体不受侵犯的权利、[5] 人身自由权、名誉权[6] 便是如此，而且，

---

* 或译作"对己身的权利"。——译者注

[4] 由于它是一种（由法律秩序所设想、所意欲的）观念上的权力，而非其拥有人的现实权力、实际权势或支配（法律秩序可以促进及保护现实权力、实际权势或支配，但却不会直接地创造它），因此，就可以理解为什么权利可以被赋予无行为能力人，或者缺乏身心机体（organismo físio-psíquico）、缺乏自然人格的实体（法人）了。ENNECCERUS 写道（参见其前揭著作第 200 页）："我们看不出为何法律秩序不能向一名缺乏意思能力的人赋予（观念上的）法律权力（poder jurídico），好让它能够由其他人代前者行使。这种情况就好比法律权力虽然属于婴儿摇篮里的年幼国王，但却由摄政王来行使一样。"在注释中，这位学者还指出，假如法律权力的赋予不仅在于权利的内容，还在于其最终目标或目的的话，就不会是这样了。然而，情况并非如此，因为我们知道，赋予权利的目的是保护权利主体的利益，而无行为能力人或法人也是同样能够有，而且的确有值得受法律保护的利益的。

[5] 这种权利，表现为期望及请求他人尊重我们的身体完整性（哪怕他们是出于好意）的权力。如是者，不得在违反一个人意愿的情况下要他接受手术，哪怕有关手术是紧急、必要和极为安全的。一般而言，对自己身体进行的处分，所涉及的是一项（合法的、受法律规范的）事实权力（poder de facto），而非一项法律权力。如果透过合同承诺作出这类处分行为，由于有关合同是不道德的，所以不会产生法律约束。另外值得一提的是，人们对从自己身体分离出去的部分（诸如剪下的头发、拔下的牙齿、截下的肢体），拥有一项法律上的处分权力，易言之，亦即一项真正的所有权。

[6] 关于名誉的概念方面，我们转录 FERRARA 的 Trattato di diritto civile 中第 406 页的如下段落："名誉除了在刑事上受到保护（诽谤罪和侮辱罪、侵犯贞洁和那些侵犯善良风俗罪）之外，在民事上也受到保护。这种民事保护，便是透过赋予名誉权为之。藉此，这种如同光环般萦绕在一个人周围的观念上的利益，便会获得更广泛的一重保护。因为，名誉的概念是五花八门的：个人名誉，表现为人皆等有的尊严，也构成人类在伦理精神层面上的存在的一部分；公民名誉，是作为市民而应得公众的尊重；政治名誉，则是人在政治活动方面的名誉；此外，尚有职业、科学、文学、艺术上的名誉、商业声誉，以及种类不胜枚举的其他值得尊重的人类品性。民事上的名誉保护，涵盖了上述各种关乎人的（转下页注）

也许还不止这些而已。还有人对一项单一的一般性权利予以承认：除某些法定限制外，它涵盖了个体性在方方面面的保全、完好和实现。严格而言，上述见解是否正确？鉴于此问题的理论意义大于实际意义，兹从略。

2）指向权利的权利

一项权利可否作为另一项权利的客体？在这个被称为"指向权利的权利"*（direitos sobre direitos）的问题上，学者们各执其理，众说纷纭。我们的看法又应该是怎样的？

毫无疑问，在葡萄牙法律中，有一些情况骤眼看来似乎是涉及这种指向权利的权利。例如，第857条（债权之出质）[7]、第890条第2款（用益权之抵押）、第890条第3款（田底权或田面权之抵押）和第2337条（债权之用益）的情况，便是如此。而且，无论是在立法上还是学说上，现在都有在使用这样的用语。不过，我们有必要检视一下，实情是不是真的像表面上所见的那样。法律和学理所惯用的这种表述，是否只是一种另有所指的简略提法？易言之，是否只是想用一种形象的表述方式，来表达一个不一样的、更为复杂的现象？还是说，应该立足于字面，而认为上述关系中的权利真的出现了严格意义上的客体化，亦即俨如物质化至能被另一项权利所指向？

有许多人抱持上述第一种看法。然而，当中尚分成几派观点，而最主要的有两派。其中一派的人认为，经分析后可以发现，上述情况实际上是权利的移转，只不过乍看之下（prima facie）有关权利像是另一项权利的客体罢了。这种移转是一种根据有关的具体意愿及目的而进行的、附条件或有限制的移转。按照这种理解，债权的出质或用益，其实只不过是债权的让与而已，但它仅于债权人不清偿质权所担保的债务时方会进行，而且，在用益的情况下，有关让与总是仅限于利息（收益债权），而在出质的情况

（接上页注6）尊重方面的情感表现。而且，由于世风日下，在人格的其他道德层面，也随之而开始出现一些新的保护诉求。受害人不仅能向加害人请求赔偿，更能要求（如果可能的话）停止或消除侮辱行为，或除去用作侮辱的工具。在葡萄牙法律中的名誉保护，所维护的不仅是人基于其身份而应得的尊重而已，因为一般而言，法律还保障私人生活甚至狼藉不誉的秘密免受侵犯。"

所谓的肖像权，是其中一种最新近的名誉权的表现。关于这方面，参见第13725号命令，第88条第2附段（图画中之肖像）和第92条第1附段（照片中之肖像）。

* 或译作"对权利的权利"。——译者注

7 被出质的债权本身，亦可以是有抵押权担保的债权（第949条第2款及其第2附段b项）。毫无疑问，它也可以是有质权担保的债权。

下，则是仅限于足以让有出质担保的债权人获得满足的本金。经必要变通后（mutatis mutandis），在用益权或在永佃房地产的田底权或田面权上设定的抵押，亦复如是。

另一派观点则认为，上述情况是一项新权利的创设。这项新创设的权利，和先前的权利有着相同的客体。但是，这种创设也同样是附条件或有限制的，而且先前的权利会因而受到相应分量的削减或压缩。这是学理一致承认的创设性移转或继受（tansmissão ou sucessão constitutiva）的情况（亦即在他人之物上创设物权）。一项范围较广的权利的拥有人，在这项权利的基础上，为他人设立一项有着相同客体，但内容则较少的全新权利。虽然父权利（direito progenitor ou constituinte）会继续存在，但基于子权利（direito filial ou constituído）的同时存在，父权利的行使会受到某些制约，就像逊色了一样。学者们一致认为，上述这种解释能适当地表达所有权与他物权（iura in re aliena）之间的关系。而这一派观点更认为，这种解释亦能用于前述情况。也就是说，这种所谓的创设性继受不仅能发生在所有权的基础之上，还能发生在一些限制物权以至于债权的基础之上。所以，我们现在所讨论的那种情况，并非"指向权利的权利"（direitos sobre direitos），而是"衍生自权利的权利"（direitos de direitos）。易言之，有关权利是派生或称出自其他权利、以其他权利的牺牲作为代价而形成的。而且，它们一经形成，即与它们所源出的权利并存，并在一定程度上对抗、束缚其行使。

然而，在我们看来，承认"指向权利的权利"这种概念，是完全不会导致任何理论问题的。我们认为，这种概念并非不合理。当法律为某人的利益（或为某人所代理的他人的利益）而赋予该人一定程度的权力（及向另一人施加对立的相应义务），以便他能影响或左右一项既存权利，亦即处分、支配该项既存权利时，这种"指向权利的权利"的情况便实实在在地出现了，并且也完全符合了实证法所言。这样的话，把赋予该人的上述权力视为一种以被支配权利（direito dominado）为客体的支配性权利（direito dominante），便是再自然不过的事了，而且这种看法也跟法律的规定相符。然而，这些权力必须关涉被支配权利本身，而非其客体，虽然这两种权力是可以共存的。这甚至解释了为何人们一般认为，当被支配权利因为混同（confusão）而归于消灭时，支配性权利仍然会继续存在（根据ENNECCERUS所言）。

我们现在所讨论的情况，是否符合上述条件？认为答案为肯定者，可以提出以下理据：债权的用益权人可以请求及收取利息（第 2197 条及第 2202 条），甚至在某些条件下，可以请求及收取本金（第 2337 条）；在债权的出质方面，有质权担保的债权人除了有可能请求及收取利息之外（至少，当有这样的协议时是可以这样做的）（第 867 条），当然亦可透过司法途径甚至非司法途径变卖被出质的债权（《民法典》第 863 条及第 864 条、《商法典》第 401 条、《民事诉讼法典》第 1007 条及后续条文等），而在第 890 条第 2 款及第 3 款的情况下，有抵押权担保的债权人亦有类似权能。可是，只要参考前述的依据细想一下，就会发现上述理由的有力程度是值得怀疑的。

关于这个问题，尚要指出的是，承认"指向权利的权利"这种概念，并不意味着一切权利均可充当其他权利的客体。例如，那些人身性质（非财产性质）的权利，以及所有权、[8] 地役权及担保物权[9]等，便不得成为其他权利的客体。

总结与后续内容的说明

在上文中，我们界定了有哪些东西可以作为权利客体。在这个问题上，我们可以总结道：权利客体可以是人（至少可以是自然人；他人的人身及权利人自己的人身均可），也可以是极广义上的物，亦即一切无法律人格的东西。

在这两类权利客体中，第二类是远为重要的，而民法学说也为它构筑了一般理论。所以，法律关系的客体理论，其实基本上就是物的理论。那也是本课程这个部分的后续内容。然而，我们将仅限于探讨其要旨，并将十分扼要地（*per summa capita*）为之。这一方面是因为民法学者们对这个主题的构筑仍然相当不完善；另一方面则是因为，我们将会在物权法课程中再对这个主题加以研究。

---

[8] 他物权（*iura in re aliena*）（无论是用益性还是担保性的）并非以所有权作为客体，而是以所有权所指向的物作为客体，但内容则较为有限。此乃主流见解。

[9] 但不排除有这些物权作为担保的债权（这些物权会从属于该债权）可以成为其他权利的客体。基于从随主原则（*princípio acessorium sequitur principale*），这些物权也会被相关的法律关系所涵及。

第二章 物与财产

36. 物的法律概念·不可或缺的性质·可有可无的性质·它与其他意义上的物的比较·它与权利客体的比较

人们在通常意义或称哲学意义上、物理学意义上以及法律意义上，都会使用到"物"。所以，我们需要对物的上述每一种含义进行界定，尤其需要特别说明最后一种，因为那是我们所尤其关注的。在通常意义或哲学意义上，物是一切可被我们的思维所想及的真实或虚构的东西，简言之，亦即一切可以被想象的东西。物理学意义上的物，是一切具有形体性质、构成外在世界一部分的东西。它们在空间上占有位置，或至少是我们的感官可以感知得到的。

物的法律概念·不可或缺的性质

接下来，我们需要厘清"物"的法律意义。第369条这样定义它："法律上之物，指一切无人格者。"但是，这个定义显然是过于空泛的。它仅仅是一切被定义项（definido）皆须符合的逻辑要件（omni definito），而非被定义项的唯一逻辑要件（soli definito）。法律意义上的物，并不包括那些不能成为独立的法律关系客体（或称权利客体）的东西。

首先，那些非自主存在，亦即不独立存在的东西，便是如此。如果某个东西只是作为一个比它更大的整体的其中一部分，那么，在这个东西上是不能独立地建立自身的法律关系的，也就是说，法律关系只能在整体上建立。[1]

---

[1] 关于法律意义上的物的这项要件，FERRARA 在指出其必要性后，于 *Trattato*，I，第733页写道："在那些有形体的东西方面，这种独立性乃是源于它们在空间上的界限，乃是基于有关的物表现为单一、独立的个体。因此，一个整体的构成部分并不是物，因为该构成部分已经被吸收、融合为一个复合物的元素或材料，所以只不过是构成有关东西的物理化学结构的那些难以察觉的分子而已……""至于无形体的利益方面，这种界限是纯观念上的，但也是实在的，因为有一项独立的利益在法律上受其拥有人处分。"

第二章
物与财产

其次，一切基于本性而不能被人专属据有的东西，易言之，一切在法律上不得被某人独占，亦即在法律上不得隶属于某人的排他管领之下的东西，也不符合"能成为法律关系客体"这项要件。根据事物本性（ex rerum natura），每一个人都能够利用（虽然并非整体地利用）的东西，以及基于类似原因而没有人能利用的东西，都属于上述情况。前者尤其包括太阳的光与热，以及大气。犹如罗马人所言，它们是全人类共有之物（res communes omnium）。至于恒星，包括太阳本身，以及行星等，则属后者。[2]

最后，学者们通常也把用处或可用性，或者说满足人类需要或利益的能力，视为法律意义上的物的要件。所以，物的法律概念是以财物（bens）的概念作为前提的，因为名曰财物，因其有利，使人满足，有利云者，谓带来好处（bona ex eo dicuntur, quod beant, hoc est beatos faciunt: beare est prodesse）。甚至有人把它归结为法律意义上的物的唯一特性，从而把法律意义上的物跟一切有用的东西画上等号：可供人使用或享益的东西（quod homini usui aut commodo esse potest）（据 VINIO 所言）。[3] 法律关系赋予权力（权利）、施加相对义务（或屈从）的目的，是希望透过优待一项利益、牺牲另一项利益，从而协调利益之间的冲突。因此，就可以明白为何这项要

---

[2] 关于这项要件方面，值得一提的是 FERRARA 在其前揭著作第 733 页至第 735 页中所作的一些考量："物必须处于人类有可能施以影响的范围之内。物在法律上必须可被人们据有、可成为人们财产的一部分。太阳和一众星辰、海洋和地心、声音和光，都不是法律上的物，因为它们或基于空间上的距离，或基于深度，或基于广度，或基于它们在自然界中的扩散不可被把握住，而不受人类主宰。这就是那些全人类共有之物（res ornnium communes）之所以不属于法律上的物的原因。"另外，FERRARA 在指出了罗马原始文献把空气、流水、海（aer aqua profluens et mare）都归类为全人类共有之物后，还提道："但它们只是纯粹作为例子而已，因为还有云、雨、雪、光、电以及一切自然界中的扩散性能量，都是不能被人整体地专属据有的。然而，全人类共有之物可以被部分地据有，从而成为法律上的物。被压缩进瓶子里的液态空气、被导入金属丝线或蓄电池中的电流、被一间浴场所占用的限定海域，都表现为被用作财产性享益的物。同样的情况，还有流水……法律上隶属能力（capacidade de sujeição jurídica）的讨论，不仅适用于有体物，还适用于无体物。这种隶属并非在于物理上的据有，而是在于排他地享用和处分一件财产的可能性。一项智力作品的作者或一项发明的发明者，便享有专属的权利以确保其智力创造的一切收益，以及自由处分它们。"

还要指出的是，文中只提到了基于本性而不可据有的情况，但其实，即使一件物基于本性是可被据有的，法律也可以不允许人们据有它。例如，法律可以不承认知识产权。在这种情况下，有关的东西是笼统而言的法律意义上的物，但对于某一个法律体系而言，它就不是了。

[3] 无论如何，由于一切的物都必然是财物（bem），因此我们可以拿物的概念与财物的概念来相提并论，但前提是必须以文中所指的特定法律意义来理解两者。法律语言，包括立法上或学理上的语言，均习惯如此使用上述用语。

件是必要的了。一滴水珠、一粒沙砾等,由于不符合此一要件,所以并不是法律意义上的物。[4]

因此,概括来说,法律意义上的物,是指一切不属于法律意义上的人,而且可以作为法律关系(权利)客体的东西。然而,若按上述种种考量详言之,我们可以发现,法律意义上的物,其要件如下:

1)它不能是人(亦即必须无法律人格);
2)它必须是独立存在的东西;
3)它必须是能满足人类需要或利益的东西;
4)它必须是可被据有的东西,易言之,它必须是在法律上可受制于人的排他性管领、行动或处分的东西。

可有可无的性质

为了能更好地理解法律意义上的物这个概念,下文将会指出它无须具备的一些特性。也就是说,即使某一个东西没有这些特性也好,也不妨碍它被界定为法律意义上的物。

1)它不要求有一项现存的法律权力,而只要有一项可能出现的法律权力就够了。易言之,一件东西只要具备成为权利客体的潜在能力,便已足够。所以,法律意义上的物不仅包括已有拥有人的东西(属于某人财产之物,coisa in patrimonio),还包括未有拥有人但可以有拥有人的东西(不属某人财产之物,coisa ex patrimonio)。那些不属任何人所有的动产,便是如此。之所以出现这种情况,可能是因为它们从来都没有物主(无主物,res nullius)。从未被抓获的鱼或其他野生动物,即为其例。上述情况,也有可能是因为它们被其所有权人抛弃所致(被抛弃物,res derelictae)(不应把被抛弃物和遗失物混为一谈)。以上的那些东西仍然是法律意义上的物,因为它们仍然具备作为权利客体的潜在合适性,因此,可透过先占而取得之(例如透过狩猎、捕鱼,参见第383条及后续条文)。[5]

---

[4] 学者们常言道,有些物仅当达到一定的量时,才会是有用或者说可用的(例如沙、水),有些物则仅当凑成一对,或凑成数目上更多的其他组合或配搭时,方属有用或可用(例如一双鞋、一副手套、一副国际象棋)。但要注意的是,上述第二类的东西即便分散了,也仍然是法律意义上的物,所以仍然是权利的客体。一只分散落单的手套仍然属于其物主,也仍然可以移转予他的继承人。只不过,这些物的交换价值甚至使用价值会大幅下降罢了,而且,它们也通常不会被人拿来交易。

[5] 遗失物同样可被先占,但只在个别情况下才可以这样做,而且也有更多的限制(第413条及后续条文)。

2）另外，虽然大多数的物都具备可交换性（这种特性以交换价值作为前提），但其实此一特性是可有可无的。物可以只对特定的人有用处，而纯粹具有个人价值。例如，个人身份证明文件、通行证、用以进入某地方的个人证件，以及某场表演的邀请函等具备使用价值（有关使用价值也许还十分重大）的东西，便是如此。

3）它甚至不必是可处分的。在这里，可处分是指可融通。有一些物因为不得从属于私法上的普通法律关系，因而属于非融通（第370条、第372条、第380条及第381条）。例如，那些公有财产（公有物与地域性公有物）便是如此，因为它们是直接作公共用途的。而有些物虽然是融通的，亦即并非完全不可处分，但却必须在特别情况下方可成为法律行为的客体。嫁资不动产（imobiliários dotais）即为其例（第1149条）。

4）最后，它的存在也可以不是物质性或者说可凭感官感知的。它的存在可以仅仅是观念上或者说超感官的，也就是说，只能透过智力来感知（亦即无体物）。撇开可作为其他权利的客体的权利不谈，我们只需要回想一下那些所谓的智力成果，亦即文学、艺术、科学作品及发明，即可明白（参见前一编码）。然而，德国《民法典》第90条则规定，只有那些有形体的东西才是物。在历史上，物的法律概念一开始只和物质性的东西有关，但随着能满足人类需要或利益的东西越来越多，物的法律概念也被逐步扩展，以便能涵盖各式各样的非物质实体。所以，有人这样说："物或财物的法律概念，是随着生活需要的发展而发展的，而且在这个发展过程中，它也渐趋观念化了"（语出 SCUTO）。

它与其他意义上的物的比较

法律意义上的物，跟哲学意义上的物、物理学意义或称自然科学意义上的物三者的差别在哪里，是不难察觉的。法律意义上的物和哲学意义上的物的关系，是种（espécie）与属（género）的关系。一切法律意义上的物，均属哲学意义上的物，但反之则不然。那些只能被想及，而非实在和现存[6]的有形体或观念上的东西，只是哲学意义上的物而已。例如，那些纯粹被幻想出来的东西（譬如一只有翅膀的马）、那些神话中的东西（譬如勒拿九头蛇、海神尼普顿的三叉戟），甚至那些历史上的东西（譬如罗得岛太

---

6 但不排除将来物成为法律关系客体的可能。例如，可以出售某房地产将会于下次收割时产出的玉米（*emptio rei speratae*，期待物之买卖：第1558条、《商法典》第467条第1款）。

阳神铜像、亚历山大大帝的爱驱布西发拉斯），皆是如此。它们都不是法律意义上的物，因为它们不可被拥有，甚至也没有用处，所以不能成为权利的客体。

法律意义上的物与物理学或称自然科学意义上的物之间的关系，则比较复杂。一方面，并非一切物理学意义上的物都同样是法律意义上的物。例如，那些尽管有用处甚至在生活上不可或缺，但却绝对不可被据有（例如太阳、一众行星），或不可被整体地（in totum）据有的东西（例如光、电、大气），便是如此。另一方面，由于法律意义上的物包括了无形体或称超感官的实体，因此，会有一些东西属于法律意义上的物，但不属于物理学意义上的物。

它与权利客体的比较

只要比较一下物的法律概念和法律关系（权利）客体的概念，就会发现后者的范围要比前者来得广。一切法律意义上的物，都是法律关系客体，或者说，都可以成为法律关系客体。可是，并非只有物才能成为法律关系客体。例如，他人的人身或权利人的己身，虽然不是法律意义上的物，但同样可以成为法律关系客体。要是认为债权的客体是给付，而非债务人的人身，甚至认为债权的客体是当出现不履行时，债权人提起的诉讼从根本上所针对的债务人财产的话，能否将债务给付也视为法律意义上的物？这就可能会引起一些疑问。

37. 财产的概念·于其无关重要的性质·主张有价性并非财产的要件的见解

财产（património）的概念，跟物的概念十分相近。由于"财产"这个词可以有各种不同的意思，因此我们需要逐一界定它们。

财产的概念

广义言之，财产，根据迄今仍为通说的传统学说，是指具有经济价值，亦即能以金钱来衡量的那些法律关系（权利与义务）的整体（这种财产称为总体财产）。它以某个人（自然人或法人）作为其积极或消极主体。换一种比较笼统但也比较不清晰的表述来讲，我们可以说，财产是一个人的活动的法律经济结果（语出 G. MOREIRA）。

这个意义上的财产，包含积极部分（权利）和消极部分（义务或债务）。然而，它仅仅包括那些已实际设立的法律关系而已，即使只是附条件

第二章
物与财产

地设立亦然。而由于缺乏独立性,或由于仅作为将来的法律经济结果的起源、预测或期待,因而未至于成为既存法律关系的那些契机或协同因素(momentos ou coeficientes),则不包括在内,哪怕它们可能对人们的经济状况非常重要亦然。例如,一项房地产的具体位置,一家商铺的客人,一个人的劳动力、专长、才智、经验及个人信用,一笔巨额财富的推定继承人的地位等,便不是这个意义上的财产。[7] 另外,只有那些能以金钱衡量的法律关系方构成财产。一般而言,权利的这种有价性,是基于它具有交换价值,亦即可透过对等回报进行互易或转让。然而,即使权利不可被拿来交易也好,但只要它"对于其拥有人而言有使用价值,让他有可能享用其孳息,或透过收取回报而放弃行使有关权利"的话,甚至如果"权利虽然没有为其主体带来财产上的好处,但其拥有人为了取得它而作出了一些经济上的牺牲、开支,因此,即使权利只满足了其主体的非经济性利益也好,但它仍能以金钱衡量(例如戏剧门券、演唱会门券)"[8] 的话,则有关权利也同样具有这种有价性。当我们说"死者的财产转到他的继承人那里去"的时候,我们所指的财产,就是现在所讲的那种意义上的财产,因为继承人不仅继承了被继承人的权利(遗产的资产),还继承了他的义务或债务(遗产的负债)。

再狭义一点的财产,则是指某人能以金钱计算的权利的总和,也就是其总资产,而有关的债务则全然忽略不计(这种财产称为毛财产)。《民事

---

[7] 参见 FERRARA,前揭著作,第 867 页至第 868 页:"……许多经济生活事实或关系……尽管会为主体带来好处,但它们本身却并不构成财产的一部分。这些事实或关系之所以带来好处,是因为它们提高了个别财产权利的价值,或让主体有机会取得新的财产。例如,不动产的地理位置(譬如邻近铁路、河道、城镇等)对于不动产而言,可以是一项宝贵的协同因素,但它只是一种土地品性(qualitas fundi)而已,而非独立的财产组成部分。一笔商业交易或一家商铺的客人(clientela)也是如此。人的劳动力是财物取得的起源(fonte),自不待言,但它仅仅是一种主体品性(qualidade do sujeito)而已,而不是他财产的一部分……由于劳动是人格的其中一个方面,所以,尽管它有着经济上的巨大重要性,但也不能被债权人提起的诉讼所针对。人的其他才干、技艺、能力、经验等亦然。此外,人的信用也不是法律意义上的财产的一部分,因为它虽然有助于取得新的财物,但它本身却不是一项可以在法律上衡量、可以被债权人取得的财物。最后,取得将来财产的单纯预测或期待,亦即尚未发展、转化为一项权利的飘忽不定的可能性,也不构成财产的一部分。在上述情况下,谓之雏形或潜在财产,纯属虚拟而已。"

[8] 文中所转载的片段,出自 FERRARA 的前揭著作,第 866 页注。他指出,有些学者称文中所述的后一种财产价值为消费价值(valor consuntivo)。他也强调道,"坦白而言,权利有否带来一项财产性好处"对于权利财产性的判别"是无关重要的;重要的是,权利是否可以根据财产性准则予以衡量"。

诉讼法典》第 821 条所提到的"财产",范围即仅限于此:"执行之标的,仅可为财产。原则上,债务人之一切财产均可被执行,而且亦只有该等财产方可被执行"。[9]

最狭义的财产,则仅指某人可化为金钱价值的权利与其债务金额对减后的差额(这种财产称为净财产或资产净值)。古语所云之"*bona non intelliguntur nisi deducto aere alieno*"(仅于扣除债务后,方能估算财产数量),此之谓也。譬如,当我们说"某人拥有一笔巨额财产"的时候,我们所讲的财产,就是指这一重含义上的财产。[10]

于其无关重要的性质

需要指出的是,从上文可知,可转让性、可(被债权人)查封性甚至可继承性,都不是权利的财产性的必要特征。

上述各种性质,仅为财产性所通常带有的性质而已,而并非其必备者,因为例外情况亦甚常见。财产权的必要特性,仅为前文所指的有价性而已。主流学说便是持此见解。

主张有价性并非财产的要件的见解

不过,某些学者却不认同有价性是财产权的必要性质。例如,ENNECCERUS 就是其中一员。首先,根据私权目的或宗旨的不同,他作了一个基础划分,把这些权利分为人格权(上文已曾论述)、财产权和亲属权。人格权指向其拥有人的己身、指向寓于其身的某些东西。另外两种权利,则指向其拥有人以外的一些东西。在区分财产权与亲属权的时候,这位经典的学者所作的一些思考,对于我们现在所讨论的问题而言是很有意思的:

"指向本人以外的一些东西的权利,分为财产权和亲属权。主流见解认为,前者的标志性特征,在于其金钱价值(交换价值或使用价值),而后者则涉及因一项不能以金钱衡量的亲属约束而生的上下从属。但很多时候,

---

[9] 此条文与该法典第 822 条,为"债务人之一切财产均可被执行"这项原则设立了很多例外,因此也表明了,财产的概念并不等于债权人可执行的财物(bens)的概念。而且,借助这些例外情况的性质,也有助于说明财产权如前文所述般,是指能以金钱衡量的权利。

[10] 《民法典》并非以"财产"(património),而是以"财物"(bens)、"一切财物"、"财物与债权"、"一切非纯属人身性之权利及义务"等,来表示文中所指的第二种意义上的财产。但第 1739 条和第 2014 条则可能不然,因为我们也可以认为它们想指的是第一种意义上的财产。参见第 830 条、第 879 条、第 1036 条、第 1739 条及 2014 条。

第二章 物与财产

情况却并非确切如此:以无金钱价值的给付作为客体的债权,比比皆是;即使权利乃是指向一笔仅由债务构成的遗产,它仍然是一项权利;著作权所指向的,也可能是一些毫无价值可言的智力成果;甚至,所有权也可以指向无任何财产价值的物(例如爱人的信件及发环)。[11] 另外,指向已有能力工作的子女的亲权,是可以具有重要财产价值的……其实,上述两种权利的区分准则,是在于权利与道德义务之间的关系。一切权利的目的固然终究都是道德性的,因为权利都应当是一种藉以让人们履行其道德义务的手段。然而,对于亲属权而言,尚有一种特殊的道德上的目的作为其基础。亲属权的拥有人,对权利所指向的人承担着一种特殊的道德义务,而亲属权即旨在促进及确保上述义务的履行。这种权利的目的,仅仅在于其拥有人的上述特殊义务。这种权利所针对的,是其拥有人与其他人之间的持续生活关系……财产权,则旨在满足人们的需要。所以,财产权并不像亲属权那样,纯粹作为一种藉以实现道德义务的手段。它的目的是与拥有人自己更为密切的(但这并不妨碍权利人负有道德义务只将它们用于合乎人类真正利益的用途上)。"[12]

另外,这位学者在其著作的另一处[13],将财产定义为"用以满足一个人的需要的一切权利的总和",并指出构成财产的权利有:所有权和其他物权、无形财产权(著作权或发明权)、[14] 债权、继承权(这种权利是指向遗产单一整体的;它有别于指向遗产所包含的各个个别部分的权利)、[15] 作为权利的占有,还有某些权利,例如对合同要约作出承诺的权利,以及其他法律关系,例如社员身份(社团权利)、法人财产的出资或份额等。

显而易见,由于上述权利均符合有价性这一要件,所以主流学说也同样将它们归类为财产。然而,ENNECCERUS 则认为有价性是可有可无的。

---

[11] 在有关注释中,ENNECCERUS 反驳了主张上述权利不可被界定为财产权的看法,并辩解说它们在各个方面都是俨如其他财产权般被法律看待的。

[12] 参见 ENNECCERUS-NIPPERDEY, *Allgemeiner Teil*(1931 年),第 216 页至第 217 页。

[13] 参见上引著作,第 397 页至 398 页。

[14] 除了发明权之外,尚有其他种类的工商业产权,例如商标权(产品或商品的个性化记认)、工商业名称权(企业的个性化记认)等。这方面可参见《工业产权法典》。

[15] 参见上引著作,第 223 页。

38. 财产与法律领域·财产与财产能力[16]·区分财产与财产能力的意义·财产古典理论的介绍：阐释与评论

我们有必要拿财产的概念，跟另外两个和它相当近似的概念，亦即法律领域（esfera jurídica）和财产能力（capacidade patrimonial）的概念，作一个比照。要把财产与它们区分开来，并不是一件难事。

财产与法律领域

法律领域，是以某人作为主体的一切法律关系的总体。因此，它的概念要比财产或财产领域（esfera patrimonial）来得广。法律领域不仅包括整项财产，还包括其他以该人为拥有人或称主体的权利与义务。在这里，我们可以借用一个关于法律和道德的区分的经典形象化比喻（那是BENTHAM所提出的）说道：财产和法律领域是两个同心圆，但前者的半径则比较短一点。

财产与财产能力

要区分财产和财产能力，就得知道财产能力的概念。财产能力，是成为财产关系主体的能力（亦即可能性、合适性），归根结底也就是权利能力（那是每一个人都有的），但它只是指财产关系领域的权利能力而已。因此，财产能力可谓是潜在的（em potência）财产，而财产则是获得实现的（em acto）财产能力。

区分财产与财产能力的意义·财产古典理论的介绍

把财产和财产能力清晰地区分开来，是有莫大意义的。在许多重要性并不低的问题上，法律就这两个概念所作的规定，可以是不一样的，而且事实上的确也不一样。因此，顺理成章地，这种区别也必然会体现到相应的理论构筑上。具体言之，可以正确地用诸财产能力的那一套，对于财产而言，可以是不正确的，而且有时候的确也并不正确。然而，在我们看来是相当明确可靠的这一点基本认知，有些学者却没有好好地牢记住。例如，我们可以看到，所谓的财产古典理论（doutrina clássica do património）便是如此。该理论的创建者，就是也许是法国同类民法学著作中最为显要

---

[16] 关于本编码的内容，参见PAULO CUNHA教授，*Do património*；GALVÃO TELES，*Das universalidades*。

的一部作品，亦即著名的《民法教程》（*Cours de Droit Civil*）的作者 AUBRY 和 RAU。这套理论的缺陷，很大程度上在于它混淆了财产与财产能力两者：它认为财产具有某某特性，但其实准确而言，或更准确而言，这些特性是财产能力才具有的；或者无论如何，把它们说成是财产的特性是很有问题的，但它们却毋庸置疑是属于财产能力的特性。而且，需要注意的是，相反的情况有时候也会出现，至少，在下文将会提到的某几点上是这样。

阐释

该古典理论视财产为相关拥有人的人格所不可或缺的一种属性、视财产为人的法律能力（potência jurídica）在其与外界事物的联系上的必然体现或反映。它以这样的一种财产人格主义观作为中心思想，作出了以下的一些推演（至少，下列者是那些最主要的）。

1）每一个人，都仅基于其身为人，而必然拥有一项财产——这项财产是其人格的体现或反映。财产是人所固有的（ossibus inharet），哪怕它可能会暂时甚至在其拥有人的一生中，都处于无任何实际内容的状态（这时候，财产即空空如也）。这就好比钱包并不会仅因其囊空如洗，甚至从来不曾装过任何东西便不是钱包的道理一样（此乃财产的固有性）。

2）无论组成财产的权利义务怎么变化也好，财产始终会维持着其同一性，这是因为，其拥有人的人身在他的一生里都是始终如一的。财产会有所变化，易言之，在其构成上会出现一些变动。它会有所增加，或有所减少；在某个时点，它可能会归零，甚或降至负值（*deficit*）。但即便经历过以上种种变迁，它依旧是相同的财产（此乃财产的不变性或恒一性）。

3）财产是独一的。一个人不可以拥有一项以上的财产，因为一个人不可能拥有一个以上的人格（此乃独一性原则，或可称为单一性原则）。而且，财产也是不可分割的。它不得被划分为若干实质部分、不得为某些目的而被分割成独立的若干组或者说若干份财产，易言之，亦即不能被分成若干个集合（universalidades）（此乃不可分割原则）。这是因为财产的无体性，以及其拥有者的人身的不可分性所致。

4）虽然，在某个时点上构成财产的那些单个元素（unidades）可以作为转让的客体，但财产是不可转让的。同样地，财产是不可被查封的，而且，也不可在违反财产拥有人意愿的情况下以其他方式褫夺其财产（亦即财产是不可被剥夺的）。这一切可以概括为：财产作为其拥有人人格的必然表现，是不可与其拥有人分离的（此乃财产的不可分离性）。[17]

5）最后，财产是一个法律上的集合（*universitas iuris*）。这其实已在上文略略提到。一个人的财产性权利义务的整体，并非一项单纯的总和，亦即并非一堆彼此之间毫无内在联系的元素、并非一个单纯藉其拥有人的人身（财产的各个组成部分，透过一种归属关系，与拥有人的人身联系起来）而个体化的机械呆板（*mecânico*）的纯粹聚合、结集，或者说具体总体。相反，它是一个有机（*orgânico*）结集、一个抽象总体。它是独立于一众权利义务而存在的。由于这些权利义务是一个整体中的可替代元素，所以即使它们出现变化也好，该整体的同一性也不会因而受损或有变。这个整体、这个观念上的集群，就是这样子被法律看待的。它的法律命运是独立于其组成元素的。它构成其自身的法律关系的客体，而非个别指向上述单个元素的法律关系的客体。[18]

所以，财产的拥有人对财产有具体的一项权利（所有权）。此外，指向财产的权利，至少还有债权人的执行权，换言之，也就是提起债权人执行之诉的权利，亦即人所共知的、债权人针对债务人财产所拥有的侵略权力（*poder de agressão*）。[19] 被一些人界定为真正意义上的物权的这一项权利，所指向的是作为集合的债务人财产。这就解释了为何不论债务于何时设立，债权人最多也只能执行一切在执行之时属于债务人的财物了，哪怕在债务设立时债务人仍未取得上述财物亦然。

评论

我们应该如何看待上述见解？

在我们看来，赋予整个理论生命力、作为其解围救星（*Deus ex machina*）的人格主义准则，实属武断失当。能够作为人格的必然反映或延伸的，极其量只是财产的潜在可能性而已，而不是作为现存、实在实体的

17　但财产是可以透过死因继受（*sucessão mortis causa*）进行移转的。为了使这种可移转性跟作为整个理论的源头和基础（*caput et fundamentum*）的人格主义观变得兼容，该理论的拥护者们援引了一个古老的虚拟之说：继承人是被继承人人格的延续者。

18　关于集合的概念，参见 GALVÃO TELES 教授的前揭著作，第 173 页："它是属于同一个主体、用于同一项目的若干法律上的物的总体；它被法律秩序视作组成了单独一个物那样来看待。"无论用哪一种标准来区分法律上的集合与事实上的集合也好，财产都会是法律上的集合。参见 GALVÃOTELES 教授的前揭著作，第 186 页至第 187 页。

19　PAULO CUNHA 教授则主张使用"潜在执行权力"（*poder virtual de execução*）这种表述。

第二章 物与财产

财产。一个人可以不是（甚至从来都不曾是，而且将来也不会是）任何财产性权利或义务的主体。这是完全可以想象得到的事，而且，这个人的法律人格也不会因此而遭到否认。虽然在法律生活实况里，我们是不容易遇到这种事例的，但理论上确实有这种可能，而且我们在这里所关注的也仅仅是理论上的可能性而已。

同样地，上述理据也可以用来反驳固有性原则。至于不变性原则，亦同属不当，除非（而且也许只在某种情况下）这是就财产须被视为一项法律上的集合的情况而言。除却这种有可能出现的例外，我们应该认为，只要财产的内在构成因为新元素的加入或任何既存元素的离去或消灭而改变，财产即会因而生变，而且，这并不会影响其拥有人的同一性。此外，一个人是可以成为若干项分离财产（patrimónios separados）的拥有人的，此即与单一性原则相悖。这种可能性，在任何法律体系里都是可以存在的；没有出现这种情况，只是纯属偶然罢了。至于针对不可分割性方面（假如不可分割性和单一性真的有分别的话，那种分别也是很不明显的），通常会反驳道：在财产的拥有人死亡时，财产便会在相关继承人之间被分割成若干观念上的份额（若干整除部分）。[20]

至于不可分离性的首个方面，亦即不可转让性方面，不难明白，一个人是可以转让他在某个时候所拥有的一切财产的，哪怕他其后仍然有可能再拥有另一些财产。但也不是一定能够这样做。因为，在未经债权人同意的情况下，债务即不得被移转予第三人（第804条）。这项要件的设立理由，是很容易理解的。[21] 虽然，债务人要取得上述同意也并非绝不可能，但债务是否真的能够成为一项真正意义上的移转的客体？还是仅可作为因债务人变更而导致的主体更新（novação subjectiva）的客体？这仍然是值得商榷的。此即争议犹存的"个别债务继受"*（sucessão singular nas dívidas）是否可接受的问题。另外，财产中也可能会包括一些不可转让的财产权。因此，在这种情况下，就不可能转让全体财产了。而当拟移转

---

[20] 这也有可能发生在法人消灭的情况中。
[21] 故此，应认为在第1469条和第1470条第2款的情况下，除非债权人同意，否则不仅受赠人会有责任，而且赠与人亦有责任。
* 在澳门《民法典》中文版中，transmissão singular de dívidas被译为"单纯债务移转"，但正如译者在前文译注中曾经指出的那样，澳门《民法典》现时的译法是非常值得商榷的。因为，singular在这里是个别、单一之意，是跟universal（概括、全面、普遍）相对的，故该词组应译为"个别债务移转"。——译者注

的财产中有任何负债时，这种转让也是不可能发生或至少是存有疑问的。然而，除却上述情况，要转让一切财产也并非不可能的事。但应该指出的是，并不存在一种专门用以一次性地实现这种整体转让的法律行为。因此，如果要转让构成财产的一切元素，就只能以各种合适的法律行为个别地为之。

由于拟转让一切财物或权利的人，必须分别借助各种适用于具体每一项财产元素的法律行为为之，所以当事人也要注意遵守这些法律行为的有效性或效力的法定要件（例如债权让与的通知，参见第789条）。然而，也有可能因为拟让与的财物或权利的种类相对地一致，而出现同一类法律行为可适用于一切这些财物或权利的情况。至于财产的不可分离性的第二个主要方面，亦即不可查封性方面，毫无疑问，仅当财产包括了一些不可查封的财物时，才会发生这样的情况（《民事诉讼法典》第822条）。

最后，关于"财产是一项法律上的集合"这一方面，我们认为宣称"财产拥有人对财产本身拥有（有别于他对财产中那些个别元素所拥有的）权利"的论断是无理的。我们没有听闻过任何以这种权利的概念作为前提的实际解决方案。另一方面，在我们看来，"侵略权力指向被视为集合的债务人财产"这种讲法，也是非常值得商榷的。此外，说它是一项真正意义上的物权就更加有问题了，因为它是欠缺追及效力（sequela）的（债权人仅在某些情况下，方可提起债权人争议之诉；参见第1033条及后续条文）；再者，如果它真的是物权的话，那么便应该根据债权人债权产生的时序先后向债权人作出偿还了，亦即较早拥有债权的那些债权人便会有优先权（*prior in tempore*，*potior in iure*；时间上优先，则权利优先），但实情并非如此。

原则上承认财产被法律（Direito）视为集合的唯一目的，在于遗产继承。它可以解释债务移转予继承人的情况（第1737条、第1792条、第1794条、第2014条、第2019条以及第2115条；《民事诉讼法典》第826条）。虽然这也并非毫无疑问，可是也不能大胆地断言说，在葡萄牙法律中继承人原则上仅在遗产的偿还能力限度以内（*intra vires hereditatis*）对被继承人（*de cuius*）的债务负责的这一情况，是与之有所抵触的。甚至，上述情况或许反而有助于支持前述主流学说。要是认为遗产构成了一个集合，那么就可以解释某些学者所主张的、继承人对遗产所拥有的权利了〔这种权利是有别于继承人对遗产整体中各项构成元素所拥有的权利的；也许，请求遗产之诉（hereditatis petitio）的那些特殊性就可以归结于这样的一种权利[22]。可是，这种权利是十分值得商榷的。因此，除了在继承方面可能属于例外之外，财产仍然只是一众财产元素的原子复数（pluralidade atomística）而已，而并非成了抽象单一体（unidade abstracta），亦即并非仅基于这些元素共同系属于其拥有人而获得个别化。[23]

话虽如此，但我们也需要知道，如果把古典理论套用在财产能力方面，它的价值又是如何。作为古典理论的基础的人格主义准则，虽非精确无误，但无疑已是相当接近实情了。固有性原则亦是如此，但需要指出的是，在此并不需要提出什么"死者人格延续"之说，来替债务人须对遗产债务承担的责任提供理据。针对不变性原则方面，我们知道，一个人的财产能力在其一生中是有可能出现变化的，这是完全可以理解的事，只不过相对于实际财产而言，财产能力比较难发生小幅度的变化罢了。至于财产能力的单一性与不可分割性方面，只需要指出，法律对财产能力所作的规范，在它可能涉及的那些方面上，是有可能并非完全一致的。至于不可分离性（在它所包含的各个方面上），则为财产能力的一项明显特征。最后，毫无疑问，财产能力是不适用集合的概念的，因为后者所涉及的是一个不同的范畴，具体地说，亦即法律意义上的物的范畴。经过上述扼要分析后，我们可以总结道：大体上（grosso modo），相较财产而言，古典理论所讲的内容，对于财产能力来说是更为贴切的。

---

[22] 在此诉中，原告要取得被继承的财物，只需要证明其继承人身份，以及该等财物与遗产的归属关系而已。他并不需要证明该等财物的所有权实际上属于被继承人（de cuius），因而会是属于他的；在请求返还之诉中，才需要这样做。请求遗产之诉，仅可针对以自己名义但作为继承人（pro herede）占有上述财物，而且没有据有或主张拥有相关所有权的第三人（作为占有人而进行占有之人，possuidor pro possessore）提起。否则，便应提起请求返还之诉［如果符合条件的话，亦可选择提起回复占有之诉（reintegranda posssesionis）］。

[23] 显然，在许多情况下，财产损害赔偿的范围不仅包括因资产减少而导致的损失，还包括了因负债加剧而生的损失。而且，它也不仅包括当前的资产减少，还包括将来可能出现的资产减少（所失利益，lucros cessantes）。最后，在衡量当前的资产减少时，不应只着眼于直接涉及的财产单个元素，还应该考虑它与另一项或多项财产单个元素的联系，以及它可能给受害人带来的财产上的不利影响（例如，因一只鞋子的损坏而导致的损失，常常会等同或几乎等同于因该双鞋子的损坏而导致的损失）。可是，有必要为此而视财产为集合，或接受其他大体近似于财产古典理论之说吗？

39. 财产的分离·概述·如何识别独立财产：采纳债务责任标准进行识别·仅出现相对或部分独立财产的可能性·在葡萄牙法律中财产分离的例子

一个人除了可以拥有一般财产（património geral）之外，还可以拥有一个甚至多个受法律不同对待的财产联合体（一众财产元素的结集）。后者在法律上是独立于一般财产而受个别对待的，仿佛它是属于另一个人的那样。这是完全可以理解的事。也就是说：在一个人的整体财产之中，可以存在着一种孤立的财产中心（centro patrimonial à parte），而这种财产中心甚至还可以有不止一个。

概述

上述现象，被称为财产分离。至于被如此独立化了的财产群、财产聚合或者说财产联合体，则被称为分离财产或独立财产。人们通常会用"财产中心"此一表述来代替这些名称中的"财产"，有时候，甚至不会在前面加上诸如"分离""独立"之类的性质形容词。

FERRARA 用了不小的篇幅来论述财产分离的概念。他写道："有时候，在一个人的财产中，可以出现一些完全独立自主的财产中心。该人拥有多个财产群，而每一个财产群均受法律个别对待，并有着自身的法律命运。分离财产的概念，便是由此而生。它是一项在法律上独立于该人其余财产的财产。它能有自身的关系及自身的债务，而且，也不会因为毗邻的财产或者它身处其中的财产出现波动变化而受影响。除了和毗邻的财产有着'具有相同主体'这样一种外部捆缚（liame extrínseco）之外，分离财产是跟上述财产毫无关系的独立中心。这种概念，就好比国际法上由若干国家组成、拥戴同一个元首的君合国。这两项财产是各自存在的，甚至可以在彼此之间建立起法律关系。[24] 它们不过是有一个共同的主体罢了。然而，独立财产并非一个法律上的人，因为虽然凡有人格者即有独立性，但有独立性者却不必然是独立的主体。"[25]

如何识别独立财产

可是，从所受的法律对待这一角度来看，我们究竟是用什么标准来界

---

[24] 至少，它们之间有这样的一种关系：当财产分离因为有关财产独立化的目的（这种目的必然是临时性的）已经实现，或因为其他形式的终止而告终时，该人的一般财产即接收分离财产所剩余者。

[25] 参见其 *Trattato*，第 875 页至第 876 页。

定某一项财产是否属于分离、独特或称独立财产的？要成为独立财产，有关的财产元素联合体具有特别用途肯定是不够的，因为这不必然代表它具备完全的法律个体性，或至少是足以区别于其拥有人其余财产的法律个体性。同样地，即使有关财产结集体受个别管理，也不代表它就是独立财产，因为正如 FERRARA 所言："这是由于不应把财产基金（fundo patrimonial）和分离财产混为一谈。有些时候，分离财产甚至跟受管理的财产恰恰相反：虽然分离财产由其拥有人自己来管理，但它本身却构成了一个独立的中心。"[26]

采纳债务责任标准进行识别

用以判别独立财产的最可靠或无论如何是最广受采纳的标准，是债务责任标准。[27] 因此，独立财产是指在债务责任上获法律秩序特别对待（亦即区别于其拥有人其余财产所受的对待）的财产整体。这个概念是我们必须牢记的。另外，显而易见，如果要发生严格意义上的这种独立，有关财产在债务责任方面必须以一种完全分离的姿态出现，也就是说，在该人的全部财产中，会形成了一种类似密封舱壁（compartimento estanque）的东西。的确，真正意义及本义的独立，只是指绝对和整体的独立而已，这一点是很好理解的。按照上述标准，有关的财产中心必须仅对某些债务负责，并且仅由其对这些债务负责。只有同时符合上述两项条件，它才算是完全分离。仅符合任一条件是不够的。要成为独立财产，首先，有关财产群必须专门用于承担其拥有人特定的某些债务；其次，该拥有人的主要或称一般财产也必须跟上述财产群的债务没有关联，并且不被用于承担这些债务。[28] 所以，即使某些债务首先以某些财物受偿也好，这些财物也仍未至于构成独立财产，这是因为它们可能同样要对其他债务负责，或者该拥有人的其余财产也尚需以某种方式对前述债务负责，哪怕只是补充性地负责（因该

26　参见其 *Trattato*，第 877 页。

27　这是不难理解的。财产概念的实益主要彰显于债务责任方面：当某人的债务是以他自己的财产负责时，按照约定俗成的表述来讲，他的财产便会构成债权人们的共同担保。显然，"财产"一词在这里并非取其上文所述的首个含义，亦即并非取其最广义者（所谓总体财产或称总合财产），而是指毛财产（但当中并不包括不可查封的财物）。也有人仅以"财产"称之，并将财产定义为"某人的可查封财产元素的整体"（参见 GALVÃO TELES 教授，前揭著作，第 91 页），而把总体或总合财产称为财产领域（esfera patrimonial）（同上出处，第 90 页及第 92 页）。

28　因此我们可以说，财产分离是指从一个人的全体财产中，分出一个财物（正值财产元素）整体用以仅对某些债务负责，并且仅由其对这些债务负责。

等财物遭到执行）或仅于偿还其他债务后方负责亦然。[29]

专门由一项独立财产以上述方式负责的债务，自然是跟这项财产的独立化（亦即被统合、被视为集合）所为达致的特定功能、特别目的或用途有关的。因此，需要指出的是，分离财产有其个别目的。它们被用于达致一个限定性的目的。它们甚至可以纯粹被用于偿还债务（亦即满足该独立财产所承担的债务）。至于有关拥有人的一般财产，则继续用作其他目的、满足其他需要。因此，人们通常说独立财产是作特别用途的财产，而该人的其余财产则是作一般用途的财产。但如前所述，这种特别用途只是成为独立财产的必要条件，而非充分条件。除此之外，还需要有法律以前述方式规范这种特别用途，亦即使其具备独立财产必须具备的两方面特征才行。

仅出现相对或部分独立财产的可能性

上文所述的，是严格意义上的财产独立或称财产分离。它的前提是：首先，一个财产联合体必须具有自身专属的债务，亦即具有位处其中且仅位处其中（nele e só nele se localizam）的债务；其次，该财产联合体无须承担其拥有人的其他任何责任。[30] 但可想而知，除了这种绝对或整体的独立之外，还有可能出现相对或部分的独立。而且这种相对或部分的独立，尚可以有不同的层次。对这种性质不易界定的财产独立，扼要介绍一下即可。

在葡萄牙法律中财产分离的例子

在葡萄牙法律中，能否找到一些财产分离的例子？如果能够，这些例子又是什么？在葡萄牙实证法上，最恰如其分和不容置疑的独立财产的例子，非遗产莫属。它是一个人（自然人）在其死亡当时拥有的、会转至其继承人或受遗赠人的[31]那些财产性权利义务的总体。不难发现，在葡萄牙法律中，遗产是具备分离财产的特征的。与它相分离的，是继承人（或继承

---

[29] 根据上述标准，显而易见，只要在债务人的财产中，有这类仅可被查封藉以偿付某些债务的财物存在，则其余用以偿付这些债务的财产，均不构成独立财产。参见《民事诉讼法典》第822条第13款、第14款、第15款及其第3附段和第4附段。

[30] 文中界定财产分离的方式，乃是本学院（译者按：指葡萄牙科英布拉大学法学院）于本课程中一贯所采用者。然而，是否不应该采纳更广的财产分离的概念（其可能性在文中亦有提及）？这是很有疑问的。这一问题会涉及物之代位（sub-rogação real）和债之担保（garantia das obrigações）的制度，所以，我们暂且不加以研究。

[31] 也就是说，有某些财产元素是不可继承的。用益权、使用权和居住权等，即为其例（第2241条第1款、第2254条、第2255条及第2261条）。

第二章
物与财产

人们）的个人财产。[32] 兹分两方面详述如下。

a）仅遗产中的资产部分须对遗产债务负责，而继承人的个人财产则无需对其负责。这是一项大原则，无论继承人是笼统地接受遗产（单纯接受，aceitação pura e simples）还是透过财产清册程序接受遗产（限定接受，aceitação beneficiária）也好，莫不如此。上述第二种接受，在这里并不会产生什么疑问。在这种情况下，遗产财物会被列入财产清册之内（第 2019 条唯一附段、第 2044 条及后续条文）；继承人将不得处分之（第 2052 条及第 2054 条）；而债权人也仅能以这些财物受偿，除非他们能证明，除了被列入财产清册里的财物之外，尚有其他财物的存在（第 2019 条唯一附段）。至于单纯接受方面，遗产财物并不需要进行财产清册程序，而且，在没有被查封藉以偿付债权人时，它们仍然可以由继承人处分。原则上，在任何情况下，债权人仅能以遗产财物受偿。唯举证责任归于继承人而非债权人。债权人并不需要证明遗产财物是哪些，也不需要证明它们足以满足有关负债。仅继承人方须证明被查封的财物并不属于遗产、证明其他财产才须被用以满足债权人，或者证明不存在亦不曾存在其他遗产财物，又或者证明曾经存在的大部分遗产财物已被用于偿付遗产负担（encargos da herança）。总括而言，可以说虽然非限定接受遗产的继承人[*]无须偿还超过遗产偿还能力限度的债务，但他要证明遗产包括或曾包括哪些财物，以及证明遗产不足以满足有关债权人。这明确规定于《民法典》第 2019 条及其唯一附段，[33]以及《民事诉讼法典》第 826 条（此条规定并无实质改变以往的处理方式）。

由此可见，大原则是：即便是非限定接受遗产的继承人，亦无须对超过遗产的偿还能力限度（ultra vires）的遗产债务负责。就现在所着眼的这一方面来说，遗产必然是一项独立财产。然而，应该注意的是，非限定接受遗产的继承人，也有可能需要在不超出"在没有把有关收益用于偿付遗产负担的情况下被让与的遗产财物的价值"的限度内，以个人财产来偿还遗产债务（参见第 826 条，Ⅱ，第 2 款）。[34] 因此可以说，在单纯接受的情况下，构成作为独立财产的遗产的，并非那些遗产财物本身，而是它们的

32　除了下文将会引述的一众《民法典》条文之外，尚参见该法典第 800 条。

*　原文为 herdeiro não hereditário，似有误，应为 herdeiro não beneficiário。——译者注

33　我们应该有所保留地（cum grano salis）理解第 1792 条，以免它与第 2019 条发生冲突。

34　可是，当有继承人的个人债权人因此而遭受损失时，这种解决方案也许会引起争议。

价值。或者可以说,当这些财物被转让以用于任何跟满足遗产负担无关的目的时,便会发生一种类似代位(sub-rogação)的情况,亦即上述财物会由其价值予以代位。

b)继承人的个人债权人,仅于被继承人(de cujus)的债权人获满足后,亦即遗产因此而不再属于独立财产后,方能以遗产财物受偿,因为遗产独立的目的,正是为了让被继承人的债权人能以这些财物受偿。在限定接受方面,这种解决方案见于第2048条、第2054条及后续条文。至于单纯接受的情况方面,第897条尤其是其唯一附段表明,被继承人的债权人是优先于其他债权人的,因此其他债权人在前者受偿后方获受偿,换言之,其他债权人仅于遗产的独立性终结(因为相关的目的已经达致)因而遗产财物与继承人的个人财物混为一体之后,方获受偿。从上述条文的唯一附段可以得知,由被继承人的债权人知悉被继承人死亡(亦即继承开始)之日起计一年时间内,如果上述债权人都没有主张对遗产的债权的话,这种优先即告终止。这时候,无论这些债权人已受偿与否,遗产的财产分离状态(就现在所着眼的这一方面来说,遗产无疑是一项独立财产)都必然会消失。

法律便是藉上述处理方式,试图协调继承人、其个人债权人与遗产的债权人之间的对立利益。显而易见,这种处理方式经必要变通后(mutatis mutandis),也适用于各类继承人。至于受遗赠人方面,原则上,当遗产的剩余部分(remanescente da herança)不足以应付债务时,他们方须对债务负责(第1792条、第1794条、第2058条、第2059条及其第1附段)。而且,显然每一位受遗赠人仅需在相关遗赠的偿还能力限度以内负责而已。另外,同样显而易见的是,在针对这些财物提起的诉讼内,遗产的债权人不需要与受遗赠人的个人债权人竞合受偿。

另一个财产分离的例子,是已消灭法人的继承。经必要变通后,上述处理方式也应该类推适用于这方面事宜上。财产分离的例子,还有破产财产(massa falida)或无偿还能力人的财产(massa involvente)(它跟债务人某些种类的财物互不相干,虽然这类财产是非常有限的)。这种财产仅仅对基于它本身的原因或利益(一般而言是基于相关的管理)而负上的前债负责,而不对任何由破产人或无偿还能力人嗣后负上的债务负责(《民事诉讼法典》第1135条、第1136条、第1153条及其第2附段、第1158条、第1159条、第1173条、第1190条、第1185条、第1194条、第1224条、第

第二章
物与财产

1355条、第1357条、第1360条、第1361条等)。

显而易见，在上述一切情况中，促使有关财产联合体独立化的目的，均在于偿还债务。[35]

40. 共同共有财产

在财产分离的情况中，我们所看到的现象是：若干个不同的财产群同属于一个法律主体，易言之，亦即该法律主体是若干个财产性法律关系联合体的归属中心。可以这么说：这些财产性法律关系联合体的线，均系于该主体之手。至于共同共有财产[*]（patrimónios colectivos）的概念，却恰好相反。它的特征是一项财产有多个主体，而非多项财产同属一个主体。一

---

[35] 文中一直提及的，都是这样的一种情况：在一个人的全体财产中存在着一项分离财产，而该人的其余财产元素则构成其一般财产。但显然，分离财产是可以有不止一项的。最后，有必要简单介绍一下前文尚未涉足的、关于本编码主题的一个问题。那就是物之代位（sub-rogação real）的制度。在葡萄牙，GALVÃO TELES教授（参见其 Das universalidades，第188页）这样界定该概念："物之代位，可被定义为：当作出一项法律上的行为或发生一项法律事实，同时导致丧失一项有价物和取得另一项有价物时，由后者取代前者位置的一种法律制度。"简言之，亦即在某项法律关系中一个物占据了另一个物的位置，但法律关系仍然保持其本身的同一性，而没有出现一种类似更新的情况；而且，上述现象的两个方面——其中一个物不再是该法律关系的客体，而另一个物则进入了该法律关系之中——之间，存在着一种因果联系（因为它们都是因为同一项法律上的行为或法律事实而发生）。易言之，它是一种独特的法律关系客体变更或物的承袭（sucessão de coisas）。这一项物之代位原则，是巴托鲁斯学派（bartolistas）从最常见的"一项有价物的丧失伴随着另一项有价物的取得"的情况，或者说买卖的情况中演绎出来的（还有交换以及其他更多的事例：例如，已投保的房地产或其他有价物遇上火灾，因而出现一笔保险理赔金）。以下法谚，即此原则之谓：*res succedit in loco pretii*，*pretium succedit in loco rei*（物承袭价金之位置，价金承袭物之位置）。

学者们一般认为，物之代位制度在独立财产的范畴上是得到承认的。而且，的确也应该如此。至少，当有关情况属于我们所采纳的严格意义上的财产分离时，是应该承认物之代位制度的。如果，法律是如此重视这些财产所为达致的特定目的，以至于替它们设立了前文所述的债务制度的话，那么，法律也就不得不积极地维护这种财产的稳定性，藉以确保其目的能获得实现了。为此，要么是规定使有价物脱离独立财产的行为非有效——即使它是可能及有用的（就某些法律行为而言）亦然——并将其实物归还予独立财产，要么就是承认物之代位。如果不承认物之代位的话，独立财产虽然对一般财产有一项债权，但单单这样可能是很不可靠的，因为该债权必须与其他能够以前述一般财产受偿的债权竞合受偿。然而，即使若干财物未至于成为一项我们所定义的独立财产，而只是具有特别用途的财物也好，它们也是可以由一个相对不那么强而有力的制度予以规范的。我们知道，法律可能不希望走得那么远，而且那样做可能也不是明智的做法，这是可以理解的事。不管如何，物之代位制度在绝对财产分离以外的领域中，同样是获得承认的，但其内容我们在这里就不探究了。以下条文，足堪佐证：《民法典》第891条第3款及第4款、第1149条第6款和《商法典》第579条第2款。

[*] 或按照字面意思直译为"集体财产"。——译者注

项财产总体地属于若干名拥有人,而每一名拥有人都各自有或者说可以有自身的财产。需要指出的是,这种财产群,并不像共有(compropriedade)或称罗马式共同拥有那样,会在这些人之间分为若干观念上的份额(quotas ideais),而是俨如昔日的日耳曼式共同拥有(*Gemeinschaft zur gesammten Hand*;合手共同拥有,或称共手共同拥有)般,整体地且只会整体地属于众人,亦即属于由他们所组成的集体(colectividade)。它是共同一致地属于他们的。

上述的每一个人,均不拥有任何与他们各自对应、可以各自处分的权利部分。[36] 由于这种财产群仅属于集体,所以集体的每一名成员均不个别地对该财产群拥有任何权利,也不个别地对构成该财产群的那些单个元素拥有任何权利。[37] 简言之,它并不像共有或称罗马式共同拥有那样属于一种堪称个人主义式的共同拥有,而是一种集体所有权(propriedade colectiva)、一种集体主义式的不分份额的共同拥有。

共同共有的另一个特点——虽然,单凭此一特点并不足以让一项财产成为共同共有财产,因为这种特点同样存在于那些名为"强制共同拥有"的情况之中,例如中间墙壁或围墙的情况(第2328条及后续条文)——在于:只要导致创设共同共有财产的原因尚未终止,共同共有财产的拥有人集体的任何一名成员(在意大利,他们被称为"comunistas")均不得请求分割之。共同共有财产,是以有关集体的成员们之间的一项关系、一项人身约束(通常是亲属性人身约束)作为前提的。这项关系或约束,有其自身的消灭原因。上述关系或约束一旦消灭,集体所有权即告消灭,并衰退为罗马式共同拥有或称共有。这时候,任何利害关系人均可处分其观念上的部分,以及请求分割该项转而处于共有状态的财产群。

另外,共同共有财产有自身的负债。一般而言,这项负债是与设立该项财产的目的有关的。拥有人集体中的每一名成员,均为债务人。他们以构成共同共有财产的财物,甚至其个人财物承担责任。而且,上述责任通常(至少通常是这样)是一种连带责任。该集体的成员的个人债权人,不得以共同共有财产受偿。当共同共有状态解除后,他们仅能以这项财产中

---

[36] 拥有人集体的每一名成员,都不可以处分其相对于共同共有财产的地位。至少,他们不可以透过生前(*inter vivos*)行为(买卖或赠与)转让它。

[37] 只有拥有人集体才可以处分构成共同共有财产的那些财物。这种处分是由全体成员为之,或由该集体的代表(chefe)在该集体所允许的限度内为之。

属于其债务人的部分受偿，并须后于该集体的债权人受偿。也就是说，在这种情况下，该集体的债权人是可以优先受偿的。以共同共有财物进行收益的权能，是共同属于集体的成员们的，并由成员们根据他们的需要行使。共同共有财产和有关集体的成员们的财产之间，亦可存在关系。

如果这是共同共有财产有别于单纯个人主义式共同拥有的真正特点的话（这个问题是值得商榷的），那么，我们便可以容易地从第 1113 条、第 1114 条及其第 1 附段中得出，配偶共同财产即为共同共有财产的适例（参见《商法典》第 10 条、《民事诉讼法典》第 824 条、《民法典》第 1117 条至第 1119 条、第 1121 条、第 1123 条及第 1124 条）。[38]

38　详见：FERRARA，前揭著作，第 883 页至第 885 页、第 456 页至第 457 页；RUGGIERO，*Istituzioni*，II，第 387 页以下。

第三章 物的分类

41. 有体物与无体物

这是一种源自罗马法的非常古老的区分，但没有多大实际用处，因为法律并没有为此定出一些重要的法律后果。

有体物（*res corporales*）

有体物是那些 *res quae tangi possunt*（可触及之物）。在这里，"*tangi*"（"触摸"）一词乃是取其广义而言。易言之，有体物是那些在物理世界中存在，因而能够被感官感知的物。它不仅包括具备物理学意义上及通常用语意义上的形体特性的物，也就是说，它不仅包括占有空间的物。根据较优的学说见解（此问题尚有争论），有体物还包括自然力量，例如电。这是因为，自然力量是可以单凭人类感官或在适当工具协助下以人类感官去感知的，而且也符合法律意义上的物的那些一般要件（第36条）。

无体物（*res incorporales*）

无体物是那些 *res quae tangi non possunt*（不可触及之物），亦即在物理世界中不存在的物。因此，它们并不能够被感官所感知，而仅能以心智想及（*res quae sola mente concipiuntur*，唯思想可把握之物）。[1]

所以，有体物为物质性的物，而无体物则为非物质性的物。大部分的

---

[1] COELHO DA ROCHA 在其 *Instiuições de Direito Civil Português*，第4版，编码77中的一段论述，虽然并非完全精确，但也是颇有意思的："……就像我们在法理上承认精神层面上的人（pessoas morais）一样，我们同样可以承认精神层面上的物。也就是说，我们也可以认为那些仅靠拟想方存在、无体或精神上的东西，亦可以作为权利客体……"（译者按：这里所谓 pessoas morais，是指法人，但为了与后文"精神层面上的东西"互应，译者退而求其次译为"精神层面上的人"。另外应指出的是，pessoa moral 在葡萄牙可专指某类法人，故不常用以意指泛称的法人。参见作者于编码11中就各种术语的利弊所作的论述）。

物都属于前一类。后一类的物，尚包括能成为法律意义上的物，亦即能成为其他权利的客体的权利（第35条）。

另外，那些所谓的无形财产，也是无体物。它们是知识产权及工业产权等的客体（第35条）。显而易见，权利与无形财产要被界定为法律意义上的物，就只能够被界定为无体物。

42. 不动产与动产·区分的意义·体现出区分的意义的若干方面·导致两者在法律上受不同对待的思想观念

长久以来，这一种分类都是最重要的一种。在某种意义上，它是现代法律中物的首要划分（*summa divisio rerum*），就像在罗马法中要式物（*res mancipii*）与略式物（*res nee mancipii*）的区分是最基本的分类那样。

区分的意义

这一种分类是有实际意义的，因为葡萄牙法律体系（其他国家的法律体系亦然）对这两种物的对待并不一样。

体现出区分的意义的若干方面

这种法律制度上的差异，在诸多方面皆有所见。最重要者如下。

1）视乎物是不动产还是动产，法律为时效取得而设的期间会有所不同。若为前者，则期间较长，有5年、10年、15年、20年及30年不等（第526条至第530条）；若为后者，则期间较短，有3年、6年及10年不等（第532条至第533条）。

2）移转不动产或不动产上的权利，必须以公证书为之（《公证法典》第163条第1款）。原则上，动产的生前移转仅以口头合同即可实现，而无须以公证书或其他任何文书作出。但第1458条所指的赠与，则属例外。但需要指出的是，当移转属于死因（*mortis causa*）移转时，无论所移转的是不动产还是动产，都必须以一种有相当严格的要式要求的文书（遗嘱）作出。

3）某些他人或（和）自身财产的管理人，是不得自由管理有关财产的：他们可以处分动产，但不得处分不动产。丈夫即为一例，而当妻子例外地管理夫妻财产或仅管理个人财产时，亦是如此（第1118条、第1119条、第1189条至第1191条、第1216条；禁治产人的情况，尚参见第314条第1项、第338条及第344条）。

4）某些物权只可以在不动产上创设。例如，永佃权（第1653条）、地

役权、抵押权（第 888 条），便是如此。² 反之，有一些物权只可以在动产上创设，质权即为其例（第 855 条）。³

5）根据第 35 条（我们已经探讨过它的规定，参见编码 30），永久非营利性法人的财产取得能力，在不动产方面会受到某些限制。但在动产的取得方面，原则上无任何限制。

6）物业登记制度，是专门为不动产而设的（《民法典》第 949 条及《物业登记法典》）。某些影响到不动产状况的法律上的行为，方须且方可登记。这些行为主要是创设物权、移转所有权或其他物权的行为，然而尚包括另一些影响到不动产的状况，因而亦对有关交易有所影响的其他性质的行为。例如，超逾 4 年期或超逾 1 年期且已预付租金的租赁，即须登记（第 949 条第 2 附段 e 项）。虽然，租赁的确只会为承租人带来一项债权，但上述的租赁还是会严重影响有关不动产的状况的，因为所有权人对不动产所作的处分并不能影响租赁，这就有可能为不动产的价值带来极大影响。有鉴于此，法律便规定其必须进行登记。在嫁资（第 949 条第 2 附段 d 项）方面，也许还有在具抵押担保的债权的查封、假扣押或出质（第 949 条第 2 附段 b 项及 c 项）方面，立法者亦有着类似的考量。⁴

7）有些法律行为的概念仅用于不动产（不动产租赁，arrendamento），有些则专属于动产（动产租赁，aluguer）。动产租赁与不动产租赁这两种法律行为，从根本上讲具有相同性质（租赁，locação），亦即具有相同目的或内容，唯前者客体为不动产，而后者客体则为动产（第 1595 条至第 1596 条）。

导致两者在法律上受不同对待的思想观念

法律试图对设于不动产上的所有权与其他权利，以及能影响这些财产的状况的那些行为给予特别重视。虽然动产已有非比寻常的发展，但我们仍然可以感觉到在法律中存在着一种古老倾向，亦即认为不动产的重要性是首屈一指的，而动产的价值则极为次等，因而受法律保护的需要也较小 [*res mobilis, res vilis*（可动之物，乃廉价之物）、*vilis mobilium possessio*（可动之财，价值卑廉）]。在封建时代，这种取态占有主导地位，但即便到了今天，它在立法上仍然没有完全消失。另外，鉴于动产既容易被隐藏，很

2　但例外地允许在某些动产，诸如船舶、汽车和飞机上设定抵押权。

3　质权可以在一项有抵押担保的债权上设定，因为尽管有一项不动产性权利（direito imobiliário）从属于后者，但后者本身是一项动产。

4　法律亦为某些动产（船舶、汽车、航空器）设立了相当于物业登记的制度。

多时候又容易变坏、耗损，因此法律用以保护不动产上的权利的某些措施，在动产方面就会变得不管用。这也能够解释为何会出现这种区别对待，并在某种程度上为它提供理据。然而，在葡萄牙及外国的法律体系内，这些措施仍然适用于某些动产，因为这些动产基于本身的性质，并不会使这些措施变得不管用。例如，法律就为船舶、汽车以及航空器，设立了类似于物业登记的一种登记（上述每一类动产各有一种）。最后，应该指出的是，上文只阐述了本主题的冰山一角，因为导致这种法律制度差异的理由，其实不止如此。

43. 不动产的界定：Ⅰ）本性使然或人为使然的不动产：农用房地产与都市房地产·区分的意义·区分标准：a）根据《民法典》规定·b）在不动产租赁事宜方面的区分标准·c）在物业税事宜方面的区分标准

《民法典》（第374条及第375条）将不动产分为本性使然或人为使然的不动产（imóveis por natureza ou por acção do homem），以及法律规定使然的不动产（imóveis por disposição da lei）*。下文将分而述之。

Ⅰ）本性使然或人为使然的不动产：农用房地产与都市房地产

根据第374条，农用及都市房地产，属于本性使然或人为使然的不动产。但显而易见，农用房地产是本性使然的不动产，而都市房地产则是人为使然的不动产。这样说也许更好：都市房地产是本性兼人为使然的不动产，因为相关的土地也构成了它的一部分，而土地就正是自然界的产物。所以，我们有必要将农用房地产和都市房地产互相区分开来。

区分的意义

我们知道，不动产和动产各自的法律制度是不同的。而在不动产当中，

---

* 译者曾经想过把 por natureza、por acção do homem、por disposição da lei 分别翻译为 "自然" "人为" "法定" [por natureza 和 por disposição da lei 之分，除见于不动产外，亦见于动产（参见下文编码44）和非融通物（参见下文编码51）]。之所以不采用这一译法，理由如下：上述译法虽然精简，但译者考虑到 "法定" 一词在此并不完全贴切原文，因为无论是上述的哪一种类，在某种意义上都是 "法定" 的（该区分在葡萄牙法律中有明文规定）。其实，por disposição da lei 在这里的意思是 "之所以如此，是基于法律规定"，亦即指出了一种因果关系。因此，若译为 "法定"，即失之笼统。因此，译者选择了更忠实于原文的译法，把 por disposição da lei 译为 "法律规定使然"，并相应地把 por natureza、por acção do homem 译为 "本性使然" "人为使然"。关于 natureza 一词的汉译，亦参见编码11 中关于 "法人的真正本性或存在方式" 的译者注。——译者注

法律对农用房地产与都市房地产的处理也同样有别。

例如，视乎不动产租赁合同的客体是农用房地产还是都市房地产，法律对有关合同的规制便大相径庭。这种差异，在多个方面上均有所见。但在今天，最显要、实际意义最大的区别在于：农用房地产的出租人可以使合同于约定期间届满时终止，并勒令承租人搬迁，只要出租人提前一段时间以某种方式示意（预先通知）即可；然而，都市房地产的出租人，却无这种基于不同意承租人续租而勒令其搬迁的权能（形成权）。仅都市房地产承租人方可使合同于有关期间届满时终止，只要他提前一段法定期间以法定方式示意即可。也就是说，只要承租人已经履行义务，出租人就必须任由前者想住多久便住多久。但应该指出的是，这种都市不动产租赁制度，只是临时性地在葡萄牙生效而已。它肇始于1914年战争所引发的住房危机，然而迄今为止，我们仍然看不出它何时才会结束。因此，这是一种持续已久的异常状况。而以往曾经生效，并应当于将来的某天恢复生效的通常制度，则是奉行合同自由。它今天仍然适用于农用房地产租赁。[5]

另外，在物业税的事宜方面，这两种房地产所受的对待也是不一样的。农用房地产税和都市房地产税两者的制度是迥然不同的（参见1913年6月5日的《物业税法典》以及一众补充性法例）。

区分标准

a）根据《民法典》规定

《民法典》第374条唯一附段规定："农用房地产指土地；都市房地产指任何与土地结合之楼房。"然而，上述立法定义是有必要厘清的。甚至，还需要对其中一个定义作出某些更正。农用房地产并不是指总体的土地，因为要是这样的话，就只会有一项房地产了。农用房地产只是土地的一个限定部分（或者说区域、范围、领域）。它是以其边界或界限来划定的，换言之，它是透过现实上或观念上（虽然并非总是以后一种方式为之，但它仍然是最普遍的方式）勾画于土地的确定界线来划定的。然而，房地产并非仅仅包括地表而已。它尚包括相应的地下和上空（第2288条）——*usque ad coelos et usque ad inferos*（上达天宇，下及地心）。[6] 另外，只有那些成为

---

[5] 规管不动产租赁合同的那些规范，主要见于1919年4月17日第5411号命令。然而，在那之后还有多不胜数的法例出台，其中最重要者乃是1924年9月4日第1662号法律。

[6] 虽然古人是这样说的，但正如我们在第2288条所看到的那样，这些话在今天必须灵活地理解才行。

某人（自然人或法人）的私有财产的土地部分，才称为房地产；而那些属于公有或地域性公有的土地部分，诸如街道、公路、公共广场、荒地等则不然（参见下文，编码52）。

都市房地产的概念，则以楼房（edifício）为前提。并不是任何建筑物都属于楼房，像一堵墙壁、一排围栏、一桩或一列柱子就不是了。只有那些可以被称为房屋（casa）的建筑物才算是楼房，至于其建筑材料、形状、大小以至用途，则在所不问（参见第 2327 条及第 2335 条）。所谓房屋，是指以各边界划定了一个土地范围的建筑物；而且，由屋顶或其他上盖所涵盖的相应空间，亦一并包括在内（根据 TEIXEIRA DE ABREU、JOSÉ TAVARES 所言）。然而，一栋楼房要成为都市房地产，还需要"与土地结合"才行。所以，它必须以地基、柱、桩或其他方式直接或间接与土地接合或连接、固定在土地上（根据 G. MOREIRA 所言）。仅仅放置在土地上是不够的（例如可卸移的木屋）。[7]

当法律关系的客体是一项纯粹的农用房地产或纯粹的都市房地产时，要根据前述概念来决定适用何种制度，实无难度可言。然而，当一项法律关系涉及由农用性质部分与都市性质部分（这按照前述概念来界定），亦即涉及由一栋楼房与一块毗连的土地（也许甚至并不毗连）共同组成的统一整体时，困难便顿时出现。例如，如果一间房屋与一块土地一并作为同一项不动产租赁合同的客体，而且合同又尤其因为"仅约定了一笔租金，而又不加以区分哪个部分相应于房屋、哪个部分相应于土地"而表现出单一性的话，就会出现上述情况。这时候，我们便有必要知道，到底该整体是作为农用房地产抑或都市房地产而受规范了。假如两种房地产的制度是一样的话，就根本不会有问题，也不需要有现在所讲的这种区分。但我们已经知道，它们的制度是不同的。

另外，即使将一个由农用房地产和都市房地产组成的整体的各个部分区别开来、作为独立的房地产般对待是可行的也好，根据第 374 条唯一附段，法律也可以为了某些目的，而强制地把它们都一并定性为农用房地产

7　当楼房本身直接构成转让的客体，而不包括与它相结合的土地时（例如出售楼房，并约定楼房于将来才拆卸），就可以被视作动产对待。这尤其体现为有关转让不必以公证书为之。但在能力方面的问题上（有些人，例如丈夫，仅能转让动产而不能转让不动产），这种解决方案却是相当有疑问的。参见 PIRES DE LIMA 教授的 *Lições de direitos reais*（由 DAVID FERNANDES 搜集），第 84 页注。

或都市房地产，从而对它们进行统一规管。物业税的情况，即为一例。下文稍后将对此有所论述。

b) 在不动产租赁事宜方面的区分标准

当由农用性质部分（土地）和都市性质部分（楼房）（上述部分的性质，是根据《民法典》规定来判断的）共同组成的房地产，作为不动产租赁合同的客体时，整体的房地产会被视为农用房地产抑或都市房地产，要视乎哪一部分的价值比较高（1919年4月17日第5411号命令第1条）。因此，在租赁事宜方面，所奉行的是较高价值准则。

c) 在物业税事宜方面的区分标准

在物业税事宜方面，所奉行的则不是较高价值准则，而是用途准则。所以，我们需要根据有关所有权人为两个部分所定的共同用途，来判断究竟哪一部分为主，哪一部分为辅。也就是说，视乎获另一部分辅助的那个部分，根据《民法典》所定的准则，是属于农用性质抑或都市性质，它们所组成的整体便属于该种性质。

如果农用性质部分（土地）是用来辅助都市性质部分的话，那么有关整体就会是一项都市不动产，即使农用性质部分价值更高亦然。例如，若一栋房屋旁边的花园被用作其居住者的庭院，则由房屋和花园组成的不动产即为都市不动产。由于某些城市的某些区域可谓寸金尺土，因此在这些地方，就有可能出现面积相对较大的花园比房屋还要昂贵的情况。如果是都市性质部分被用作辅助农用性质部分，则有关整体就会是一项农用房地产。例如，建有用来看守房地产，或用作压榨场、酒窖的楼宇的一个葡萄园，即为农用房地产；建有用以安置工人、牲畜、作物与农具的房屋的一个农场亦如是；建有一间专门做主人居住用途的房屋的一个庄园，也许亦然。要是在农用性质部分与都市性质部分之间，看不到有上述的那种主辅关系、主从关系，或者说等级关系的话，那么，各个部分都会继续按照民法上的标准维持其自身性质。这样的话，有关整体便会被看待为一项混合房地产，而非受到统一对待。这时候，税法上的标准便会跟民法上的标准一致。例如，一个建有所有权人的家的庄园，便属于这种情况。

上述处理方式，可见于一众法规：1913年6月5日的《物业税法典》，第4条及其第1附段、第173条；1929年4月13日第16731号命令，第7条及其唯一附段；1935年6月14日第25502号命令，第17条。

第三章
物的分类

43.（续）Ⅱ）法律规定使然的不动产：a）产出·b）非本质构成部分·c）不动产性权利·d）统合公债基金

a）农用房地产的产出（produtos）

在这里，农用房地产的产出，是指在不损害房地产的实质（substância）的情况下，周期性或非周期性地生自房地产的产益（utilidades）。然而，它仅指表现为物质性的东西的产益而已（通常是有机产物，例如树木或其他植物），而不包括收益（rendimento），[8] 易言之，亦即不包括房地产藉由跟第三人建立的、指向该房地产的法律关系而生的那些产益，像租金便是其主要例子。

如果产出具有周期性（*quidquid ex re nasci et renasci solet*，惯常生自于物并重生者），则会被称为孳息。"孳息"一词，在广义上也包括非周期性产出；另外，它还包括（但并非在该例外意义上才包括）收益。因此，狭义的产出仅指非周期性的产益，因为周期性的产益会被称为孳息。然而，《民法典》第375条所指的产出，乃是前文所述的广义者，这一点看来是很明显的。

按照一般原则，当产出跟生产它们的房地产在物质上互相分离时，产出便不再是法律规定使然的不动产。至于分离的原因为何，则在所不问。因此，即使这种分离是在没有所有权人意思介入的情况下，基于任何自然原因而发生亦然。例如，受旋风吹袭而倒塌的树木，只要不再与土地有联系，即不复为法律规定使然的不动产。这种处理方式，所遵循的是以下格言所揭示的法律传统：*fructus pendentes partes fundi videntur*（悬挂之果实，视为土地之部分）。在这里，我们对这句话作了反面解释（*a contrario sensu*）。

当产出跟房地产维持着在物质上的联系时，它们是法律规定使然的不动产。然而，如果它们作为一项合同的客体，而合同又约定它们于将来分离的话，它们就会被视作动产般对待。因此，所考虑的并非其当前状态，而是其将来状态。例如，约定树木会在将来砍下的买卖，便是如此。这种合同受动产买卖制度所规范，因而无须以公证书订立。

法律将（没有被分离的）产出界定为不动产，是想让产出对房地产的物质依赖或系属，有一个同等的法律从属地位作对应。法律希望产出原则

---

[8] 都市不动产的收益被视为孳息。它是所谓的法定孳息（参见下文，编码50）。

上跟随房地产的法律命运。我们并不认为，法律希望这种联系紧密到使产出不得成为独立（于指向房地产的法律关系的）法律关系的客体。但法律的确考虑到，在房地产上设立的那些法律关系，通常都会涵及房地产的孳息。当上述法律关系是产生自法律行为（例如买卖、赠与、遗赠）时，情况更尤其是这样。需要指出的是，至少在上述最后一个领域中，这样的法律规定仅具候补性质，所以在当事人的意图显得并非如此时，它便会被排除适用。

b) 农用房地产与都市房地产的非本质构成部分

非本质构成部分，是指为了提升一项农用或都市房地产的效用而恒久结合或固定其上，但却保有区别于房地产的自身独立性的那些本性使然的动产（coisas móveis por natureza）。

鉴于房地产的非本质构成部分和它所辅助的房地产之间的联系，法律将它视为法律规定使然的不动产。当着眼于其自身独立性来考虑它本身时，它是动产；然而，当所着眼的是它"系属于房地产以提供恒久辅助"这种身份时，法律则视之为不动产。归根结底，这种立法意图的意义及范围，与前文就产出所言者相若（参见上文，a点）。

非本质构成部分与本质构成部分

然而，在继续我们的论述之前，为了能更好地识别非本质构成部分的概念，宜先指出，它们跟房地产的本质构成部分是不同的。

本质构成部分（parte componentes，又名 partes constitutivas）是那些作为房地产结构一部分的物。因此，如果没有它们的话，房地产就会变得不完整，或者不适用于其所旨在达致的用途。例如，一间房屋的门、窗、梁柱、瓦片、天窗，俱为该房屋的本质构成部分，因为它们是用以组成该整体的元件——*ad integrandum domum*（构成家的一部分）。

非本质构成部分（partes integrantes），则未足以成为房地产自身结构的元件，因为即便没有它们，房地产仍然可以完好地存在，而且也能用于其旨在达致的用途。它们只是提升了房地产的效用，使它变得更具生产力，或更具安全性、舒适性或雅观性而已。它们是为房地产效劳的，易言之，对于房地产而言，它们担当着辅助性或工具性功能。但与此同时，这些属于本性使然的动产的物，在转变为不动产的非本质构成部分后，亦得以实现（或更好地实现）它们本身的经济性目的。

抽水机，便是农用房地产非本质构成部分的典型例子，而都市不动产

第三章
物的分类

非本质构成部分的典型例子，则要数电灯装置和避雷针。⁹ 毫无疑问，一台抽水机、一根避雷针等，都提升了相关房地产的效用，因为它们增强了其生产力或安全性；同样地，它们在替房地产效劳的同时，也实现了自身的通常和特殊用处。

非本质构成部分的概念阐述

根据主流学说，非本质构成部分所不可或缺的要件如下：

1）必须是本性使然的动产（coisas móveis por natureza）*；

2）必须与相关房地产之间有某种联系；

3）上述联系必须属于恒久性质；

4）有人认为，这种联系必须由该两个物（非本质构成部分与房地产）的所有权人建立。¹⁰

9　详见 G. MOREIRA, *Instituições*, Ⅰ, 第 346 页。在农用房地产方面，G. MOREIRA 所举的例子还包括了围墙。至于都市房地产方面，他并没有提及电力装置（因为当时我们尚未应用电力装置），但提到了水管和燃气管。

*　传承了葡萄牙《民法典》的澳门《民法典》，其中文版第 200 条第 2 款（关于非本质构成部分）把 coisa móvel por natureza 译为 "具动产性质之物"，实属误译。因为，立法者之所以加设 por natureza 这一限定，是希望把 coisa móvel por disposição da lei（法律规定使然的动产，亦即所谓 "动产性权利"，参见下文编码 44，Ⅱ）排除在外，而这正是学说所一直强调的。译之为 "具动产性质之物"，无法体现这一用意，亦不利于理论溯源。——译者注

10　关于最后两项互有关联（后者为前者的推论）的要件方面，FERRARA 在其 *Trattato*，第 780 页至 781 页写道（他将某个概念视为上述四要件中第二项要件的必要前提，并提到了属物的概念；属物是一个更广的类别，包含了非本质构成部分）："临时或偶然地派有用场（destinação）是不够的。这种联系必须有某种稳定性、必须是持久的。如果一名所有权人为了举办一场隆重的典礼，而装设了一些吊灯来装饰他的府第，那么这些吊灯并不会取得属物的性质。属物是以一项稳定关系作为前提的，这是一项大原则……关于属物的成因方面，这项原则的必然推论是：属物的性质，只能由那些对物拥有一项恒久权利的人来创设，也就是说，只能由所有权人来创设。因此，该人必须同时拥有主物的所有权和属物的所有权。仅所有权人（或被认为是善意的占有人）方能具有 "将一物稳定地用于辅助另一物" 这种意图，因此，仅所有权人方能作出这种用途指定……与此相反，用益权人、承租人是不能有这种意愿的……然而，永佃权人则可作出上述用途指定，因为他拥有不动产的永久权利。"

此外，《立法与司法见解评论》（*Rev. de Leg. e de Jur.*）（第 68 期，第 379 页）也谈到了属物（范围不限于房地产的属物）："一般而言，某物一旦具有属物性质，那么以主物为客体的法律关系便会延及该物，于是它便会跟随主物的命运。所以，一物若要取得属物性质，它就必须从属辅助另一物，而且不能只是暂时性地被派作这种用场。这是因为，如果这种用途指定只是暂时性的话，那么在利害关系人无特别意思表示的情况下，是没有理由认为它会受到关于主物的法律变动所波及的。另外，由于这种用途指定必须属于恒久性质，因此作出这种用途指定的人，必须拥有一项恒久的权利。"

我们对首项和最后两项要件并无太大疑问,[11] 但对第二项要件则并非如此。非本质构成部分和房地产之间的联系,至少表现为前者被拿来辅助后者,或者说被拿来辅助后者的效用,这一点是毋庸置疑的[这种结论乃是得自第 375 条第 1 款——"影响(译者加:非本质构成部分)所应提供之有用辅助"*]。[12] 然而,两物之间是否单纯有一种经济性联系即可?还是说,两物之间尚需存在物质联系?这个问题则是有争议的。

较旧的学说见解(下称传统见解)认为,这种物质联系是必不可少的,而且非本质构成部分必须固定、系结或并合于房地产上,而不仅是跟房地产有物理接触而已。然而,较新的学说见解则认为,只要它派有经济性用场(afectação económica)便已足够,换而言之,只要有关动产被用来辅助房地产的功能和效用就够了,至于它和房地产之间有否物理接触则在所不问,也就是说,并不需要将动产安置于房地产上。

传统见解主要是以法律字面意思为依据。鉴于第 375 条第 1 款把"一旦分离,即影响所应提供之有用辅助之……未被房地产主人本人分开之非本质构成部分"界定为不动产,传统见解因而认为这里所涉及的是上述那种真正意义上的物质联系(亦即固定),因为只有这样,才谈得上分离或分开非本质构成部分。

至于另一种见解,则见于《立法与司法见解评论》(*Rev. de Leg. e de Jur.*)

---

[11] 但是,仍然有必要对它们作出某些说明。例如,物与房地产之间的联系所应具有的恒久性或稳定性,似乎必须外显化为事实状态,也就是说,必须有一种(这个意义上的,hoc sensu)客观呈现。另外,应该指出的是,这种恒久性(又称永续性)表现为物与房地产之间的联系并无时间限制,但物理法则(也许还有经济法则)所导致的限制则除外。在这个问题上,持上述见解者有 ANDREOLI。参见其 *Le pertinenze*,第 213 页。需要注意的是,这位学者是极为反对第四项要件的,而且他的理由也相当合理。

* 此处并非误译。原文为"不影响……"(sem prejuízo de…),但由于下文再度出现的同一条文宜译作"一旦分离,即影响……"故在此将"不"字删去,否则为使前后一致,后者只好译作"不得在不影响所应提供之有用辅助之情况下分离之……"甚为累赘。况且,此处有"不"与否亦非重点。——译者注

[12] 在讨论属物制度时,外国学说通常会强调一点:非本质构成部分必须是用以辅助房地产,而不能只是用以辅助所有权人。易言之,它必须被用于房地产的恒久需要或效用,而不仅仅是为当时拥有房地产的人的利益或便利而效劳。所以,非本质构成部分必须是房地产的工具(instrumentum fundi),而不能只是家父的工具(instrumentum patris familias)。因此,可以说非本质构成部分和房地产之间有一种客观目的关系(参见 FERRARA 的前揭著作,第 779 页),或者说有一种物与物之间的客观效用关系,而并非单纯一种人与物之间的主观效用关系(参见 ANDREOLI 的前揭著作,第 192 页,注 1)。房地产和物之间的经济性关系,是否必须是一种从属关系?此问题可参见 ANDREOLI 的前揭著作,第 192 页以下。

第三章
物的分类

（以下简称《评论》）（第 68 期，第 378 页至第 382 页）。该处用了不小的篇幅，试图证明有关见解是正确的。《评论》的理据如下："这种分离或分开，完全可以只是一种目的上的分离或分开，亦即不再将属物用于有关目的，而不一定要是一种物理断连。"（参见第 380 页）另外，"法律将房地产非本质构成部分不动产化的理由，除了适用于那些跟房地产有物理连接的物之外，也同样适用于那些跟房地产无物理连接的物。如果说，这种不动产化的目的，是为了避免在当事人无相反意愿的情况下，房地产与其属物之间的关系被割断，从而有损房地产价值和这些财产[13]的使用便利性的话，那么，这一种用意无论是对于那些物质上固定于房地产的物，诸如电力装置、抽水泵的情况而言，还是对于其他的物，诸如用于开发农用房地产的动物或工具的情况而言，都是同样合理的，哪怕后者和房地产之间只存在经济性关系亦然。例如，当农用房地产被出售或遗赠时，房地产上一台足以影响房地产开发可能性的取水机，便理应亦随之一并被出售或遗赠；同理，在房地产被出售或遗赠时，那些恒久地用于辅助房地产，并能左右房地产使用便利性的动物和工具，理应亦随之一并被出售或遗赠"（参见第 381 页）。[14]

我们应该采纳上述哪一种观点？在我们看来，《评论》的取态并没有得到充分论证。言及分离或分开非本质构成部分的法律字面意思，就算未至于使我们信服另一种见解，也总多少为它提供了一些支持。"partes integrantes"这个名称本身，也让我们得出同样的看法。它被国外的民法学者用作通常意义上的"partes constitutivas"（组成部分）的同义词。假设法律将这个名称用于那些虽然并非房地产的组成部分，但却与房地产有物理连接的物，这种做法倒还可以理解。可是，如果说法律希望将那些只是恒久用于辅助房地产，但却与其无上述物质联系（连接或附着）的动产，也一并视为非本质构成部分的话，恐怕是很难说得过去了。

另外，《评论》的见解，乃是《法国民法典》以及葡萄牙以往法律的处理方式；只不过葡萄牙旧法的表述方式是十分不同的，而且也较为清晰，

13　但它们在某种限度内，可以成为区别于指向房地产的法律关系的不同法律关系的客体。此即非本质构成部分与本质构成部分在法律状态方面的区别之处。参见上文，编码 48。

14　《评论》在该处所举的非本质构成部分的例子，还包括用来提升土地肥沃度，或从属于用以取得某些产出（例如奶、乳酪）的房地产的那些动物，甚至所有权人饲养来促使房地产上的牧草、果实或产品长得更加肥硕的那些动物。

因此在互相比照之下，我们会有一种相当清楚的观感：第375条第1款的立法者，是不希望采纳这种处理方式的。而且，个中用意也可想而知。因为，一旦采纳这种处理方式，便顿时会在其适用上遇到难题：究竟哪些动产因为与房地产有纯粹经济性关系，因而应被界定为房地产的非本质构成部分？这是难以判别的。如果我们采纳相反的见解，便不会碰上这种困难了；就算有，其难度也相对较低。除此之外，我们（至少）也认为，单凭《评论》的标准，就把一些动产视为房地产的非本质构成部分，并将它们涵盖入与房地产相关的法律关系里，这种做法到底是否跟当事人的通常意愿相符，也非常值得商榷。即便从其他角度来看，说这些物应当跟随房地产的法律命运，也是相当有疑问的。[15] 举例言之，在物业移转税[16]、公用征收[17]和债务执行程序中的查封[18]方面，莫不如此。

最后，这种处理方式也难以跟第949条第3附段（由第19126号法令引入的文本）吻合。该条文规定，"工厂之抵押，范围除包括被视为不动产之楼房、庭院与属物外，尚包括用于相关经营之机械设备与动产……"显而易见，如果采用《评论》的解释，那么上述机械设备与动产就会成了房地产的非本质构成部分，并根据第375条第1款的规定而被视为不动产了。[19]

有鉴于此，我们认为，在这一问题尚未更完全地得到厘清的情况下，我们是应当跟随传统见解的。但需要指出的是，相反见解的支持者一般也要求非本质构成部分与房地产必须有"适当的位置关系"（语出FERRARA）——这一点是《评论》没有考虑的。这种关系，表现为（至少原则上是这样）非本质构成部分必须通常处于房地产上。因此，这是一种接触关系，易言之，非本质构成部分与房地产之间存在物理联系，但却又未至于在物质上固定于房地产上。

---

[15] 常言道，一般而言的非本质构成部分（正如任何属物）上的第三人权利是不受影响的（*salvo iure tertii*）；至少，如果当非本质构成部分跟房地产形成联系之时，在非本质构成部分上已经存在任何为第三人设定的权利的话，这种讲法是正确的。

[16] 这样的话，在针对不动产有偿移转的这种税的计算上，房地产价格便会包括这些物的价格了。

[17] 如是者，征收实体便需要连这些物也一并征收，并因为这些物的征收而作出相应支付。

[18] 倘若如此，查封不动产时便会连这些物也一并查封，而且，它们亦不得在违反债务人意愿的情况下被分开查封。

[19] 还有一些条文跟我们现在所讨论的问题有关（虽然比较不明显）。作为例子，可参见第1575条、第1616条第1款（第5411号命令第15条）及第1843条，以及《民事诉讼法典》第822条第3附段、第842条。

非本质构成部分的不动产化如何终止

法律规定，当非本质构成部分"被房地产主人本人分开"（第375条第1款）时，便会丧失这种性质，因而不再属于法律规定使然的不动产（res civiliter immobiles）。这种分离或分开必须由所有权人为之，而不能是基于自然原因或第三人的事实造成，自属无疑。[20] 然而，是否只需要出现一种纯粹经济性的分离即可？还是说，有关分离必须是一种物理上、物质上的分离？房地产主人的意思，对于非本质构成部分不动产化的终结而言，固然是必要的，但是否也是充分的呢？

主流学说认为，这种分离必须是一种物质分离。因此，一根避雷针并不会仅因其所有权人已将之出售，便不再成为相关房地产的非本质构成部分。要使它失去非本质构成部分的属性，尚须把避雷针移离原处。由此可知，只要物质状态维持不变，那么，已被独立出售的避雷针就仍然属于后来购入房地产的人所有。可以说，这种结果是合理的，因为避雷针的买受人要即时取走已购入的东西以自保，是比较容易的，但房地产取得人要知道避雷针已被出售，则相对较难。[21]

由于这种处理方式并不会引起我们任何非议，因此我们同意，非本质构成部分的非不动产化（或称动产化），仅于相关的物质分离发生后方会发生。然而，这并不妨碍一项尚未物理分离的非本质构成部分的转让属于动产转让（这尤其体现为其转让无须以公证书为之）。在有关合同中，缔约者们所着眼的并不是非本质构成部分的当前状态，而是它在嗣后时刻（分离之后）将会处于的状态；那时候，其法定不动产化已经终止了。所以，这是一种非本质构成部分的提前动产化（mobilização antecipada）。易言之，在合同中，非本质构成部分已提前表现为动产。

c）不动产性权利（direitos imobiliários）

不动产性权利，是指固有（inerentes）于农用或都市房地产的权利。它们被第375条第2款界定为法律规定使然的不动产。这些权利，是以他人房地产为客体的用益性或担保性限制物权（他物权，iura in re aliena），诸如

---

[20] 这跟产出的情况不同。当非本质构成部分在无所有权人意思介入的情况下被分离时，所有权人通常都会把它们重新放回原处；主流学说认为，这一点就可以解释为何产出和非本质构成部分两者会有这种差别了。

[21] 至于其法律层面的理由则是：非本质构成部分是作为将来物（coisa futura）被出售的。由于它仅在分离后方独立存在，因此只有在分离后，它的所有权才会移转予买受人。在第1578条和第1580条上，这种考量有着关键性的意义。

用益权、地役权、田底权、抵押权等，即属其例。只有这些权利才可以说是固有于农用或都市房地产，因为它们是直接坐落于（recair sobre）这些房地产上的，就俨如是现实事物所内在固有的一般。因此，那些单纯的对人权或称债权就不属于不动产性权利了，哪怕债务给付在某种意义上讲是以房地产为客体亦然。承租人的权利，便是如此。它并非物权，而是对人权。承租人不拥有任何对所承租的房地产的权利。他只有权要求出租人向他提供及保障该房地产的使用和收益、向他交付房地产、要求出租人不妨碍上述使用与收益，以及在某种限度内排除由第三人或自然原因所造成的妨碍（第 5411 号命令，第 1 条及第 15 条第 1 款、第 4 条、第 16 条、第 17 条及第 20 条）。

因此，他只有一项这个意义上的（hoc sensu）对房地产的权利，仅此而已。只有在某些方面、在某些时候，承租人的地位才能跟物权拥有人的地位相提并论（第 5411 号命令，第 10 条及第 20 条；《民法典》第 949 条第 2 款及其第 2 附段 e 项）。

最后，应该指出的是，虽然在这些权利之中，只有那些可以成为其他权利的客体的权利，方为法律意义上的物，但《民法典》肯定是想指一切的这种权利，以便使关于房地产转让的法律规范，可以适用于创设或移转该等权利的法律行为。

d) 统合公债基金（fundos consolidados）

第 375 条将"处于永久性或暂时性不动产化状态之统合公债基金"（第 2 款）也界定为法律规定使然的不动产（res civiliter immobiles）。我们称这一类物为不动产化基金（fundos imobilizados）。接下来，我们来看看它是什么。

学界一致认为，这里所指的仅仅限于葡萄牙的公债证券（葡萄牙公共基金，fundos públicos portugueses）而已，而不包括其他任何银行与公司的股票或债务（私人基金）。[22] 然而，在上述公债证券中，唯独统合公债记名式证券方属此类。所谓统合公债，是指国家不保证随时透过将证券的票

---

[22] 也不包括其他国家的公债证券。DIAS FERREIRA 在其 *Código Civil Anotado*，I，第 375 条的注释中，援引了 1865 年的《民法典》草案第 35 条（相当于现行《民法典》第 35 条），来支持文中所述的见解。该条文明确地将统合公债基金与公司股票视为两种截然相反的东西。

面价值偿还予放贷人以作出清偿的债务（永久性债务）。[23] 与此相反的，则是国家保证在某段期间内予以清偿的债务（暂时性债务）。[24] 而所谓记名式证券，则是指那些透过在证券上作出书面声明（证券移转声明，pertence）[25] 来进行移转的证券；而且，有关移转必须于公共信贷委员会（Junta do Crédito Público）进行登记，以记录证券上所载事实（记载，assentamento）。[26]

以上所言，当属无疑。然而，究竟使这些证券成为法律规定使然的不动产的那种不动产化是指什么？在什么条件下，它们会根据第375条第3款的规定而处于不动产化的状态？对于以上问题，学者们则意见不一。根据传统见解，[27] 这种不动产化其实就等同于不可转让。易言之，它是指证券永久性或暂时性地不得由其正当持有人作出转让，或者，仅仅在某些情况下或者在遵守特别要件后方可转让，而不能根据法律的一般规定自由进行转让。注记为某些法人（尤其是那些仁慈堂以及其他救济或公益机构）所拥有的证券，即属永久性不动产化的例子。仅于获得相关监督实体准许后，上述法人方可转让之。注记为未成年人所拥有的证券、附注有嫁资条款的证券、附注上声明证券设有用益权或用作担保（caução）等的证券，则为暂时性不动产化的例子。

---

[23] 认为应当如此解释第375条第3款的见解，作为例子，可参见 DIAS FERREIRA 的前揭著作（出处同上）。在该著作的第一版出版时，《民法典》已经出台三年了，因此《民法典》所使用的立法或通常术语，他应该已经十分熟悉。

[24] 临时性公债，尚可分为可摊还性（amortizável）公债和流动（flutuante）公债。它们的分别，基本上就在于偿还期限的不同。前者偿付期较长；后者则较短，通常不超过一年，因为这种公债通常是用来纾解国库急需的：在某些时候，有必要刻不容缓地作出一些支出，以便能够于有关经济年度收取预算收入（尽管仍属待收）。

[25] 此声明是由正当持有人作出的。有关正当持有人的名字，必须记载于证券上。人们习惯称之为 pertence（证券移转声明）。

[26] 参见《公共信贷委员会规章》（1940年12月30日第31090号命令）第70条第1附段、第80条及其第1附段、第125条b项、第130条a项。之所以应该将第375条第3款解释为仅适用于记名式证券，是因为如果不是这样的话，就会无法对证券的流通进行必要的监管了。

[27] O Direito，第13期，第43页；Rev. de Leg.，第31期，第328页（再晚一点，到了第42期的时候，它则转而追随 G. MOREIRA 的见解；参见该期的第14页）；TEIXEIRA DE ABREU，Curso de Direito Civil，I（1910年），第317页；CUNHA GONÇALVES 博士，Tratado de Direito Civil，III，第96页至第97页；1902年6月27日的最高法院合议庭裁判（O Direito，第35期，第4页）。参见 DIAS FERREIRA，前揭著作，I（第1版），第378页（但比较隐晦）。

GUILHERME MOREIRA[28] 对上述传统见解作出了反驳。他的理由是：首先，不可转让性并非不动产的特性；其次，根据第 375 条唯一附段（它相当清晰地揭示了法律思想），他认为统合公债基金的不动产化是指"将其运用于一项特别目的；同时，该等证券亦因此而具有特别保障，这尤其体现为：仅于法定情况下并遵守法定手续，方可转让该等证券"。

根据这种标准，那些属于公益机构（基于其致力于一项特定宗旨）的证券、附注有嫁资条款的证券，以及附注有声明表示作为向穷苦者、为贫困女子的嫁资或向任何公益社团或财团作出连续给付之用的证券（参见第 1872 条），即处于不动产化状态。至于那些注记为未成年人或某一议会（Câmara）所拥有的证券则不然，除非在第二种情况下有关证券是用于某些特定目的（例如用于该议会辖下的一个收容所）。

最后，JOSÉ TAVARES 认为，[29] 不动产化是指证券（为了某些目的？）被宣示为不动产（declarados imóveis）；也就是说，被宣示为受不动产制度所规范（我们认为这样说比较好）。所以，那些用于嫁资的证券，并不会仅仅因为用于嫁资便即时在第 375 条所规定的那些方面上转为不动产化，并因而变得不可转让（第 1149 条）。因为，如果要产生这种效果的话，还需要嫁资给予者在条款中订明有关证券受嫁资不动产的制度所约束。

这个问题要如何解决？

我们认为，虽然传统学说的主张在其适用上可能会有一些值得商榷之处，但我们却也没有充分的理由非要摒弃它不可。[30] G. MOREIRA 所作的那些修正和批评，并不是关键性的。的确，并非一切不动产均不可转让，恰恰相反，它们通常都是可转让的（参见第 2357 条及第 2359 条）。而且，这项原则的少数例外，动产也有（第 1148 条、第 1149 条及其第 1 附段）。然而，我们看不出这为何会使我们不能认为"不动产化"一词意味着被宣示为不可转让，因而第 375 条第 3 款想讲的是，符合这种条件的证券会被视为

---

[28] 参见 Instituições，Ⅰ，第 348 页至第 349 页。持相同见解的有 MONCADA 教授。其详细、有意思的阐述，参见其 Lições，Ⅱ，第 36 页至第 43 页。

[29] 参见其 Os princípios fundamentais，Ⅱ，第 336 页至第 339 页。

[30] 显然，这种看法本身也是有争议的，而且，下文试图用来支持它的那些理由，亦未尽可靠。但实际上，我们认为这一点并不是很明显，而这也正是我们之所以倾向支持传统见解的原因之一。需要指出的是，传统见解的主张，被巴西《民法典》第 44 条Ⅱ（部分地？）采纳了。

第三章
物的分类

不动产。而且，从该唯一附段——针对统合公债基金的部分——也可以得出以下的反面推论（argumento a contrario）：一般而言，"运用于特定目的"并不是这些证券不动产化的前提。[31] 从立法论的角度而言（de lege ferenda），我们也不认为这项要件真的是必不可少的。[32]

上述两点考量都表明了，传统学说的主张是不应该遭受 G. MOREIRA 提倡的限制所规限的。而这项主张的正面理据，则在于法律的用词所带有的通常意义。因为，基于事物本性，这里所指的不动产化只可能是一种法律上的不动产化（而非物质上的不动产化），因此，以"imobilizados"一词的通常意义（译者按：变得不能移动）言之，这种不动产化必然是指有关证券不得按照法律的一般规定被自由交易，换句话说，就是指这些证券在某种条件下、在某种程度上是不可转让的。

毫无疑问，当这些证券完全不得被转让，或者仅可在某些法定情况下、[33] 在某种限度内被转让时（嫁资证券即属其例，参见第1149条及其第1附段），有关证券便带有这种不可转让性。这是一种客观性的不可转让（inalienabilidade objectiva）。而且，它至少也是符合了不动产化的概念。[34]

但至于那些属于法人或无行为能力人的，而且只要被认为有利于相关拥有人的某些自身目的或利益时即可被转让，但必须得到监督实体（例如政府）或法院的准许方可为之[35]的公共基金方面，有关的不可转让则仅属主观性的不可转让（inalienabilidade subjectiva）。仅出现这种主观性的不可转让时，能否适用第375条第3款的规定？传统见解似乎认为答案是肯定的，

---

[31] 根据复审委员（Comissão Revisora）的《会议记录》（第80页），第375条第3款是因为 JOSÉ JÚLIO 的建议而加入的，而"它并不妨碍该条文唯一附段的一般性"。可是，这也不必然意味着，该第3款的颁布就只是为了要使上述唯一附段的处理方式更加清楚明白。

[32] 人们可以反驳说，不将财产作特定目的之用，但它们却又不可转让，是让人大惑不解的。但即使的确是这样也好，不动产化也不会因而不是直接地表现为不可转让，而是间接地表现为将它们用于某种用途之上。这跟 G. MOREIRA 的主张（出处同上）恰恰相反。更何况，将财产用于某种用途，也可以被理解为不是以其实物为之，而是仅仅以其价值为之，也就是说，财产是可以（以有偿方式）自由转让的，只是不可以自由动用因此而取得的收益罢了。

[33] 或者在获法律容许的法律行为协定所协议的情况下。

[34] 被不动产化的东西（imobilizado），是那些被变成不动产、被变得动弹不得的东西。但要指出的是，GUILHERME MOREIRA 的见解并非完全与此概念不相兼容。

[35] 假如只需要有法人决议机关（例如会员大会）或亲属会议准许即可，我们则倾向认为这不能说是一种不可转让，因此，也不能说是不动产化。无论如何，均参见前引第86条第1款。

但若如此认为，则难免会引起一些不小的非议；可是，我们也不认为相反的见解是完全没有问题的。[36]

最后，应该注意的是，公债证券就像其他财产一样，原则上并不是不可转让的（参见第2357条及第2369条）。仅仅在法定情况下，或在订立了获法律许可的协定条款时，它们才会变得不可转让。因此，我们认同 JOSÉ TAVARES 的看法：那些用于嫁资的证券，并不会仅仅因为用于嫁资就即时变得不可转让。当事人尚需要协定它们不可转让，它们才会变得不可转让。[37] 而且法律也允许这样做（第1148条）。这种协定，当然可以透过任何能适当表达出相关意愿的方式为之，因此，只要当事人声明将这些证券视为不动产，或声明这些证券须被看待成不动产般处理即可（第1149条）。

44. 动产的界定：Ⅰ）本性使然的动产·Ⅱ）法律规定使然的动产

跟不动产方面所采用的分类法相类似，《民法典》第376条把动产分为本性使然的动产（coisas móveis por natureza）和法律规定使然的动产（coisas móveis por disposição da lei）。虽然该条文只是以一种间接或者说消极的方式，向我们给出了上述两者的定义，但要理解它们还是很容易的。

Ⅰ）本性使然的动产

本性使然的动产，是指一切不属于农用或都市房地产，也不属于它们的产出或非本质构成部分[38]的有体物（条文的表述是"物质性的东西"）。它不仅包括只能由外力推动或运送的死物，还包括能够自己活动或移动的生物（动物）。后一类物通常被称为"semoventes"（能自主地活动的东西）。在某些方面，法律会像对待不动产那样对待一些本性使然的动产。船舶就是主要的例子（《商法典》第485条、第584条、第585条）。

Ⅱ）法律规定使然的动产（动产性权利，direitos mobiliários）

法律规定使然的动产，是指一切不被第375条第2款界为不动产的权

36　更何况，可以说这种看法（以及传统见解的基本主张）是得到了一些晚于《民法典》出台的法律规定，尤其是《公共信贷委员会规章》第86条第1款支持的。根据该款，"登录公债（那是其中一种公债证券）之转换，可属：1. 强制性，前提是其涉及暂时性不动产化资本，诸如担保（caução）嫁资、用益权、属于未成年人或禁治产人之有价物……"在该规章中，还有另外一些条文跟第375条第3款的不动产化的概念有关：参见第21条第9款c项，第71条，第84条，第89条a项、b项、d项及其唯一附段，第143条及第155条。

37　但这种解决方案也不是全然不会引起疑问的：参见第1140条。

38　亦不能属于本质构成部分。另外，也不能属于统合公债基金，如果它真的可以被视为"物质性的东西"的话。

利。然而，这种区分显然只与财产权有关而已，至少原则上是这样。而且，在财产权当中，也只有那些可以成为其他权利的客体的财产权，才真正属于法律意义上的物。

45. 有关前述区分的若干解释性规范

基于规范的普适性而属于最为重要，而且几乎是仅有的这种解释性规范，是第377条及第378条。

第377条界定了当在民事法律或法律行为中（条文的表述是"或在文件及合同中"）并非另有所指时，"bens imobiliários"、"coisas imobiliárias"以及"imóveis"、"coisas imóveis"、"bens imóveis"这两类词语的外延范围：第一类词语毫无例外地包括一切不动产，而第二类词语则仅包括那些本性使然的不动产和人为使然的不动产（也就是说，仅包括房地产）。该条文的唯一附段也以相同的方式定义了"bens mobiliários"、"coisas mobiliárias"，以及"móvel"、"coisas móveis"、"bens móveis"这两类词语：前者包括一切动产，后者则仅包括本性使然的动产。

根据第378条的规定，当在任何法律行为中[39]使用"某某房屋或房地产之动产"这一表述时，它"仅包括那些被称为家具、用品或陈设的东西"。至于这几个词，法律则没有再加以定义。法律想表达的，固然是它们的人所共知的通常含义。然而，要界定上述每一个词的外延范围是不容易的，甚至它们的总的外延范围（在这里，后者更为重要）也不容易界定。

那么该如何是好？[40] 首先，应该指出的是，被解释的表述（"某某房屋或房地产之动产"）本身，似乎是指房屋或房地产"的"家具、用品或陈设，而非房屋或房地产"中的"家具、用品或陈设。有鉴于此，并考虑到这些用语的通常含义，我们认为可以对这些词语的总的意思以及上指表述，作一些相对可靠——但亦非百分之百准确——的说明。例如，我们认为，有关词语和表述的范围包括家私（诸如桌、床、椅、衣柜等）、地毯、碗盘、餐具、厨具以及通常非作个人使用（非属个人专用）的衣服，而不包括钱和其他有价物、珠宝、属于个人专用的衣服及其他物件、为使用或出售而放置于房屋中

---

[39] 但它并不规管该表述出现在（实质意义上的）法律中的情况，因为（实质意义上的）法律是普遍抽象地进行规范的，它不能言及具体特定的房地产。

[40] 关于此问题，参见 *Rev. de Leg.*，第29期，第294页；G. MOREIRA，前揭著作，Ⅰ，第350页至第351页；TEIXEIRA DE ABREU，前揭著作，Ⅰ，第271页至第275页；JÓSE TAVARES，前揭著作，Ⅱ，第310页至第313页。

的水果、农产品或商品等。显而易见，如果前一类东西本身是属于另一间房屋，而只不过是碰巧位处有关房屋的话，则不属之。另外，倘若它们只是偶然（例如为了维修目的）位处房屋之外，则仍属之。[41]

由于上述法律规定属于解释性质，因此，仅当对法律条文或（根据法律的一般规定所协议的[42]）协定条款进行解释后得出一个模棱两可的结论时，方应适用之。也就是说，如果有关解释表明法律思想是另有所指（例如第 551 条 3 款及第 745 条；参见第 1571 条）或当事人是另有所想[43]的话，就不应该适用上述规范了。当有任何相反的特别解释性规范时，无疑亦不应适用之（参见第 1461 条）。[44]

46. 可替代物与不可替代物·定义·区分的意义

法律只是偶尔提到了这种区分（第 765 条第 3 款、第 1633 条、第 1636 条及第 1637 条），也假定了有关概念已为人所知，而没有按照传统学理明确定义它们。

定义

可替代物，是指那些并非特定地（in specie）亦即并非具体确定地出现在法律关系中，而是仅仅透过某些（具有一定明确度的）共通特性，以及藉点算、称重或量度而得出的数量，笼统地（in genere）出现在法律关系中的物（有体物[45]）（res quae pondere, numero, mensura constant；以称重、点

---

[41] 我们可以拿第 1832 条来跟第 378 条作一个比照。前者规定"遗赠房屋及一切处于其中者，不代表亦遗赠债权，即使有关文书及文件处于房屋中亦然……"易言之，有关遗赠会包括一切处于房屋里的本性使然的动产，只是不包括债权而已。这种限制适不适用于银行或储蓄总行（Caixa Geral）的那些债权证券和存款（当存折位处房屋中时）？当涉及那些具有所谓市场价格（牌价）的债权证券，亦即银行和公司的股票或债券，尤其是公债证券的时候，上述的疑问就会发生在债权证券方面。至于存款方面，答案很明显是否定的。这种情况，其实就跟遗嘱人在其另一间房屋中的保险箱里面放了一些钱，但在被遗赠的房间中则有一些相关的账目没有分别。最后，应该指出的是，当有关遗嘱虽然没有一字不差地（ipsis verbis）使用上述句子，但不至于因而表达了别的意思时，例如，当其使用了"我把我的房子，还有里面的一切都留给……"这种实务上极为常见的表述时，上述条文同样是适用的。

[42] JOSÉ TAVARES 在其前揭著作，II，第 309 页中所主张的限制是武断失当的。

[43] 这种看法有第 378 条最后一句话（"除非当事人的意愿显得并非如此"）作为支持。这亦可类推适用于第 377 条。

[44] 在前面相关注释的最后部分中针对第 1832 条所述的见解，亦适用于这些条文。

[45] 这种区分仅适用于有体物，甚至可以说是仅适用于动产。但为此应将债权证券亦归入有体物之列。

算、最度界定之物）。[46] 如果一项法律关系以一定数量的特定种类的物作为客体，而该数量则留待适当时候（履行交付或返还义务之时）以任何上述种类的物（只要符合上指数量即可）予以填充的话，那么，该法律关系便是以可替代物为客体（*res quae in genere suo functionem recipiunt*，以种类体现功能之物）。[47] 当我们并非谈及任何具体的法律关系时，我们可以称之为泛指（em geral）的可替代物；而当着眼于一项具体的法律关系时，则可谓之特指（em especial）的可替代物。在第一个意义上，那些通常这样子出现在法律关系中的物，便属于可替代物。金钱、小麦、金条、药物、书籍以及其他全新（未被使用过）的标准划一化的工厂制品，即属其例。在第二个意义上，如果一项法律关系的客体是以上述姿态呈现的话，我们就会说该项法律关系指向可替代物，即使人们在法律交易中通常都不会以这种方式对待那一类物亦然。

其他一切的物，皆为不可替代物。它的概念跟可替代物相反。

可替代性或不可替代性并不是烙印在物上的，或者说，并不是不可改变地扎根于物的特性上的。它们是跟生活惯例，或者当事人在藉以创设每一项具体关系的法律行为中的意思相关联的。因此，我们并不是以自然科学准则来判别一个物是否属于可替代；我们所采用的，是所谓的经济性或社会性准则。平素表现为可替代物的某种物，可以在特定情况下，因当事人的意思而成为不可替代物。[48] 相反的情况，也并非不可能出现。[49]

可替代或不可替代的概念，也常常被运用到积极事实给付方面（至于消极事实给付则必属不可替代）。如果对于债权人而言，无论有关事实是由债务人作出还是由其他人作出也无关紧要的话（不论是通常而言属于无关紧要，抑或仅在具体个案中属于无关紧要皆可），那么给付便是可替代的。譬如，请人开凿一条水沟，即为一例（至少，当工作以承揽方式进行时是

46　所以，它们也被称为*数量之物*（coisas de quantidade）。
47　因此，我们可以断言，物的可代替性可以归结为*等值*（equivalência）的概念，亦即可替代物（在有关种类中）是可以互相替换的（德国学说称之为 *vertretbare*）。
48　如果 A 将若干张葡萄牙银行（Banco de Portugal）的钞票寄托在 B 处，并约定日后 B 须将之原物返还，因为 A 对它们有一种无关金钱价值的独特钟爱（比方说，这些钞票曾经属于一位名人所有，而且上面有他的签名，或者那是 A 的"第一桶金"）的话，那么有关钞票即属不可替代物。
49　例如，A 向 B 购入若干匹（并无具体指定的）具有某些特定特征的某种系的马。

这样）。反之，倘若事实的作出取决于债务人的个人身份，则给付即属不可替代。请人画一幅艺术画，便是如此。

区分的意义

区分可替代物与不可替代物的意义，在多个不同方面均有所体现。例如：a) 关于赔偿的处理方式方面（第 765 条第 3 款）；b) 关于使用借贷与消费借贷的区分方面（第 1507 条；参见第 1510 条及后续条文、第 1523 条及后续条文）；c) 关于动产租赁与暴利行为的区分方面（第 1633 条及第 1636 条）；d) 关于种类之债的理论方面（参见第 716 条）；e) 关于由第三人作出支付的可能性（第 747 条）以及针对违约债务人所采用的执行程序方面（《民事诉讼法典》第 933 条 I、第 935 条 I）。

47. 可消耗物与不可消耗物·定义·区分的用处·与前述分类的比较

若纯以字面观之，则法律似无提及此区分，因为法律似乎把它和上一分类混为一谈了（参见第 2209 条）。但即便如此，这种区分在法律中仍然是具有实际意义的，故有必要加以探究。

定义

按照一个物（有体物）[50] 的本身用途对其进行使用时，若该物会因而消耗，则其即属可消耗物*（*res quae usu consummuntur*、*res quae in adsumptione consistunt*，*res quae in abusu continentur*，随使用而耗费之物）。这种消耗可以是物质上的消耗，也可以只是法律上的消耗。这两种消耗的共通点是：它们都涉及一项"行为人一经作出便不能再次作出的行为"（根据 PLANIOL 所言）。按可消耗物的用途对其进行使用的人，是无法再次使用它的（指无法再次使用其已被消耗的分量）。它们的差别则在于：物质上的消耗表现为物的物理完整性受损；法律上的消耗则仅表现为物的转让，亦即物脱离其使用者的财产范围，并移转至另一人的财产范围中。物质上的消耗，不得再次由任何人为之。因此，它是一种绝对性的消耗。法律上的消耗，则可

---

[50] 也可以说，这种分类仅适用于动产。不动产必然是不可消耗的。金钱也应该（就此处而言）归入有体动产之列。某些债权证券，也许亦然。

* 可消耗物（coisa comsumível），又译为消费物。值得一提的是，澳门《民法典》中文版的译语并不统一，有些地方译之为消费物（例如第 198 条），有些地方则译之为可消耗物（例如第 1386 条）。——译者注

由取得被消耗物的人再次为之；然后，又可以由下一手的取得人再次为之，如此类推。因此，它是一种相对性的消耗。物质上的消耗，不能说是物的物质（matéria ou substância）的一种自然科学意义上的消灭，因为科学告诉我们，物质是不可消灭的。它只是一种物的原有形态（forma）的消灭，亦即物遭受物质改变以致无法再度被使用。大部分可消耗物上发生的消耗，都是物质上的消耗，例如粮食、燃料等即属之。法律上的消耗，则尤其见于金钱（如果这并非唯一例子的话）。

按照一个物的本身用途对其进行使用时，若该物不会因而出现物质上和法律上的消耗，则其即属不可消耗物。尽管如此，不可消耗物还是会因为被使用而徐徐衰退、变坏的。这是在一切物质性的东西上皆会发生的现象。随着时间的推移，这种衰坏便会使物丧失其原有形态及作用。如果物的衰坏速度相当快的话（例如衣服、鞋子便是如此），则通常被称为可衰坏物（coisas deterioráveis）（*res quae usu minuuntur*，随使用而衰减之物）。然而，它只是其中一种不可消耗物罢了。[51]

在此一分类中，我们同样可以把物的用途分为通常用途（或称一般或平常用途）以及当事人在藉以产生某项具体关系的法律行为中所着眼的个别用途。因此，我们也可以在泛指意义上和特指意义上，谈论可消耗性或不可消耗性。针对前述分类所作的考量，经必要变通后（*mutatis mutandis*），亦适用于此。甚至，也不排除有可能出现（至少在理论上是有可能出现的）这种情况：在法律交易中通常表现为不可消耗物的物，会在某项法律关系中，基于当事人的意思而成为可消耗物。因此，俨如前一分类般，本分类所奉行的也是一种经济性或社会性标准，而非纯物理或自然科学标准。

区分的用处

区分它们的用处，至少在第 2209 条上有所体现。显然，该条文所关涉的，并非如法律所言般是用益物的可替代性，而实为其可消耗性。我们可以在第 2209 条找到一个学说上称为准用益权（quase-usufruto）的概念的典型例子，因为根据传统学说，真正意义和本义上的用益权的权利人，是无权对用益物进行加工改造的，反之，他必须不改变用益物的

---

51 它们可以作为那些使人有权利使用物，并有义务作出原物返还的法律关系（租赁、用益）的客体。

实质（*salva rerum substantiam*，不影响物之实质），换言之，亦即不改变其形态。

与前述分类的比较

虽然这种分类和前一种相当近似，但它们在适用上并未至于毫无二致。可以说（或者几乎可以说），一切可消耗物都是可替代物。但反之则不然。许多不可消耗物完全是可替代的。多不胜数的一手量产制品，诸如（某品牌、某型号的）纽扣、手表、汽车、无线电收音设备等，便是如此。

48. 可分物与不可分物·定义·区分的意义

这是又一种法律偶然谈论到（或者仅仅提及）的分类（第1444条、第1566条、第2128条、第2145条、第2180条第2款、第2183条；《民事诉讼法典》第1059条Ⅰ、第1060条Ⅱ、第1061条、第1045条Ⅰ及其第1附段Ⅰ及Ⅲ、第2附段、第1406条Ⅲa及b、第1049条Ⅱ）。而且，法律也没有完整地给出它们的定义。因此，我们将尝试根据最广为认可的学说见解，对其予以补完。

定义

那些可以在不改变实质（substância）*［也就是形态（forma），或者说作某种用途、满足某种需要的能力］和不减损价值[52]的情况下，被分割成若干独立部分的有体物，[53] 为可分物（*res quae sine interitu vel damno dividi possunt*，分割亦无毁无损之物）。可以从这种物分割出来的那些部分，必须因而完全独立，并与原本的整体具有相同的（这个意义上的，*hoc sensu*）性质。因此，各个部分的性质亦必然同出一辙。也就是说，这些部分与原本的整体同种，而部分与部分之间也互为同种。另外，分割必不能使物的价值有所减损，亦即在分割后，各个部分的价值必须能够重新组合成原有整

---

* 在澳门《民法典》中文版本的第199条（可分物）中，substância被翻译为"本质"，但译者则选择译之为"实质"，以便在用语上把substância"实质"、essência"本质"、natureza"本性"加以区别。——译者注

52 学者们通常会把标准再放宽一点：只要没有明显的（亦即可察觉的、失衡的、值得注意的）价值减损就可以了。虽然，这会为有关概念增添了一种"大概约莫式"的不确定因素，但也未至于不可接受。不过，尽可能把它清晰化，是比较可取的做法。

53 但不排除以任何货币符号以至于某种货币予以填充的金额总和，也可以被分割。

体的价值。[54] 可见,这种法律意义上的不可分性,是以经济性暨社会性准则来界定的,因为若纯以物理学或自然科学角度观之,由于可分性乃是物质的恒定特性之一,所以一切有体物皆为可分。[55]

不能以上述方式分割的有体物,则为不可分物。但需要指出的是,当法律有规定或在法律行为中有协定不得分割物的时候,那些根据上述概念而在本性上(por natureza)属可分的物,便会变得不可分。由此可知,不可分有三种:自然(natural)或现实不可分、法定不可分与协定不可分(一般称为约定不可分)。[56] 在葡萄牙法律中,协定不可分在债的领域内是得到承认的,但在共有方面是否也是如此,则成疑问。[57] 至于法定不可分的例子,可参见1929年4月13日第16731号命令第107条的规定;该条规定禁止将农用房地产分割成若干面积小于1/2公顷的小块地皮。

除非有相反的法律规定或协定,否则那些仅以质料(matéria)和量计算价值的动产,都是可分的。例如金条、橄榄油、葡萄酒、布料等即属之。至于那些形态(forma)重于质料的动产,则不可分。例如动物、书籍、雕像、画作、镜子、钻石等即属之。至于不动产方面,都市房地产一般而言是不可分的,而农用房地产则往往(也许原则上亦是如此)属可分。另外,应该指出的是,物的可分与否,亦可受物的大小,以及所欲分成的部分的多少所影响。

区分的意义

区分它们的意义,主要体现在不可分之债的理论(它有自身的制度,我们留待以后再学习)和共有物的分割方面。例如,在给付物之债中,若所给付之物为不可分,则债亦属不可分。如果共有物是可分的话,那么在需要进行强制分割时,仅可作原物分割(亦即实物分割)(第2180条第2

---

[54] 有时候,各个部分的总值(至少是交换价值、出售价值)在某种意义上甚至会比整体的价值更高。例如,如果农用房地产的面积相对于相关地点的经济状况而言是相当辽阔的话,就经常会出现这种情况。

[55] 分割(我们这里所讲的分割,是指跟可分物的法律概念相对应的那种意义上的分割)的方式有两种:其一,是将整体切断,从而在物质上把它实际分离成若干部分;其二,是仅透过数理(几何)上的"线"在观念上进行分离,而不实际切断整体,亦即各部分在物理上仍然紧贴不分。当某项农用房地产为可分时,其分割即属上述第二种类型。

[56] 经必要变通后,也可以说那是相关三种形式的可分。

[57] 作为反驳理据,第2185条是相当间接片面的。

款、第 2183 条;《民事诉讼法典》第 1059 条Ⅰ、第 1060 条Ⅱ及第 1061 条)。[58]

---

[58] 若共有物为不可分物,其分割则为价值分割。这种分割,会以上引条文所规定的方式为之。显然,在此"分割"一词并非取其跟可分性的概念相对应的那种意义而言。它所指的是共有状态的终止。这种终止,是透过将每一名共有人泛散于整个物上的权利各自集中在一项特定、专属的客体(物的部分,或其价值的部分)上而为之。

可分或不可分的概念,也常常被用到权利(和义务)上,无论其能否成为其他权利的客体皆然。但是,用来界定权利可分与否的标准是什么?某些学者例如 COVIELLO(参见其 Manuale,第 273 页)谓,有关标准可以是五花八门的,必须视乎所涉及的权利为何,故此在《民法典》总则中是不应该对此作出规定的;所以,仅需指出,它和用以界定可分物的标准并不一样。这最后的一点,是普遍获得人们认同的。可分之权利(即使权利所指向的物不可分亦然)的典型例子是所有权——这个问题的重要性,在关于不可分之债的理论上便有所彰显。但关于上述第一点方面,有一些学者例如 FERRARA(参见其 Trattato,第 428 页至第 432 页)则认为,在《民法典》总则中可以,也适宜定出权利可分性的一般或通常标准,而且在某些情况下还可以有其特别标准。那么,这种一般或通常标准又是怎样的?

可分之权利,是指可以按份共同属于不同拥有人的权利,也就是说,有关权利可以分成若干与整体同种的独立观念份额或称观念部分,并归不同拥有人所有。易言之,可分之权利的每一名分享者,都拥有跟整体权利相当的性质不变而只是分量较少的相同权能。整体权利会分解为若干独立的部分权利(但它们之间可以有某些联系);这些部分权利与整体有着相同的品性,或者说相同的质,而仅仅是量比较少罢了[通常,各部分的量是均等的:*concursu partes fiunt*(按份均分)]。这些部分权利,是整体权利的缩影(em ponto pequeno)。显而易见,各名共同拥有人对整体权利的那种分割,是属于观念或者说意念性质的,而非物质分割。与此相反,物质分割则会把部分权利转变为自成一体、独立的权利。不能被一名以上的主体所拥有的权利,则是不可分之权利;如果某项权利虽然可以有一名以上的拥有人,但独一的权利却仍然是属于拥有人的集体的话,那么该权利同样是不可分之权利。换句话说,不可分之权利,是指不允许被共同拥有,或只允许被集体共同拥有(contitularidade colectiva)的权利(话虽如此,但观乎 FERARRA 所指出的各种应用却可以发现,到底不可分之权利是只会完整地属于全体共享者,还是完整地属于各名共享者,抑或两种形态皆可,并不是十分清晰)。

这种区分只可用于财产权,因为人身权(基于种种原因)是不可分的。在一众财产权当中,最显要的可分之权利,非所有权莫属。共同所有权(propriedade comum)制度(第 2175 条至第 2186 条)便足以表明这一点。此外,用益权、永佃权、可分给付之债权,以及抵押权(它可以担保一项可分的债权)也都是可分的,但似乎法律规定与这种讲法相左(葡萄牙《民法典》893 条)。不可分之权利,则有地役权(第 2269 条)、不可分给付之债权等。至于特别区分标准方面,FERRARA 提到了抵押权的不可分性这个法律概念。它指的只是:在相关债权部分消灭的情况下,抵押权仍然会继续存在于一切受约束的财物上。在葡萄牙法律中,尚有遗产的不可分性这一概念(第 2015 条),亦即各继承人均不拥有任何指向构成遗产的各项财物的权利(可被有效处分的权利)(参见 1932 年 4 月 12 日最高法院合议庭裁判,载于 *Rev. de Leg.*,第 65 期,第 123 页)。

我们在这里并不会对上述学说进行评价。关于在共有状态下出现的那些——我们从法律解释和填补的结果中看到的——关系或状况的理解(构思、构想)方式,参见 L. PINTO COELHO 教授,*Da Compropriedade*,第 35 页至第 136 页。

第三章 物的分类

49. 单一物与合成物·区分的方式·区分的价值

这是一种学理分类，法律并未提及。[59] 然而，学界周全的论述却尚付阙如，故下文只会对其轻描淡写。

区分的方式

根据传统见解（由 WINSCHEID、ENNECCERUS、LEHMANN 所主张），单一物是指作为自然单一个体[60]的物。然而，某些学者[61]则进一步厘清上述概念（主要亦仅限于厘清而已），而把单一物定义为具有单一（形体）独立性的物；这种独立性，可以是源于自然的（例如一块石头、一匹马即属之），也可以是人为使然的，亦即把不同元素进行内在融合，从而使它们在物理上变得浑然一体（例如一个面包、一枚硬币、一定量的乳酪即属之）。至于合成物，则是由多个单一物联合或组合而成的物；构成合成物的各个单一物，在不影响彼此联系的情况下，[62] 仍然保有自身的物理独立性。[63]

合成物的形态不一而足。有些时候，在各个部分之间会有一种物质上的黏附或接合。这种合成物，称为黏接合成物（coisas compostas ex cohaerentibus）（例如一只手表、一枚宝石指环、任何一台机械装置）。[64] 另外一些时候，各个部分彼此之间并不存在这样的一种附合，而是在物质上

---

59 但亦参见第 2225 条，以及《民事诉讼法典》第 275 条。
60 有时候，还会说它是不可分离的（unscheidbare）。
61 就这一问题所作的讨论，以及随后大部分的阐述，我们均主要以 FERRARA 于其前揭著作第 771 页至第 776 页，以及第 797 页至第 817 页中的论述为据。
62 从某种意义上讲，在这里整体并不会在物质上吸收、吞并掉各个部分。可以这么说：部分与部分之间并不是无间断地连贯起来的。
63 不少学者（例如 ENNECCERUS、LEHMANN、FERRARA、RUGGIERO 便是如此）把部分的可识别性、可判别性或称可察觉性，视为合成物区别于单一物的特性。
64 看来，各个部分并不需要彼此固贴，也就是说，在它们之间并不需要存在一种稳固的形体联系（例如以钉子、螺丝、焊接等方式建立起来的联系），而只需要存在随便一种物质联系。换言之，只要有一种所谓松散（这是学者们所使用的术语）的联系就已经可以了。然而，各个部分必须组合成一个具有自身物理独立性（显然，这种独立性是复合性质而非单一性质的）的新的有形整体——各个部分之所以聚合起来，就是为了达致这个新的有形整体的预期目标（prospectio）。用以判断这种新的（形体）（corpus）是否存在的标准，在于生活惯例（根据 ENNECCERUS、LEHMANN 所言）、在于人们共通的（quivis ex populo）的直观看法（根据 LEHMANN 所言）。如果不符合上述要求的话，就要么只是数个单一物凑在一起（pluralidade de coisas simples）（例如一座放有蜡烛的吊灯，便是如此），要么只是一个离散合成物（coisas compostas ex distantibus）。在各个部分之间，只存在经济性联系（亦即经济目的一致）是不够的，因为这种联系离散合成物也有。

互相分开或者说分离[65]（例如一所图书馆、一间画廊、一群牲畜、一个储放待售商品的仓库）。第二种合成物的各个部分之间的联系，是一种观念上的联系（这种联系，通常是藉着人们对整体的命名而外显化），尤其是一种目的上的联系。促使它们聚集并仿佛合并在一起的决定性因素，是它们被归为同一整体所为达致的共同目的。[66] 这些离散合成物（coisas compostas ex distantibus），属于传统概念上的集合*（物的集合，universitatis rerum）的其中一类。[67]

区分的价值

区分单一物与合成物——以及将合成物再作次区分——的意义，至少[68]体现在最广义的部分[69]的法律问题上。这个问题就是：这些部分在何种程度

65　因而形成不了一个新的个体（参见上注）。
66　FERRARA 在其前揭著作第 779 页中讨论有体物的集合（universalidade de coisas corpóreas）（它其实就等同于文中所讲的那种类型）时还提到，整体必须具有自身经济独立性（这是以通常观感来判定的）。在这一点上，现在所讨论的概念就跟那些"某类财物的单纯总称"例如"一件家具"有所区别了。另外，该学者认为（前揭著作第 798 页至第 799 页），各个部分也同样必须具有经济独立性，亦即必须有独立于它们所构成的组合的自身交易功能和价值（虽然，这种功能和价值在该组合中能够有所提高）。由于不符合此一要件，因此，任何一堆必须具备一定数量才具有价值、才能成为交易客体的可替代物［例如一阿尔克伊尔（译者按：亦即 alqueire，为量度单位）的小麦、一群蜜蜂］皆非集合。由若干（可以只有两个）独立但仅于整体中方显出重要性的、某程度上属同种的部分所组成的某些合成物（例如一副国际象棋、一副纸牌、一副手套），也是如此。需要注意的是，某些由若干并非彼此固贴，且无独立经济功能的部分所组成的合成物，由于构成了一个物质整体，因此可以按另一种标准把它们界定为集合。例如，时至今日在农田中仍然为人使用的牛车，便是如此。
*　有人把 universalidade 译为"集合物"。然而，译者则把这个词统一译为"集合"，理由如下：其一，从含义上看，universalidade 不一定用于物，因为它的内涵是更广的，例如拉丁语词组 universitates personarum（相应葡语为 universalidades de pessoas）（人的集合）便和物无关（见下注），又例如作者在编码 38 中所谈及的 universalidade de direito（法律上的集合），其之所以称为 universalidade，也并不是为了凸显"物"的定性；其二，从字面上看，universalidade 并无"物"（coisa）的意思，因此会出现诸如 universalidade de coisas corpóreas（有体物的集合）之类的表述（见上注）。所以，把 universalidade 译为"集合物"，只会徒添混乱，而这种弊端在翻译上应该可免则免。——译者注
67　在昔日所用的术语中，与它相对的是 universitates personarum（人的集合）（亦即社团）。而物的集合（universitates rerum）则尚可分为黏接物（rerum cohaerentium）和离散物（rerum distantium）两种。
68　可以说，它是直接关乎部分的法律概念本身的。也有人认为，区分的意义体现在黏接合成物（compostas ex cohaerentibus）的范畴上。虽然文中所阐述的是关于部分的法律问题，但其实对上述任一问题所作的解说（即使理由方面可能不然），在其他的问题上也会看得到。
69　包括本质构成部分和非本质构成部分（后者并非取第 375 条第 1 款所指的严格意义而言）。

第三章
物的分类

上能够成为自身（亦即有别于指向整体的）法律关系或权利的客体？另外，可想而知，这个问题也会牵涉到各种各样的利益。其中一种利益就是整体的利益，因为对于集体而言，巨额的经济价值绝不能因为相对不重要的私人利益（甚至公共利益）而受损。[70]

在单一物方面，上述问题并不难回答，因为答案必然是否定的，这一点任何人都会同意。至于离散合成物（coisas compostas ex distantibus）方面，同样也不会有任何疑问，因为任何人都会一致认为答案是肯定的。然而，对于黏接合成物（coisas compostas ex cohaerentibus）而言，问题就会比较复杂。合理的见解是：部分能否成为自身法律关系的客体，要视乎该部分与整体互相分离所会导致的经济后果而定，因此有时可以，有时不可以。若为后者，则学说上称之为本质、不可分离或不可分解部分；若为前者，则其名称相反。葡萄牙法律并没有像德国《民法典》（第93条至第96条）[71]那样，以一种直接、有系统的方式对两者加以区别对待。在这个问题上，葡萄牙法律只有一些零散的条文可资端详而已。当中最为重要的，是关于添附的规定（第2289条至第2308条，尤其是第2299条以下的条文）。因此，想要得出答案的话，就需要着手对这些材料进行一番整理构筑。[72]然而，既然在部分并入整体时，存在于部分之上的所有权即告消灭（至少在某些情况下是这样），那么肯定只能够得出：不论在何种程度上，部分均不得独自成为权利客体。从有关添附理论的法律规定中，必然只能够得出这种结论。[73]

离散合成物这个类别，尚在另一个方面（主要也是在该方面）表现出其重要性。现实生活（语言习惯与缔约实践）倾向将这种集群当成有别于其部分的、具有自身（非形体）独立性的东西般看待，易言之，即使其组成元素出现变动，它仍然始终如一。我们需要知道的是：法律有否为其设

---

[70] 如果这个问题的答案是绝对肯定的话，就会有这种结果。

[71] 基本方针见于第93条。根据该条规定，本质部分（partes essenciais）（译者按：汉语文献中常译作重要成分或主要成分）是指那些如果"不毁损或改变其中一者之本质（essência）"的话便无法互相分离的部分。学说认为，只要价值有任何明显的下降，便等同于本质有所改变。

[72] 这项工作包括：整合有关的零散条文、对其进行解释，在必要时亦要进行法律漏洞填补。

[73] 需要指出的是，文中所讨论的问题还会牵涉到其他多个方面，例如：部分能否单独成为查封对象、部分被出售时会否即时移转所有权，以及将尚未并入整体的物出售予整体的主人时，能否订立保留所有权协定（pactum reservati dominii）（这种协定会导致所有权在当事人支付价金之前不会移转给买受人）；等等。由此可见，此一问题实属举足轻重。

立一套相应的法律制度？法律是否承认在表现为集合（universalidade）[74] 的整体上设定权利或关系？也就是说，事实上的集合（universalidade de facto）是否获得法律承认，因而可以被称为（这个意义上的，hoc sensu）法律上的集合（universalidade de direito）？由于这个问题牵涉面甚广，故我们将扼要论述之。

有一派学说认为，答案是肯定的。在那些和葡萄牙法律体系有可比性的法律体系下，这种学说被广为接受，而且持此论者也极力为其辩护。按照这种观点，请求返还集合（例如一个牲畜群）之诉（acção de reivindicação da universalidade）[75] 是应该得到承认的。那是一个真真正正的单独的诉，而非合并于同一程序中的若干个诉的复数总和。请求返还人无须证明他对集群中的每个单一个体（unidade）的支配。他只要证明他对集群本身（亦即对大部分单一个体）的支配就够了。在这之后，被告（占有人）只可以拒绝交付那些他能证明属于他本人所拥有的单一个体。被告证明有些单一个体属于第三人是没有用的。[76] 同样，按照这种观点，集合的用益权也是应当获得承认的。这样的话，在一个牲畜群上设定的用益权，除了会涵及当前组成该牲畜群的单一个体之外，还会涵及因为这些牲畜的繁殖而出现的、取替它们的单一个体（参见第 2225 条）。[77] 最后，在集合上设定质权也是可行的。同理，质权也会自动扩及每一个嗣后成为集群其中一个部分的单一个体。因此，若于牲畜群上设定质权，则质权亦会扩及该牲畜群将会生产出来的每一只新生牲畜（？）。

然而，主流见解则有不同取态。它的取态是：只有那些部分才能成为法律关系的客体，而集群或集合本身则不能；虽然说，各个部分之间的经济性联系，也可以[78]使相应的规制偏离常态。[79] 这样的话，也要承认与另一派观点所主张者相去无几的那些肯定性解决方案。[80] 只不过，在其理

---

74 关于集合的一般概念，参见上文第 212 页注 2（译者按：即中译本第 214 页注 18）。
75 在该诉中，人们想要伸张的是被第三人不当占有的物上的所有权。
76 如果承认这种集合之诉（acção universal），还会产生其他后果。例如，在既判案的问题上，便会有所影响。
77 因此，无须随着更替而设定新的用益权。
78 基于法律规定，或基于对当事人意思所作的解释。
79 也就是说，在物的理论上，集合会成为类似无法律人格的团体（pessoas colectivas de facto）那样的东西。
80 但这种解决方案并不承认请求返还集合之诉，而只是认为，如果原告能证明他对大部分单一个体的支配的话，就应该推定他对其余的单一个体也有所支配。

论构筑上，便要放弃将集合视为有别于其所包含的单一个体的法律客体了。[81]

50. 主物、属物与从物：定义·区分的意义；孳息：概念·种类·法律制度；改善：概念·种类·法律制度

按照逻辑顺序，我们首先会讨论题述的第一个分类。后面的两个概念，则只是某种意义上的从物的次分类。

主物、属物与从物

定义

主物，是指自身的存在或法律命运（sorte jurídica）不取决于其他物的物。想当然尔，那些在物理上、经济上或法律上不从属于其他物的物，便具有这种自主的存在或法律命运。不属于主物的物，可被总称为从物。在此，"从物"一词乃是取其广义而言。至于狭义的从物，则仅包括广义从物的其中一部分，而余下的物则被称为属物。

属物和主物之间的从属关系，是属于经济性质的。至于它们之间是否亦伴随着物理联系，则在所不问。那些稳定地（perpetui usus causa，为了作恒久使用）被用来为另一物（可以是动产或不动产[82]）效劳的动产，

---

[81] 集合的概念（合成物则不然）常常被扩张，藉以包含某些由无体物和财产性权利所构成的类似的联合体。在传统术语上，它们被称为法律上的或权利的（iuris ou iurium）集合（universalidades de direito ou de direitos）。其余集合，则谓之事实上（facti）的集合（universalidades de facto），但这并不妨碍法律按某种准则、为各种目的而将它们也确认为独立的法律客体。

唯须注意，有些近世学者遣词虽同，其趣却异。传统意义上的法律上的集合，其中一个最典型的例子是商业企业（estabelecimento comercial），因为它是由各式各样的财物和权利所构成的（不动产、商品、商标、发明专利、租赁权、债权和债务等）。（译者按：译者在此把 estabelecimento comercial 译为商业企业，并非误译。学界通常把 empresa comercial 译为商业企业，而把 estabelecimento comercial 译为商业场所，但后一种译法并不是放诸任何语境皆准的。这是因为，在葡萄牙法学界，传统上便一直把 estabelecimento 和 empresa 用作同义词。作者在这里所指的，便无疑是商业企业，而非商业场所。）

学者们也曾以类似文中那样的方式，探讨过这些联合体本身，尤其是商业企业，能否成为法律关系客体。上文关于集合的一切理论，参见 FERRARA 的前揭著作，第 797 页至第 817 页，以及 GALVÃO TELES 教授的 *Das Universalidades* 一书。在这里，我们已经简略提到事实上的集合和法律上的集合的区分，而在上述作品中，则可以完整地看到关于这种区分的传统意涵。

[82] 但在不动产的属物方面，有关的经济性系属甚至可以不在于属物从属于不动产，而是在于两物之间的配合（这种配合所为达致的，是一项凌驾于两物之上的目的），尽管这种系属未至于可以是后者反过来从属前者。参见 ANDREOLI，前揭著作及页数。

即为属物。因此，属物是用以辅助其他物的物。一言以蔽之，它就是经扩展的非本质构成部分的概念：有关主物亦可以是动产，而且也不要求物理联系这一要件。[83] 所以，动产的属物除了包括传统学说所指的非本质构成部分之外，还包括《立法与司法见解评论》(*Revista de Legislação e de Jurisprudência*) 的观点所指的非本质构成部分（参见上文，编码43，Ⅱ，b）。动产的属物，例子有：一把剑的剑鞘、一幅画的画框、一辆汽车的附件等。

传统概念上的从物，是指其余一切依赖其他物的物。导致这种从属关系出现的原因是五花八门的，尤其可以是因为其物理存在必须取决于主物的物理存在。按照上述标准，孳息与改善[84]通常会被界定为从物。然而，附从性 (acessoriedade) 这个概念也常常被用于权利，即使有关权利不得成为其他权利的客体，因而不属于法律意义上的物亦然。因此，举例而言，地役权便是其所属房地产的从物（第2267条至第2268条），而抵押权则是其所担保的债权的从物。从物除了可以基于（物理上或法律上的）本性使然之外，尚可以基于法律行为协定使然。某些近代学者认为，应该将从物的概念局限于后者，以避免其因为范围过大，变得过度空泛而没有用处。[85] 根据这种个别观点，从物是指因为被针对其他（一个或多个）物的法律行为所建立的法律关系涵及，因而在法律行为中跟随其他物的命运的物。然而，这纯粹是附带性的，因为如果主物上的法律关系基于任何原因而不能继续存在，则从物上的法律关系也将不能成立。[86]

区分的意义

主物的定义本身，就已经足以告诉我们这个概念的重要性了。属物和从物因为受到指向主物的法律行为或法律关系所影响，所以都在某种程度上跟从主物的法律状况。但在属物方面，学者们通常除了指出这种命运一致性 (comunidade de destino)、这种指向主物的法律行为或关系在属物上的延伸，可以被相反的协定条款（当事人们的意思）排除之外，还会指出：无论有否上述协定，它们亦均可成为独立的法律关系的客体 (habent

---

[83] 系属性的那些前提条件，就是前文以及相关注释在讨论非本质构成部分时所指出的那些。
[84] 还有本质构成部分。
[85] 参见 FERRARA，前揭著作，第795页。
[86] 作为例子，可以想一想遗嘱人遗赠其酒窖里的葡萄酒以及相关容器的情况。

propriam et separatam conditionem，具有自身及独立的状况）。[87] 举例而言，在取得时效方面，当主物是一项不动产时，无论是对于占有主物的人，还是对于占有他人之物的属物的第三人而言，这一切的实际意义都可以是很大的。另外，在我们看来，上述的命运一致性，至少对于那些不符合我们所采纳的非本质构成部分概念的不动产属物而言，是相当有疑问的。我们倾向认为，只有那些通常会被视为主物的部分，并且通常连同主物一起被用来交易的属物，方应被指向主物的法律行为与相应法律关系所涵及。[88]

至于因法律行为协定使然的从物（约定从物或称协定从物）的法律状况方面，前文已述，兹不复赘。而因本性使然的从物方面，我们已经知道，指向主物的法律行为与法律关系同样是会延及它们的（*acessorium sequitur principale*、*acessorium cedit principali*；从随主）。然而，我们还需要精确地界定这种效果的产生方式，并将之与属物的情况互相比较，以指出两者在这方面的制度有何不同之处。在这个问题上，可以指出，人们倾向认为这里的命运一致性或连带性，比属物的来得强烈，尽管这些物并不能成为自身法律关系的客体亦然。[89] 此外，除却一些可能出现的极个别情况不谈，除非从权利消灭，否则它是不可能真真正正地不跟随主物或主权利的。

孳息[90]

概念

根据传统学说，我们可以将物的孳息定义为：在不减损物的实质

87　换而言之，即使它们要跟随主物的命运也好，但这并不妨碍它们在某种限度内具有独立的自身法律状况。由此可见，它们的命运只不过是在某种程度上和主物的命运一致罢了。参见 FERRARA 及 ANDREOLI 的前揭著作。另外，在这方面，非本质构成部分与主物的联系，可以比其他属物与主物的联系更为强烈，这也是不难理解的。

88　需要注意的是，在法律行为方面，并不排除遗赠中的属物的范围可以比其他法律行为的来得大。至于法律行为以外的其他方面，不属于非本质构成部分的属物，是极少会（虽然也有些时候会）跟随主物法律命运的。但在物业移转税、征收和查封等方面，则属例外。

89　但债关系则除外。出售本质构成部分、非本质构成部分甚至（广义，*lato sensu*）孳息，会构成出售将来物，所以（在分离之前）买受人并不会取得一项物权，而只会取得一项债权，也就是说，所有权仍然属于出卖人。但在葡萄牙法律中，基于 2203 条第 2 附段及第 2204 条第 2 附段的规定，这种处理方式（至少）在孳息方面，会引起某些疑问。上述条文所讲的第三人权利，可以归结为那些指向孳息的优先受偿权（参见第 880 条）。

90　参见 MANUEL RODRIGUES 教授，*A Posse*，第 331 页以下；MONTEL，*Il possesso di buona fede*，第 213 页以下。

(subsância)* 的情况下，周期性地（在具有一定准确性的每一段期间内）生自、出自或得自一物的表现为物质性的东西的产益（utilidade）（*quidquid ex re nasci et renasci solet*；惯常生自于物并重生者），或者第三人基于一项允许其对物进行使用或收益的法律关系，而应作出的周期性给付。我们应该从（与理解事物的通常方式相符的）经验物理意义上（num sentido físico empírico）去理解"不减损原物实质"这一项要求，而非从严格科学意义上去理解它。另外，也需要考虑原物的经济用途，因为构成孳息的是资本（capital）的一项收益（通常收益），而非资本的连续减值。[91]

孳息有别于产出（produtos）。后者不需要具备周期性这项特征，而且常言道，它们也不需要有"不减损原物实质"这项特性。[92] 此外，产出也只包括物质性的东西，而不包括任何第三人应为的给付。另外，也不应该将孳息与因为利用（使用）物而获得的利润（lucros）或单纯好处（simples vantagens）混为一谈。因为，利润是指以物作为工具进行工作或活动而从中得到的盈利；单纯好处则是指使用者为个人需要使用物而从中得到的获益、便利或满足。最后，那些附合于一物的添附（第2289条）也不是孳息，而那些纯属偶然性的取得，例如一笔在房地产上发现的财宝，亦不属于孳息（参见第2216条）。

以上是孳息的通常概念。在法律语言中，"孳息"一词还会被用来表达另一些意思。由于葡萄牙法律的用词，常与上述通常概念有所出入，因此它仅作为一般方针，以资并非另有所指时遵循而已。

种类

首先，孳息可以分为天然孳息与法定孳息。天然孳息为有体物，通常

---

* 在澳门《民法典》中文版本的第204条（孳息）中，substância 被翻译为"本质"，但译者则选择译之为"实质"，以便在用语上把 substância "实质"、essência "本质"、natureza "本性"加以区别。——译者注

[91] 依照此等标准，即可知某些主流见解之所以然。例如，人们皆一致认为，从定期开采的矿井中采出的矿砂是孳息（其他类似的开采，例如采石等亦然）。尽管要取得这些产出，便要以物的实质作为代价，然而所造成的减损是十分不明显的，因为一座矿井通常都可以持续被开采很久。而且，无论如何，取得矿井的收益的通常手段（如果那不是唯一手段的话），就是从矿井中采出矿砂。另一个可用作说明的例子，是房地产的树木。它们如果是作定期砍伐之用，便会被视为孳息（作砍伐之用的树林，参见第2210条至第2211条）。

[92] 在本书的其他章节［第235页（译者按：即中译本第238页）］，我们的表述和这里有点出入。当时我们所关注的，是产出（包括那些非周期性的）与同样可以人为或非人为地从物分离出来的本质构成部分之间的区分。

是有机产物（例如动物的乳汁、幼崽、树木的果实、松树的树脂，以及一切会从土地中周期性地生产出来的东西），但亦包括无机产物（例如取自矿藏的矿砂、取自采石场的石头）。法定孳息又名法律上的孳息，指第三人因被允许对物进行使用或收益而应作出的周期性给付（例如不动产租金、动产租金、地租、利息）。[93] 天然孳息，可以是自发产生的（*qui sponte natura proveniunt*；天然自发而生者），也可以是透过人为加工而获得的（*qui facto et cultura hominum proveniunt*；人为工耕而生者）。前者谓之纯天然（*mere naturales*）孳息，后者谓之人工孳息（第495条第3附段）。

广义（*lato sensu*）的天然孳息，尚有多种分类法。其中一些分类法，经必要变通后（*mutatis mutandis*）亦可适用于法定孳息。最重要的一种分类法，是将孳息分为待收孳息与已分离孳息。前者（*fructus pendentes* 或 *fructus stantes*）仍然与主物有所联系，而后者与主物之联系则已不复存在。原则上（但并非总是如此），已分离孳息亦为已收孳息。当有人占有了它们，或为了占有它们而将之分离时，便会出现这种情况。已收孳息可以是仍然存在（*extantes*）的，也可以因为被使用，亦即被转让或加工而已经消耗。[94] 最后，还要把已收孳息与本可收取（*percipiendos*）的孳息互相区分开来。后者（第497条）是指不再被收取，甚至因为占有原物的人的过错而未能产生的孳息［*fructus neglecti*（被忽略之孳息）、*fructus qui percipi potuerunt*（原本能够收取之孳息）］。这样的一种可能性，可以从占有人的角度评定，也可以从物的正当拥有人的角度评定，而且两者所得出的结果可以是不一样的。

法律制度

我们并不打算对这个问题作全盘探讨，也就是说，不会探讨它可能会涉及的每一种情况。我们只会讨论，当主物被既非其所有权人、亦非所有权人所许可的物权（或债权）拥有人的人所占有时，孳息的命运是怎样的。

---

[93] 在上述某些情况中（即使不是全部也好），有关拥有人所取得的并非物的孳息，而是权利的孳息。但这里不包括在长期租借（ernprazamento）中应付的永佃房地产转让金（laudémio）（第1657条及第1693条），因为它们并非周期性给付。若出租人在田面权被出售时，不欲行使其优先权，则其仅会取得这种永佃房地产转让金。最后，应该指出的是，将"孳息"一词作狭义使用以专门指称天然孳息，而称法定孳息为收益的情况，亦不鲜见（作为例子，参见第1109条唯一附段，以及第1162条）。另外，"收益"此一表述，有时候也包括天然孳息（作为例子，参见第1153条）。

[94] 如果灵活地（*cum grano salis*）理解"已经消耗"的话，在此还可以将已损坏孳息也一并包括在内，而已灭失孳息或被窃孳息就更不用说了。

若所有权人成功请求返还该物,则在孳息的问题上,占有人与所有权人的地位如何?显而易见,如果孳息在法官判决命令返还该物之后才出现,甚至在作出判决之时,它们亦并非处于待收状态、并非处于形成过程中、并非(若为法定孳息)已在倒数到期生成日的话,那么问题就全无争论余地可言。毫无疑问,它们是属于请求返还人亦即所有权人的。占有人甚至也无权要求获得任何与这些孳息相关的开支补偿,因为除却一些极为个别的情况不计,我们是看不出占有人究竟如何能够以这种身份作出这样的开支的。但在其他情况下又如何?在这里,法律首先将占有分为善意占有与恶意占有。[95]

若为善意占有,并仍然保持善意,则占有人会获得一切已收取[96]的天然或人工孳息,即使它们尚未被消耗亦然(第495条第一部分)。[97] 在终止善意之日处于待收状态的孳息,则属于请求返还的所有权人,但占有人可取得(那是一项债权)相当于孳息生产开支的一笔款项,以及相应于有关期间内其(善意)占有持续时间的一部分收获的净所得(第495条第二部

---

[95] 倘若"占有人不知悉其占有之依据(título)有瑕疵"(第476条),则其占有即为善意占有。然而,这个概念会引发不少的疑问。唯一能够肯定的只是:当占有人有一项完全合乎规范、唯独是真正的所有权人并无直接或间接参与〔亦即从非物主处取得(aquisição a non domino);参见第518条〕的法律行为作为支持——此外一项继承人的设立亦可作为支持,参见第483条——的时候(亦即以法律行为作为占有取得依据),他是善意的。至于其他问题,皆或多或少值得商榷。例如,依据能否基于其他理由,或者能否仅仅基于其他理由,而属无效或可撤销?甚至,能否不存在?这些问题,可参见 MANUEL RODRIGUES 教授的前揭著作,第316页以下,以及第346页以下,还有 MONTEL 的前揭著作,第37页以下。凡不能证明属恶意者,均属善意〔参见第478条;quisquis praesumitur bonus(任何人均被推定为好人)〕。但暴力侵夺者则不然(第495条第5附段),而且这种恶意推定看来甚至还(必然)是不可推翻的。只要善意占有人后来知悉其依据有瑕疵,则起初的善意即告终止(第4附段);mala fides superveniens nocet(受嗣后恶意之影响)。而且,只要占有人被传唤参与由所有权人提起的诉讼,则善意无论如何都必定会告终(第4附段;《民事诉讼法典》第485条b项),哪怕占有人可以继续说服别人相信他拥有权利亦然。之所以有前述的规定,理由应该是在于:法律不希望让所有权人承受无可避免、有时候甚至还极为漫长的诉讼时间所导致的那些不利后果(参见 MONTEL,前揭著作,第223页;不同的见解,参见 MANUEL RODRIGUES 教授,前揭著作,第350页)。

另外,应该指出的是,在这里,至少就恶意占有而言,"孳息"一词的意思似乎要比其通常意思来得广:它包括了产出,甚至还包括了因使用物而获得的利润或单纯好处。

[96] 因此,何时分离(这种分离可以是基于自然原因,也有可能是基于第三人的不当行为)并不重要,重要的是收取的时刻。这种见解,至少有法律字面意思作为支持。

[97] 法律之所以作如此规定,看来是想尊重事实状况,而不想从占有人手中取走他已经收取,并视为己有的东西。

第三章
物的分类

分)。[98] 依照罗马式的分离主义（LEHMANN 称之为原物主义），一切待收孳息均归所有权人所有 [*iure soli aut corporis ex quo percipiuntur*，基于对（孳息）所取自的土地或躯体所拥有之权利]。而依照日耳曼式的生产主义（谁播种谁收成），它们则尽归占有人[99]所有 [*iure seminis ex quo oriuntur*，基于对（孳息）所生的种子所拥有之权利]。从上文可得知，葡萄牙法律所遵循的是处于两者之间的折中路线。

至于法定孳息方面，那些"相应于善意占有的持续时间"（第 495 条第一部分）的法定孳息，会属于占有人所有。也就是说，已到期给付尽归占有人，而将到期给付则根据有关期间内的占有持续时间，在占有人与所有权人之间按比例分配。[100] 因此，法定孳息就仿佛是逐日地获得那样。换言之，从表面上看来，法定孳息就像是天天到期、天天收取般。在相应的负担（encargo）方面，亦存在类似情况，而个中原因也是不难理解的（第 495 条第 1 附段）。[101]

若为恶意占有，则占有人便不能分享（物权、债权皆无）任何待收的天然孳息或尚未到期的法定孳息。一切上述孳息，均属于所有权人。另外，占有人必须向所有权人返还一切已收的天然或法定孳息，[102] 并就那些本可收取的孳息，向所有权人作出赔偿。根据第 497 条，并结合比照第 495 条，必然会得出上述的处理方式。

由此可见，恶意占有人是不能保留任何孳息的。但显然，他也无须承担相应的开支和负担（*fructus intelliguntur deductis impensis*；为认定孳息，须扣除支出）。尽管法律在这个问题上并没有很清晰地表态，但不能不认为，占有人是有权就有关待收或未到期孳息的开支与负担获得赔偿的，而相关开支与负担的价额则于已收的（或本可收取的）孳息的价值中扣除（参见第 498 条）。否则，就会出现所有权人不正当获益（locupletamento injusto）的情况了。法律同样没有明言应该用什么准则，来计算那些本可收取的孳息的价值。然而，这种评定似乎应从所有权人的角度为之。这是因为：由

---

[98] 但亦参见该条第 2 附段的规定。
[99] 指进行相关工作，或就相关工作作出花费的占有人。因此，严格而言，生产主义并不适用于那些纯天然孳息。
[100] 似乎，即使给付已提前被履行亦然。至于偶然性给付，例如永佃房地产转让金方面，显然是不得按比例分配的。
[101] 这里会适用法定孳息方面的准则。
[102] 关于仍然存在的孳息方面，法律没有明确规定所有权人的权利是物权还是债权。

于占有人的占有等同于一项不法事实，因此这里所涉及的是一种基于损失及损害（perdas e danos）而须向所有权人作出的赔偿（参见第 496 条）。因此，占有人所必须赔偿的，是那些没有被生产出来，但假设物在所有权人手中则会被生产出来的孳息的原本可能具有的价值。[103]

改善[104]

概念

改善（impensae）通常被定义成了改进物而作出的开支。即使这种开支只是为了避免它灭失、毁坏或退化而作出亦然。这些开支所对应的，可以是各式各样在被改善物上进行的工作或工程，也可以是被改善物上的一些负担的满足或者说消灭。这些负担的例子有：税（？）、地租（？）或地租的赎回（remição）、利息（？）、抵押权的消除，等等。[105] 为工作或工程而作出的开支，谓之自然开支（despesas naturais）（或称为物质性开支），因此这种改善也被称为自然改善（或物质性改善）；为满足或消灭负担而作出的开支，则谓之法律开支（despesas jurídicas ou civis）。

改善有别于所谓的生产性或经营性开支（盈利目的开支）。[106] 后者的目的，直接在于它们所旨在促成的各项盈利，亦即在于一项暂时性效益；前者的目的，则直接在于物本身，亦即在于其恒久效用（恒久优化）。[107] 改善与自然添附（第 2290 条及第 2297 条）或人工添附（第 2298 条及后续条文），同样不可混为一谈。可是，要订定区分标准是有难度的。至少，要订定精确的准则殊非易事。[108]

---

[103] 参见 MONTEL，前揭著作，第 226 页，注 3。

[104] 参见 MANUEL RODRIGUES 教授，前揭著作，第 337 页以下；MONTEL，前揭著作，第 227 页、第 231 页、第 237 页以下。

[105] 也许，将税、地租及利息界定为负担是更为准确的（参见第 495 条第 1 附段）。其实这个问题的实际意义并不大，因为负担很难会高于孳息的价值（参见第 498 条第 1 附段）。即便真的出现了这种情况也好，可以说问题所关涉的就只有（参见第 495 条第 1 附段）留置权（第 498 条）而已。因此，将这些开支归为必要改善，看来是更合适的。

[106] 有些人还将它们跟那些称为单纯修缮（参见 COELHO DA ROCHA 的著作）或维修开支的小修葺互相区分开来。参见第 2228 条。

[107] 参见 MONTEL，前揭著作，第 228 页及第 229 页的注释。

[108] MANUEL RODRIGUES 教授在其前揭著作第 342 页谓，虽然人工添附和改善一样都会使主物增值，但两者是不同的，因为人工添附革新、改变了物的实质（亦即改造）。以在他人土地上进行的工程或种植为例，一般认为，对既存工程或植物作出的单纯改进属于改善，而新的工程或植物（若灵活理解之，则亦可将增添的工程或植物一并包括在内）则为添附。这大致上亦合乎上述区分准则。

第三章 物的分类

种类

时至今日，我们仍然习惯根据罗马法传统，将改善分为必要改善、有益改善和奢侈改善三种。必要改善（第499条），是指对于保全被改善物，亦即避免其灭失、毁坏或退化而言属必不可少的改善。有益改善（第499条第1附段），是指尽管可有可无，但提升了物的客观价值的改善。奢侈改善（第500条第1附段），是指不会提升物的客观价值（市值），而仅仅提升了其（这个意义上的，*hoc sensu*）主观价值，[109] 亦即纯粹是为了改善人的享受或乐趣而作出的改善（根据COELHO DA ROCHA所言）。它们是纯属奢华的开支（根据FERRARA所言）。占有人在物上进行奢侈改善，是为了装饰、美化该物，或者把该物变得更加讨喜，以迎合其个人喜好（*quae speciem dumtaxat ornant, non etiam fructum augent*；仅装饰外观，而不同时增产者——《学说汇纂》片段50，16，79，2）。

法律制度

我们在这里同样只会讨论一种情况而已，那就是作出改善的占有人既非物的所有权人，又不拥有一项使其占有得以正当化的物权（例如用益权）（或债权）的情况。[110] 当请求返还的所有权人胜诉时，应该如何处理？在这一问题上，法律会视乎改善属于何种性质，以及被请求返还的占有人是善意还是恶意，而有不同的对待。[111]

如属必要改善，则不论占有人是善意还是恶意，所有权人都必须就占

---

[109] 物的客观价值，也被称为一般价值或实际价值。FERRARA将其定义为：对于某一时间、某一地点的一切的人而言，物所具有的价值，或者说，物在交易［广义（*lato sensu*）的*comércio*］中所具有的、能够透过其转让予以实现的价值（市场价格）。因此，它其实就是指市价。至于物对于特定的人而言所具有的个别好处（即使是财产性的好处亦然），则在所不问。需要考虑财产性个别好处的那种价值，被FERRARA称为特别价值。它也可被称为主观价值。

这种好处，可以是源自该物与其拥有人的其他物，甚至与其拥有人的人身之间的关系。FERRARA所举的例子有：一对马中的其中一匹、一套收藏品中的其中一件、一位著名小提琴手的斯特拉迪瓦里小提琴（Stradivarius）、一位失明人士的狗。一项房地产对于相邻房地产所有权人而言具有较高价值，这种极为常见的情况，亦属一例。上述两种价值，均属财产性质。至于钟爱价值（*valor estimativo*或*valor de afeição*）则是属于精神层面上的。FERRARA将其定义为"人们并非基于其财产上的考量，而是基于其个人偏好或情感原因，而赋予物的纯粹主观价值"。参见其*Trattato*，第857页及第858页。

[110] 否则，就会适用相关制度本身的规范了，尤其是第5411号命令第17条及第25条（不动产租赁），以及《民法典》第2227条至第2230条（用益权）。

[111] 我们接下来所阐述的制度，是否同样适用于占有人在被传唤之后所作的改善？在法律没有任何规定的情况下，认为它不适用似乎是很冒险的做法。

有人所作出的实际花费（亦即所耗费的金额，即使其属过分[112]亦然）向其给予补偿，然而只有善意占有人才会在不获支付时拥有留置权（第498条；亦参见其第2附段）。不过，在有关金额中"须扣除已收孳息之净收益"（第1附段），亦须扣除物的价值减损（第504条；亦参见第496条）。也就是说，所有权人仅须就倘有的余额向占有人作出赔偿。[113]

如属有益改善，则占有人可以在不损害主物的情况下（第99条）取走有关改善（*ius tollendi*，拆除权），或者获得所有权人所作的赔偿（第2附段）。在这种二者选一的权利竞合或称请求竞合中，作出选择的人是所有权人，而非占有人。根据第499条第3附段，并结合对照第500条第2附段，可以清楚得出：这是一项真正意义上的选择，亦即由所有权人作出的自由裁量判断（*apreciação discricionária*），而非一项由法院或其他第三人实体作出的裁定。[114] 至于占有人应获的赔偿方面，当占有人不被允许取走改善时（这种提取绝对不能是强制的，参见第2307条），赔偿金额（第499条第2附段及第4附段）为该等改善的客观实际价值，易言之，亦即物因相关改善功效犹在而获得的增值，又或者实际费用[115]——这要视乎两者的数额何者较小（*minus inter impensum et melioratum*，花费与升值，取其中较小者）。因此，在这方面奉行的是"不因他人受损而得利"原则。所有权人所必须支付的金额，并不会高于相关改善的价值，因为他只是基于它们而得利而已。另外，他所必须支付的金额，同样不会超出该等改善的耗费，因为所有权人所赖以（因

---

[112] 所谓过分，也就是说超出了合理限度。当然，欺诈的情况是被排除在外的（*fraus omnia corrumpit*，欺诈毁掉一切）。从第496条可以得出用以反驳文中所述理论的论据，但无论如何亦参见第1725条。显然，应该把已属于占有人的材料的价值，以及其个人劳动的价值，也一并算入开支之中。

[113] 在恶意占有的情况下，尚应考虑那些本可收取的孳息。另外，需要指出的是，常言道，因必要改善而获得索偿权的实际理由，乃是在于促使占有人关注财物的保全。但这只适用于恶意的情况而已。

[114] CUNHA GONÇALVES博士则反对这种见解。参见其 *Tratado*，Ⅲ，第625页。

法律在上引条文中设立了两种制度的理由，是显而易见的。参见 DIAS FERREIRA，前揭著作，Ⅰ，第356页。

[115] 与此相反，在第1724条的情况下，看来法律所要求考虑的是合理费用（亦即一名谨慎管理人会花掉的费用）。在某种程度上，第2307条亦复如是。能够支持第499条第4附段的解决方案（这视乎如何对条文作出解释）的理据在于，如果不是这样的话，就会导致举证出现困难了（参见 BUTERA 的见解；转引自 MONTEL，前揭著作，第249页）。这亦适用于第498条的情况。

占有人受损而）得利的，亦仅限于这些耗费罢了。最后，应该指出的是，善意占有人（恶意占有人则不然）会在其应得金额限度内享有留置权（第499条第2附段）。

最后，如属奢侈改善，则善意占有人除了拆除权（*ius tollendi*）之外，别无其他权利。然而，只有当提取改善不会对被改善物造成损害时，他才可以这样做。否则，他就只好让改善留下，而且，他也不会因此而有权收取任何赔偿（第500条）。由于善意占有人可能会什么也得不到，因此为了公平起见，法律规定：提取改善会否该对物造成损害，并非由所有权人来判断，而是由各当事人所选出的若干名裁判员（louvados）来判断（第500条第2附段）。至于恶意占有人，则无任何权利可言。相关改善将尽归所有权人所有（第502条）。但可以肯定地说，在奢侈改善的制度中，法律也并无因而让所有权人获得不公正的得利（injusto locupletamento）。

51. 融通物与非融通物

此一分类见于《民法典》第370条、第371条及第372条。融通物，是指可以成为私人所有权客体的物，笼统言之，亦即可以成为私法关系客体的物。此等关系，正是人们通常所称的（私人）法律交易（comércio jurídico）。而这一类物的名称，便是由此而来*。至于非融通物，则是指其余一切的物。它的概念，很容易就可以根据前述的融通物定义而得出。[116]

因为大部分的物都属于融通物，所以，如欲界定融通物和非融通物，宜先了解何谓非融通物。

非融通物分成两类（第371条及第372条）：

1）本性使然的非融通物（coisas fora do comércio por natureza）（第372条第一部分），是指实际上不可能被任何个人或群体（亦即任何自然人或法

---

* 这只是就葡语而言，因为约定俗成的汉语术语"融通物"和"交易"之间，不像它们的葡语 coisas no comércio 与 comércio 那样有字面对应。——译者注

[116] 第372条将法律使然的非融通物定义为"法律规定不得成为私有财产（propriedade particular）之物"。然而，似乎应广义理解这里的 propriedade 一词，以便能将其余物权，亦即限制物权或他物权（*iura in re aliena*）也一并包括在内。的确，促使法律规定某物不得受私人支配的那些原因，原则上也是同样适用于其余物权的。（译者按：葡语 propriedade 有所有权、财产，甚至所有制的意思，但汉语中各词意义截然不同，故从汉语上看并不能理解作者所言）

人)整体地据为己有(上述法律条文则用了"占有"一词)的物。它们被罗马人称为"*res communes omnium*"(全人类共有之物)。例如,整体的大气、光、海即属之。但它们的特定部分(例如被装进容器里的海水),则可被据有。这些物其实不是法律意义上的物,因为它们并不能成为任何法律关系的客体(参见上文,编码36)。

2)法律规定使然的非融通物(coisas fora do comércio por disposição da lei)(第372条第二部分),是指虽然就其本性而言可以被据有,但却被法律禁止成为私有财产(因受民法规范,故又名私人财产或私法财产)的物。

道路便是如此。然而,当它不再是道路的时候,就可以被私人据有。仅当它被视为道路时,才不得被私人据有。可是,这不代表不可以在道路上建立某些法律关系:例如,赋予私人一项权利,让他能够设引水道(尤其是地下引水道)穿越道路,以便将水流引导至其财产处;又例如,赋予私人一项权利,允许他在路旁(或者以其他不阻碍交通的方式)设摊档贩卖某类商品。只要法律关系不会因其内容或稳定性而与道路本身的用途不相兼容,即可设立之。

公有物,便属于这一类非融通物。在一定条件下,地域性公有物亦然。[117]

---

[117] 可见,不融通并不等同于不可转让。毫无疑问,后一种性质并不妨碍在相关的物上设立私法关系,甚至也不妨碍物成为私人所有权的客体。例如,嫁资不动产虽然是不可转让的(某些个别情况除外,参见第1149条),但无疑仍不失为属于有关妇女的财产。

应该指出的是,通常来说,物都是可转让的(第2169条第5款、第2357条及第2359条)。仅当法律有明确规定时,物方属不可转让。判断物可否转让,乃是透过法律解释为之。由于这种规定是例外性规定,故不得类推适用(第11条)。另外,约定不可转让的条款,并无物权效力(eficácia real)。换言之,它们并不影响违反这种协定而作出的转让的有效性。它们对取得物的第三人(即使是恶意的亦然)并不产生效力,易言之,亦即阻止不了他们成为被转让物的所有权人。然而,这种协定是具有债权效力(eficácia obrigatória ou obrigacional)的。也就是说,它们在缔约人之间的内部关系上起作用,并向被禁止转让者施加了债务。跟一切债务不履行的情况一样,该人一旦违约,即须就损失及损害作出相应赔偿。取得物的第三人,极其量(而且这种见解也不获主流学说承认)只需向被违约方作出赔偿而已。然而,这种如此有限的效力,也有可能因为不可转让条款标的不法所以归于无效而欠缺。例如,当条款拟永久或极长期禁止物的转让时,便会出现这种情况。

另外,也有学者(例如COVIELLO)谓,不受时效影响并不是非融通物的根本特性,因为在某种程度上,嫁资不动产亦有之(第551条第3款、第1152条)。

关于本注释所述的理论,亦参见第1871条第1款。

第三章 物的分类

52. 公有物、地域性公有物与私有物·A）公有物·公有物的一般性界定标准（财产公有性的一般性认定标准）·拨作公用的概念阐释·公有物制度·公有物性质的得丧方式

第379条规定："物，视乎其所有权谁属，或谁可自由利用之，而属公有、地域性公有或私有。"可见，该条文设立了物的又一种分类法。它的着眼点，是所有权人或物的合法利用者的身份。按照这种准则，物可以分属以下三种类型：

a）公有物；
b）地域性公有物；
c）私有物。

此分类与前一种分类息息相关，并有莫大的实际意义。下文将按上述顺序分而述之。

公有物的一般性界定标准（财产公有性的一般性认定标准）

公有物的法定定义，见于第380条：

"由国家或公共社团所据有或生产并受其管理，且任何个人或集体均可在法律或行政规章所设限制内合法使用之天然或人造之物，属公有物。"

该条文接着举例说道，道路、桥、海水、湖泊、河川、公共泉源等，均为公有物。

这是《民法典》的立法列举。然而，后来出台的一些法例则对上述列举作了部分修改。这些法例包括有1919年5月10日第5787-IV号命令（《水法》）第1条,[118] 以及1933年《宪法》第49条。另外，1934年2月12日第23565号命令第1条，也对那些应被视为公产（domínio público）[119]的财产进行了分类。因此，如果想对现行的公有物立法列举作一番梳理重

---

[118] 曾经有人根据《宪法》第49条第3款，提出这样的疑问：被《民法典》第381条第2款定性为地域性公有物（coisas comuns）的不可通航及浮载的流水，会否继续如第5787-IIII号命令第1条第3款所界定般（该条文规定它们"属公产"），属于公有物？的确，《宪法》第49条第3款只是将"不可通航或不可浮载的流水"纳为国家公产而已。最终，1935年1月7日第24859号命令的第10条，解决了这个问题。它规定了应以第5787号命令关于水的分类的规定（第1条及第2条）为准。

[119] "公有财产"（bens do domínio púiblico ou dominiais）和"公有物"，实质上是等同的表述。参见第380条第4附段。

组，就有必要一并考虑上述一众法规。[120]

然而，以这种方式得出的列举，也并非穷尽列举，而是仅仅具有例示性质而已。上述各个条文都没有使用到"仅""唯""只有"等能使人认为有关列举属于限定性质的字眼。另外，第23565号命令第1条的列举，则明显仅属例示性。这从上述条文g项（已转载于上文注释）即可得知。[121]

因此，我们就必须了解并谨记财产公有性（dominialidade）（公有物的性质）的一般性认定标准。就此问题，《民法典》第380条界定了公有物的一般概念，也就是说，它为公有物下了一个一般性的定义。

根据上述标准或概念，我们就可以将一些虽然没有被法律明定为公有，但却符合了一定条件的物，也归为公有物。

从《民法典》第380条可知，物必须符合下列两项要件，方会被视为公有：

a）该物必须属于（基于被据有或生产而属于）国家或公法社团（例如议会），[122] 并受其管理；

---

[120] 上引法规，务必参阅。由于第23565号命令在查考上比较麻烦，所以我们以下将会简介一下该命令中涉及此一课题的规定。上述命令的目的之一，是为了界定有哪些国家公产必须作出1933年6月24日第22728号命令（国库总局部门重整）第6条第7款所要求的地籍登记。第23565号命令（第1条）规定："下列者须进行……国家公产之地籍登记：

 a）《宪法》第49条第1款、第4款、第6款及第7款所指之财产；
 b）电报及电话线路、公共电源分配设施、管道及网络；
 c）国家博物馆、图书馆；
 d）第22728号命令第66条所指之国家大楼［亦即阿诸达、玛法拉、佩纳、各路斯及新德拉（Ajuda, Mafra, Pena, Queluz e Sintra）国家大楼］……；
 e）不属于地方行政机构或私人之国家纪念性建筑；
 f）军事防卫建筑及战舰……；
 g）其余一切直接无间地由公众使用之财产，但《宪法》第49条第2款、第3款及第5款所列举者除外。"

关于《宪法》第49条第6款（公用铁道）方面，参见1927年6月25日第13829号命令（新铁路制度）第1条及第2条。公有物的立法列举及其分类，以及某些含糊的条文的解释，参见MARCELO CAETANO教授，*Tratado de Direito Administrativo*，I，第190页以下。

[121] 因此，实不必再深究任何用以支持相反结论（亦即认为公有制度以及界定公有物的规定仅属例外性质）的论据。

[122] 《民法典》似乎将国家或公共社团与公有物之间的关系，视为真正意义上的私人所有权关系（虽然这种关系受物的公用指定所限制）。但这一点是相当值得商榷的。有人认为，为了跟法律明文规定或根据一般规定（第16条）填补法律而得出的公有物制度相协调，上述关系应该以别的方式来理解。因此，有人称之为公共所有权（亦即公法上的所有权），或者说公有物构成了相关公共实体的统治权力（*ius imperii*）的客体。我们并不打算在这场论战中掺上一脚。我们只会说，这里所涉及的是一种归属关系，无论那是怎样的一种归属关系也好。

b）该物必须被拨作公用。

仅仅符合上述其中一种特性的物，并无公有性。一物必须同时符合这两项要件，才属于公产。

第一项要件的意义及范围，自无赘述的必要。然而，要准确理解第二项要件，则有一定难度。因此，下文宜对相关疑难及其较优解决方案作一解说。为此，我们将着眼于那些属国家所有的物。然而，有关理论经必要变通后（mutatis mutandis）亦肯定能适用于那些属较小公共实体（entes públicos menores）所有的物。[123]

拨作公用的概念阐释

国家的一切财产，均在一定程度上被用以满足集体需要。所谓集体需要，是指公权力鉴于其重要性以及私人法律交易手段[124]的不足，而决定以集体资源[125]予以满足的个人（亦即行政相对人）需要。而满足集体需要的方式，则有以下几种：

Ⅰ）国家并不会直接用某些财产的实物本身来满足集体需要，易言之，亦即不会借助其特有效用（utilidade específica）来满足集体需要。国家只是用这些财产来产生定期收益，或者将之出售图利，然后再以得来的价款（收入）支付其人员或取得其他的物，继而透过其人员的某些活动（服务），或者透过这些物，去满足集体需要。[126]

这些财产是一种纯工具性的财产，因为它们并非以其本身（甚至也不是以其本身再辅以国家人员某种活动的协助）来满足公共需要，而只是作为一种手段，藉以取得服务或财产来达致这种目的。所以，它们又名二级财产（bens de segundo grau）。它们是收益性财产或生产性财产，而并非以本身的特有效用，直接满足集体需要的使用性财产或称一级财产（bens de primeiro grau）。例如，一间国有工厂、一项用来出租给私人的都市房地产、一块国家拟开发或出租或分售予人兴建建筑物的土地，即属后者。

---

[123] 关于接下来所探讨的问题，参见 CARLOS MOREIRA 教授的 *Do domínio público*。下文的内容，乃是大量援用自该著作。

[124] 指私有财产和法律行为自由（缔约自由）。

[125] 也就是"由集体本身生产、占有及管理的资源"（参见 CARLOS MOREIRA 教授，前揭著作，第19页）。

[126] 也可以用这些财产来交换其他东西；这些财产所生产的收益，也可以不是金钱价款，而是其他东西；而且，它们也可以不被即时用于公共用途。上述财产无疑不属于公产，而是所谓的国家财政财产（património financeiro）。

Ⅱ）然而，国家也会用某些国有财产的实物本身（而非仅透过其收益或交换价值），来满足公共需要。它们是这个意义上的（hoc sensu）使用性财产。这种财产尚分成下列若干类别：

a）国家可以让行政相对人（亦即公众）自由使用有关财产，藉此满足集体需要。[127] 对于这种利用而言，使用者为实际取得或接收相关效益（utilidade）而作出的主动行为或活动，是不可或缺的。因此，这种财产是旨在供公众或称行政相对人使用的，而"使用"一词在此是取其通常意义，也就是指自愿性、人为性及积极性地享用某些效益。但这种物也不止一种：

1）有一些 a）类的财产甚至无须辅以任何国家人员活动，即能藉着这种自愿性、人为性及积极性的使用来满足集体需要。可是，旨在生产这类财产、维持其功能，以及保障行政相对人的使用的那些活动，或许还是需要由国家来做的。此类财产，有道路、公共街道、河川等。任何人使用这些财产（在上面通行、航行或捕鱼）时，均不需要任何国家人员的辅助。也许，我们可以称这种使用为直接性公共使用。[128]

2）然而，有一些 a）类的财产，在没有行政人员的活动予以协助时，就产生不了其特有效用，而且亦不能以上述方式进行使用。铁路即其适例。显然，如果想要实现其运输功能，就必然需要铁路职工的人为参与，去让火车运行。尽管如此，它们仍然是由公众所使用的。[129]

b）然而，国家的一些非单纯生产性财产，可以单凭其本身（例如堤坝）或辅以某些行政人员活动（例如军事要塞、其他军事防卫建筑、军舰），来满足公共需要。它们在行政相对人没有作出任何主动行为或人为行动的情况下，就已经促进了公共需要的满足。仅基于这些财产的存在，或者基于它们的存在再辅以适当公共服务，集体需要（在上例中，亦即对抗特定自然力量或外敌的防卫）即能立刻获得满足。而且，对于一切行政相对人而言均是如此，即使行政相对人根本没有想过，甚至并不希望亦然。

---

[127] 我们来回想一下：一项物的效用，正是在于其满足需要的能力。

[128] 参见 FERRARA, *Trattado*, 第762页至第763页。

[129] 公众所使用的，并非只是铁路职工的活动而已。他们还使用了列车本身。在这里，集体需要即因特定财产以及公共服务活动（它表现为企业人员的服务提供）这两项元素的协作而获得满足。

CARLOS MOREIRA 教授（参见其前揭著作，第105页）将公共服务定义为"为满足公共需要而进行的活动；基于这种普遍性利益宗旨，上述活动会由特别制度规范，以保障其存续性及规律性"。

我们也许可以将这种公共使用,界定为必然性、非人为性及消极性的公共使用。

c) 最后,在另外一些时候(这极为常见),国家仅透过将其财产的实物本身拨予某一公共部门使用,从而将之用于公共效益(utilidade pública)。[130] 公共部门便是在这些财产的辅助或帮助之下,进行某种活动。这些财产为此目的而担当的功能并非主要功能,而只是一种从属或次要功能,[131] 因为它们仅仅处于上述活动的幕后,而直接地满足集体需要的,只是上述活动而已。公共大楼(公共部门的大楼),便是其典型例子。它们让相关公共部门的效益,能更容易地生产和供给。然而,真正促使这种效益的生产供给的,并不是这些财产(亦即其任何物理特性),而仅仅是相关行政人员的活动。正如CARLOS MOREIRA教授所言,"走进一个公共部门的民众,并不是想去那里使用房地产本身,而是想请求相关人员作出一些行动"。[132]

在了解过上述的概念之后,我们便有条件探究在这些财产中,哪些是公有物或称公产,哪些不是了。毫无疑问,首类(I)财产并不属于公产。另外,第二类中用作自愿性、人为性及积极性公共使用,且无须辅以任何行政人员活动即能使用的财产(II,a,I),则属于公产,这一点任何人都会认同。然而,第二类财产中的其他次分类是否公产,学者们却意见不一。那么,我们的看法又应该是怎样的?[133]

我们认为,肯定不应该把那些用于必然性、非人为性及消极性公共使用的财产(II,b),以及那些拨予公共部门并仅间接地(透过公共部门的活动)满足集体需要的财产(II,c)视为公有物。理据如下。

1)第380条将公有物定义为"由国家或公共社团所据有或生产……任何个人或集体均可……合法使用"的物。只有上述首种公共使用,才符合这种表述。而第二种则不然,因为这种表述所指的是一种自愿性的使用,

---

[130] 公共效益,是指"行政机关为满足行政相对人所需,而予以生产的效益"(参见CARLOS MOREIRA教授,前揭著作,第133页)。

[131] 否则,那就会是第II,a,2类财产了。

[132] 参见第36页,注1。由该等人员所促成的公共效益,是透过行政相对人的取得或接收,亦即透过行政相对人的消费(经济意义上的使用),来满足某些集体需要的。因此,虽然从行政机关(国家)的角度来看,它们是使用性财产,但可以说,从公众(行政相对人)的角度而言,它们则是生产性或工具性财产。

[133] 显然,此一问题可从立法论的层面(de iure constituendo)或从实定法的层面(de iure constituto)上观之。下文仅从第二个层面(亦即根据葡萄牙实证法)进行论述,而撇开疑难不少且众说纷纭的另一者不谈。

而不是一种必然性的使用。严格而言，在必然性或称不可避免的使用方面，是谈不上什么合法不合法的。只有自愿性使用，方有可能被界定为合法，亦即被许可或允许。另外，在上述最后一类财产（Ⅱ，c）方面，公众所使用的并非这些财产本身，而只是它所辅助的部门所作出的活动而已。

2）在第380条对公有物的例示性列举中所提及的物，无一属于现在所讨论的那些类型。这不免让我们认为，法律认为它们跟公有物的一般概念有别。要不然，则可能是：法律只不过是想明确地指出公有物的一些典型例子而已，因此该条文仍然涵盖那些类型的物。的确，在后来出台的法例中，有一部分的这些类型的物被界定为公产。例如第23565号命令第1条d项所指的大楼，以及军事防卫建筑和军舰（上述法令第1条f项），便是如此。可是，只要《民法典》所指的公有物的一般概念中并不包括这些类型的物（除非后来出台的法例扩大了这种一般概念），那么，也就只有上述者才属于公产而已。

3）第380条规定，任何人均可使用公有物，但它在前面*补充说，那必须"在法律或行政规章所设限制内"为之。而这种对公有物使用的规管，必然只能针对那些自愿性、人为性及积极性的使用作出，否则便令人费解了，因为也只有那些自愿性及积极性的活动，才能够成为被规管的对象而已。至于那些单纯消极性的活动则不然，而另一类公共使用就正是如此。[134]

4）从第23565号命令第2条[135]显然可得出，公共部门所使用的大楼（假如不是整个Ⅱ，c类的财产皆如此，至少这些大楼是这样；尚参见第7条），是属于国家的私产（domínio privado）而非公产。

5）上述命令第1条在列举了各类属于国家公产的财产后，在g项补充

---

* 此处并非误译。原文虽为"后面"，但因翻译后该句子的位置恰与葡语表述前后相反（参见上文第380条的译文），故须改为"前面"。——译者注

134 这种使用是必然性、非人为性和消极性的，易言之，受益人或使用者是处于"一种纯被动状态"（语出CARLOS MOREIRA教授）。这种使用是必然地、持久地进行的。国家和使用者均不可能制止、规限它。只要存在相关的物（在某些情况下，也许还要某公共部门活动来促成），则每一名行政相对人均会即时获得相应的效益，无论他们希望与否（*vollente*、*nollente*）亦然，而且行政机关也妨碍不了他们获得它。人们可以援引第380条来反对这种观点，而认为一切不属于前述类别中首类的物都是公有物，因为该条在定义公有物时，说道"任何个人或集体"均可使用它们。但可以反驳说，其实这里所讲的"集体"只不过是指法人同样也可以使用公有物罢了。

135 我们在这里转载一下此条文中最能佐证我们观点的片段："国家私产之地籍登记……包括……上条无列举之……一切动产及不动产……但拨予各部及其独立部门使用之大楼及其他财产除外……"。

提到"其余一切直接无间地由公众使用之财产"。没有人会认为,这种在葡萄牙和外国学说上都很常见的表述能包括Ⅱ,c类的财产,因为公众显然没有直接使用它们,甚至连经济意义上的"使用"(消费)也谈不上。公众所直接利用的,仅仅是相关公共部门在这些财产的辅助下所生产出来的那些效益而已。[136] 至于那些被公众必然地、非人为地及消极地使用的财产方面,需要指出的是,这种对该等财产效益的利用,并不是通常意义上的"使用"(消费),因为这种意义上的"使用"要求使用人必须抱有一种积极的态度。另外,学说上谈到直接无间的公共使用时,人们所着眼的都是这种通常意义,而不认为它包括了现在所讨论的类别。所以,法律想按照学说上的惯用意义来使用这种表述,也是很自然的事,至少,当不会引起疑义时是这样。[137]

那些拨作自愿性、人为性及积极性公共使用,但只能在公共部门的协助下才能使用的财产又怎样?我们认为,这个问题是更加难下定论的。然而,我们倾向认为这些财产符合了公有物或公产的一般概念。虽然,前述的其中一项论据(关于拨予公共部门使用的财产;参见第4点)派不上用场来支持这种见解,但其余的都可以。[138]

---

[136] 这些财产仅为国家所直接使用。应该注意的是,无论在通常意义上(积极使用)还是在经济意义上(消费,即使纯粹是消极的)讲,严格来说,其实均无所谓的间接使用可言。这种间接使用,并非真正意义上的使用(不论取其通常意义或经济意义亦然)。

[137] 参见 CARLOS MOREIRA 教授,前揭著作,第 167 页注。

[138] 只要经必要变通即可。需要再作些限定的,只是最后一项论据而已。的确,有些学者在谈到直接或直接无间的公共使用时,想表达的只是那种无须取决于某部门协助的使用,而不包括我们现在所谈论的另一种使用。但也有学者(而且葡萄牙学者通常都是这样)用这种表述来指称"由使用者的个人主动行为所促成的享用,至于有否辅以公共部门的活动则在所不问"。这种使用是针对物本身的(即使伴随上述协助亦然),而并非针对使用这些财产的公共部门所作出的活动,换言之,亦即使用者的活动并非只是间接地针对这些财产而已(Ⅱ,c)(也就是说,那是严格意义上的使用)。对于这些学者而言,间接及非无间使用不但包括针对公共部门活动而非财产本身的使用(即使它是自愿性、人为性及积极性的亦然),还包括必然性、非人为性及消极性,亦即非真正意义上的使用,即使它是针对财产本身,甚至无须公共部门提供任何协助亦然。

    由此可见,学界的用语虽然并不统一,但还是有学者认为第 23565 号命令第 1 条 g 项的表述是包括现在所讨论的那些物的,而且这也是我们最常见的用法。从文义因素的角度来看,这样的解释是完全可行的,也是最恰当的。另外,就目的因素的角度而言,这种解释同样是最可取的。由于现在所讨论的那类财产,在公共部门的活动中担当着不可或缺的功能,所以它们也是需要受公有物制度(公产制度)特别保护的,因为如果它们可以因转让或时效而脱离公用的话,就会有损它们所促进的公需满足的持续性了。但无论如何,这类财产中的某一部分被法律明文界定为公产,这一点是毫无疑问的。铁道(《宪法》第 49 条第 6 款)、电报及电话线路(第 23565 号命令),便是如此。

所以，上述命令第 1 条 g 项*所采用的标准，就是我们所关注的公有物（公产）的一般性界定标准：一物是否公有物，要视乎它是否供作直接无间的公共使用，易言之，亦即自愿性、人为性及积极性的、针对这些物本身的使用，至于是否必须辅以公共部门的活动，则在所不问。另外，毫无疑问，这种使用必须是普遍性的。换句话说，也就是允许任何人使用、开放予任何人使用（第 380 条；第 1 条 g 项），当中也包括外国人（第 26 条）。否则，该物就会是地域性公有物了。[139]

显然，我们是想用上述标准来界定公有物的一般概念（公产的一般范围），以便弄清我们应否藉此将那些法律没有具体列出的物也界定为公有物，然而，即使某些物不符合上述标准，法律也是可以视之为公有物的（若无此种规定则非公有）。例如，第 23565 号命令第 1 条 d 项及 f 项所提及的那些财产，便是如此。法律之所以这样做，是希望这些格外重要的财产也能得到公产所享有的特别保护。

公有物制度

又名公产制度的公有物制度，是跟私有物制度（至少是跟其一般制度）南辕北辙的，即使这些私有物属于国家或较小公共实体，因而成为国家或其他公共实体的所谓非公有财产（bens patrimoniais）[与公有财产（bens dominiais）相对]亦然。[140]那么，公有物的制度是怎样的？

由于公有物是"任何个人或集体均可……合法使用"（第 380 条）、"直接无间地由公众使用"（第 23565 号命令第 1 款 g 项）的物，因此任

---

* 原文为"b 项"，但应属误写。请参见前文注释所转录的第 23565 号命令的规定。——译者注

[139] 但应指出，CARLOS MOREIRA 教授认为（参见其前揭著作，第 124 页以下），这种标准仅应被用来将少数难以取代，因而一定要特定地（in specie）供作使用，相关的公共需要才能获得正常满足的物，界定为公产。至于那些能够随时以其他亦能作同样用途的物取代，而公共需要的满足又不会因而显著受中断的物，例如大道旁或公园里的排椅以及一般军用武器，则不然。的确，按照前文曾提及的公产制度的存在理由来看，似乎主张对有关标准加以上述限制，以及对有关法律条文作限缩解释的观点，是言之成理的。

但 MARCELO CAETANO 教授则持相反见解。参见其 Tratado，I，第 183 页。然而，应该指出的是，这种讨论的实际意义是非常有限的，因为这位教授一开始就已经将动产排除出公产范围了（参见其该著作第 180 页）。

[140] 正如文中所述，国家或其他公共实体的公有财产，是指那些属于公产的财产，换而言之，亦即那些构成公有物的财产。公共实体的非公有财产，则是指那些虽然属于公法人，但却仅构成其私有物的财产。一切既不属于公产，又不构成地域性公有物（地域性公有物和公有物只有很细微的分别）的财产均属之。鉴于地域性公有物寥寥无几，因此几乎可以说：一切按照前述理论不属于公产的国家或其他公共实体的财产，皆为公共实体非公有财产。

何人皆可用之，但前提是必须"在法律或行政规章所设限制内"为之（第380条）。也就是说，公有物的使用是可以受到规管的，而第380条则笼统规定，进行这种规管的权限属于拥有并管理这些物的公共实体所有。

例如，有关实体可以对这些财产的使用设立各种条件限制，比方说，要求当事人支付规管费，即使有关财产属于上文所指的第Ⅱ，a，1类亦然（要求过桥的人支付通行费，即为一例，虽然桥的使用通常都是免费的）；另外，亦可以规定公众对财产的使用方式、使用时段限制等。

以上所说的，是所谓的普通性或一般性使用。原则上，任何人都可以在同等的条件限制下进行这种使用。可是，行政机关可以变更针对这种使用的规制，而无需向因而受损的人作出赔偿。因此，这不是一种私法上的权利，而是一种具有公共性质的个人权利。除了普通性或一般性使用之外，行政机关也可以许可特定的人以特别依据（título especial）对这些公有物进行例外性及专有性的使用。这种特别依据，可以是一项无偿特许（相关公共实体的单纯容忍），也可以是一项有偿特许。[141]

许可私人于广场或公园设摊，即为一例。虽然这种使用既不属于普通性使用，亦即并非任何人均可为之，又不属于物的本身用途，但它也不应跟物的本身用途不相容。特许并不向私人赋予一项确定及不可攻击（definitivo e intacável）的真正意义上的私法上的权利。它所赋予的，必然是一项可被废止的具有公共性质的权利。然而，如属有偿特许，公共行政机关则应向被特许人作出赔偿。[142]

以上所述，归根结底只是在阐释公有物的概念本身而已。因此，坦言之，可以说上文对公有物的制度尚未有触及。现在，我们将真正对有关制度进行阐释。通常会重点指出的是，公有物具有不可转让与不受时效影响两种特性。这两种特性，完全是跟公有物的用途（它们旨在供民众直接无

---

[141] 不应该将这种例外性使用，跟人们仅当处于特定事实状况方可进行的某些普通性使用混为一谈。例如，只有公共通道旁的房地产的所有权人，才可以朝公共通道开通窗户、通过这些窗户进入其房地产，或者利用它们来排放漏进房地产的雨水而已，这完全是客观事实所致（de facto）。

[142] 仅当不影响公有物本身的功能时，才可以向私人赋予设于公有物上的私权（物权）。这样的例子，也许有：赋予私人一项地役权，让其能在公路路基底下极深处设引水道，或在类似情况下，赋予私人在该处开采地下水的权利。但也可以反驳说，在这种情况下，有关权利并非真真正正地指向公有物。

间地使用，而且，对于相关公共效益的产生而言，它们也是必不可少的）以及总体利益之于私人利益的优越性相称的。这一优越性固属理所当然，但确凿的法律规定亦不匮缺。

法律使然的非融通（extra commercium）物，是指"法律规定不得成为私有财产之物"（第372条）。公有财产即为其例，因为任何人均可使用之（第380条）。仅当它们成为私有财产后，方可由其所有权人专属使用，或在其所有权人同意下由他人使用（第382条及其唯一附段[143]、第2339条）。因此，公有财产是基于法律明确规定而使然的非融通物。[144] 而非融通物不可转让、不受时效影响，自属无疑。如果这不是单纯因为它们不得成为私有财产，至少也是基于一众法律规定。例如，在不可转让性方面，第1553条、第1597条及第1811条第2款规定它们不得作为买卖、交换或遗赠的客体（因此，它们自然也不得作为赠与的客体），而第669条及第671条第1款更是禁止它们作为任何（私法上的）合同的客体。至于非融通物不受时效影响此一特性方面，第479条（参见第372条）及第482条第3款规定不得对它们进行占有，而对它们进行占有则是它们受时效影响的必要条件（第505条及第517条）。第506条更明确规定了它们不受时效影响。因为这些物是不可转让的，所以也不可以在物上创设物权（这是一种部分转让）；这明文规定于第886条、第889条以及第1664条，而且从第671条第1款中也必能得出这种结论。

然而，除了不可转让和不受时效影响之外，公有物亦不得成为其他任何私法法律行为的客体（但它们可以成为类似的公法法律行为的客体）。上述条文、第1597条（参见1919年4月17日第5411号命令第4条）以及第1633条，都有这样的规定。总而言之，公有物（在私法层面上）是不可处分的，或者说，它们是私法上不融通的。

公有物性质的得丧方式

物如何取得和丧失公有的性质？这跟"财产公有性如何开始、如何终止"，或者"物如何进入公产范围、如何脱离公产范围"，是相同的问题。

如何取得

在这个问题上，需要强调的是，物并不会仅仅因为存在、由国家或其

---

[143] 需要注意的是，应该根据该条的主文部分来理解其唯一附段。

[144] 除此之外，我们看不出第372条还可以适用于什么物。地域性公有物则另当别论，但又没有很好的理由，能支持说它们是不可融通的。

他公共实体据有或生产、属于法定公产类别，甚至已开始被公众使用，而进入公产范围。因为，相关公共行政实体将物拨作公用的决定或决议（用途指定），也是不可或缺的。当符合前述各项要件后，物即成为公有物，即使事实上它没有被使用过亦然。一条道路，仅于落成并由监管它的公共实体开放通车之后，方成为公有物。至于在此前后，公众有否使用之（行车），原则上皆无关紧要。然而，倘若法律将某些物（例如河川）界定为公有，仅为确认其供作公共使用的天生使命（vocarção natural），则非如此。单凭相关法律规定，即足以让这些物成为公有物。

最后，我们注意到，物并不是完全不可能因时效（基于实际上被公众使用）而变成公有的，但此问题的具体明细则有待进一步阐释。"时效对公产起不了作用"和"不可以因时效而成为公产"，是截然不同的两回事。

如何丧失

导致财产公有性质终止的原因有两种。

1）物已经变得不适合作原定的公共用途（变坏）。但学者们通常会强调，这种不适合必须是绝对和不可修复的。

2）物因为国家或物所属的其他实体按照法律规定（例如对方式的要求）——这些规定可以不同于物在脱离公产后进行转让时所需遵守的规定——所作出的行为而被解除公用性质（即使事实上公众仍然继续使用它亦然）。[145] 但显然，当某物因新法规定而不再属于任何法定的公有物类别时，其财产公有性亦会因而丧失。至于财产公有性是否不得因物长期不被使用而丧失，则是一个值得商榷的问题。

52.（续）B）地域性公有物·C）私有物

B）地域性公有物

《民法典》第 381 条也替地域性公有物（coisas comuns）下了定义：

"不被私人据有，并仅允许某行政区域内之个人，或作为某公共社团一员之个人使用，且受行政规章保护之天然或人造之物，为地域性公有物。"

由此可见，地域性公有物其实与公有物相去不远。两者的不同之处在于：前者并不是任何人都可以使用，而是仅仅可以由某行政区域（堂区、市、省）范围内的个人，或作为某公共社团一员的个人使用。也就是说，

---

[145] 显而易见，解除公用性质并不等于向物的使用者进行征收，后者是需要赔偿的。

地域性公有物和公有物的差别，只是在于前者的使用者范围比较狭窄罢了。公有物的公共使用，是普遍性的；地域性公有物的使用，则只是地方性或社团性的。

因此，地域性公有物制度，原则上与公有物制度相同：它们不得被转让，也不受时效影响。至于使用者对其进行使用的方式方面，上文关于公有物的理论，经必要变通后（mutatis mutandis），亦适用于此。

然而，有一项例外：《行政法典》（第 388 条唯一附段）规定，荒地是受时效影响的。

这条规定很重要，因为现今在葡萄牙法律中，荒地是最重要的一种地域性公有物，甚至也很难再找到其他地域性公有物的例子了。

C）*私有物*

第 382 条规定：

"所有权属于自然人或法人，且仅此等人及获其许可之人方可利用之物，为私有物。

唯一附段：国家、被视为非营利性法人之市及教区，可拥有私有财产。"

由此可见，私有物可以属于私人，亦可以属于公法主体，诸如国家、地方性及机构性自治团体等。除非有相反规定，否则，私有物的制度与私有财产及私人法律交易的一般制度并无二致。

无论它们是属于公共实体所有，还是属于私人所有，原则上均受相同规范所规管。一切属于公法人的物，只要不是公有物或地域性公有物，即属该公法人的私有物，并因而构成其公共实体非公有财产（bens patrimoniais）。这种财产，有时候也被称为自有财产。

译后记

借本译著此次再版之机，译者基本上只是对上一版的一些误植加以修正，不过也有少量的译语修改。值得重提的是，一方面译者注意让译语能符应学界的既有译法，但另一方面，译者也根据自己的一些观察与思考，指出了学界与立法上若干既有译法的不当之处，并提出新的译法。当中详细理由，请参阅书中相应的译者注。译者出身于继受葡萄牙法并实行双语立法的澳门法律群体，多年来深感法律术语的准确翻译，对长远法学教育与法学研究的重要性。

首先，在本书译文中，译者把一些很流行的误译改正了过来，例如：

（1）把被澳门《民法典》中文版译为"因瑕疵意思表示而生之错误"的 erro-vício，改译为"瑕疵错误"（本译著第二卷第 192 页）；

（2）把被澳门《民法典》中文版译为"具有欺诈性质的虚伪"的 simulação fraudulenta，改译为"诈害虚伪"（本译著第二卷第 143 页）；

（3）把被澳门《民法典》中文版译为"无意识之意思表示"的 falta de consciência da declaração，改译为"欠缺表示意识"（本译著第二卷第 106 页）；

（4）把被澳门《民法典》中文版译为"单纯债务移转"的 transmissão singular de dívidas 改译为"个别债务移转"（本译著第一卷第 36 页、第二卷第 16 页）；

（5）把常被译为"有意识的法律事实"与"无意识的法律事实"的 facto jurídico voluntário 与 facto jurídico involuntário 改译为"意愿性法律事实"与"非意愿性法律事实"（本译著第二卷第 4 页）；

（6）把常被译为"简单法律行为"的 simples acto jurídico 改译为"单纯法律上的行为"（本译著第二卷第 9 页）；

（7）把有译为"（权利）主体消灭"与"（权利）客体消灭"的 extinção

233

subjectiva 与 modificação objectiva 改译为"主观消灭"与"客观消灭"（本译著第二卷第 21 页）；

（8）把常被译为"善意欺诈"与"恶意欺诈"的拉丁文术语 dolus bonus 与 dolus malus 改译为"良性欺诈"与"恶性欺诈"（本译著第二卷第 215 页）；

（9）把有译为"较完备法"的拉丁文术语 leges plus quam perfectae，改译为"超完备法"（并相应地把有译为"不甚完备法"的拉丁文术语 leges minus quam perfectae，改译为"亚完备法"，虽然"不甚完备法"这种译法并非误译）（本译著第二卷第 279 页）；

（10）把被澳门《民法典》中文版译为"具动产性质之物"的 coisa móvel por natureza 改译为"本性使然的动产"（本译著第一卷第 187 页）；

（11）把常被译为"宗旨专门原则"的 princípio de especialidade 改译为"专事原则"（本译著第一卷第 51 页）；

（12）把常被译为"集合物"的 universalidade 改译为"集合"（本译著第一卷第 206 页）；

（13）把澳门一众法律的中文里常被译为"为着……之效力"的 para os efeitos de 改译为"为了……的目的"、"为适用……"或"在……事宜上"（本译著中常见，兹不例示）。

其次，一些旧有译法的弊病，虽然在某些情形下不会导致"灾难性"的后果，但在另一些场合则不然。因此：

（1）译者把学界往往一律译为"要素"的 elemento，视乎具体情况改译为"元素"（本译著第一卷第 16 页、第二卷第 29 页）；

（2）把常被译为"本人"的 principal，改译为"事主"（本译著第二卷第 239 页）；

（3）把常被译为"对话人"与"非对话人"的 presente 与 ausente，视乎具体情况改译为"在场者"与"非在场者"（本译著第二卷第 12 页）；

（4）把汉语法学界常译为"交易基础"的外文术语（德语 Geschäftsgrundlage 与葡语 base negocial 互相对应），译为"法律行为基础"（本译著第二卷第 340 页）；

（5）把被澳门《民法典》中文版译为"行为意思"的 vontade de acção，改译为"行动意思"（本译著第二卷第 105 页）。

此外，虽然一些旧有的意译也许并非误译，但译者认为实在不必意译。例如：

（1）把被澳门《民法典》中文版意译为"权利义务范围"的 esfera jurídica，改直译为"法律领域"（本译著第二卷第 15 页等）；

（2）把被澳门《民法典》中文版意译为"保留指定第三人权利之合同"的 contrato para pessoa a nomear，改直译为"为待指定之人缔结的合同"（本译著第二卷第 245 页）。

另有一些旧译，虽然亦非误译，但译者尝试提出新的译法，以期臻善。例如：译者将 núncio 译为"通传人"，虽然汉语法学界常译之为"使者"（本译著第二卷第 242 页）。

有一些译法同样算不上是误译，但会掩藏有关概念与其他概念之间的联系。有鉴于此，译者将权利能力（capacidade de gozo）的别称 capacidade jurídica 按字面意思译为"法律能力"，而不再意译为"权利能力"（本译著第一卷第 28 页），并将常被译为"法律行为标的"的 objecto do negócio jurídico，改译为"法律行为客体"（本译著第二卷第 271 页）。

译者也避免使用一些误导性的译语，例如，当 pessoa moral 不是指泛称的法人，而是指葡萄牙法上特定的某类法人时，译者把有译为"道德法人"的 pessoa moral 改译为"非营利性法人"（本译著第一卷第 56 页）。还有一些旧译本身并无问题，但在本书具体译文段落中极易和其他概念相混淆，因此译者也提出了新的替代性译法，以供学界参考。例如，译者把一般译为"有法律意义"的 juridicamente relevante 译为"法律上攸关"，并把一般译为"法律意义"的 relevância jurídica 译为"法律攸关性"（本译著第一卷第 2 页）。

最后，译者认同澳门大学法学院唐晓晴教授把原译为"法律行为"的 negócio jurídico 改译为"法律事务"的做法，因此在 acto jurídico（法律上的行为）和 negócio jurídico 在文中同时出现时，亦加注说明，但在文中则沿用"法律行为"这一译法。

另外，关于译著中的格式体例，应作说明的是，原著按外语文献通例，以斜体标示拉丁文。因此，本译著也保留这种做法。此外，即使是葡萄牙语，但若作者希望予以强调，也会以斜体标示。为了显示这一点，中译本会以楷体标示译文。至于人名，原著皆以大写标示，译文从之。

本译著能够顺利出版，有赖一众前辈的努力与远见。感谢"葡萄牙法律经典译丛"项目委员会主任唐晓晴教授，以及感谢 Manuel Trigo（尹思哲）老师。他们在译著的出版工作上，以至于在澳门法学教育与研究上，皆付出良多。感谢作者的儿子 MANUEL ANTÓNIO GOMES DOMINGUES DE ANDRADE 允许本书的翻译和付梓。感谢"葡萄牙法律经典译丛"编辑委员会支持本译著的此次再版印行。感谢从本译著首次印行时便已跟进此书出版事宜的法学院法律研究中心庄莉莉女士的敦促与谅解。还有更多不希望我公开道谢的朋友，都为本译著的出版花费了大量心力，在此一并致谢。最后，尚要感谢家人尤其是父母的支持和体谅。

本译著第一卷译稿完成于我学士四年级上学期，第二卷译稿则完成于博士修业期间。本科三年级升四年级的那个暑假，我怀着不知从何而来的自信，开始夜以继日地翻译。没有人知道，没有想过报酬，没有问过将来出版的可能。回想当时那股冲劲，教人汗颜，却也教人怀念。也许现在的我，正好需要那个时候的我来提醒自己些什么。

蓦然回首，竟尔十数年。

Tempus omnia revelat.

谨以此译著献给我的阿嬷——蔡雅雅女士。

2023 年 12 月
记于寒舍

"葡萄牙法律经典译丛"已出书目

葡萄牙法律史（第三版）
〔葡〕马里奥·朱莉欧·德·阿尔梅达·科斯塔/著　唐晓晴/译

行政法教程（第一卷）
〔葡〕迪奥戈·弗雷塔斯·亚马勒/著　黄显辉/译

行政法
〔葡〕苏乐治/著　冯文庄/译

法律关系总论（第一卷）（2015年版）
〔葡〕曼努埃尔·德·安德拉德/著　吴奇琦/译

行政司法公正
〔葡〕若瑟·加路士·韦拉·安得拉德/著　冯文庄/译

商法教程（第一卷）
〔葡〕乔治·曼努埃尔·高迪纽德·阿布莱乌/著　王薇/译

行政法原理
〔葡〕若泽·曼努埃尔·里贝罗·塞尔武罗·科雷亚/著　冯文庄/译

法律关系总论（第二卷）（2018年版）
〔葡〕曼努埃尔·德·安德拉德/著　吴奇琦/译

刑事诉讼法
〔葡〕乔治·德·菲格雷多·迪亚士/著　马哲　缴洁/译

定金与预约合同
〔葡〕若昂·卡尔昂·达·席尔瓦/著　曹晋锋/译

亲属法教程
〔葡〕威廉·德奥利维拉　弗朗西斯科·佩雷拉·科埃/著　林笑云/译

行政法教程（第二卷）
〔葡〕迪奥戈·弗雷塔斯·亚玛勒/著　黄显辉　黄淑禧　黄景禧/译

债法总论（第一卷）
〔葡〕若昂·德·马图斯·安图内斯·瓦雷拉/著　唐晓晴/译

债法总论（第二卷）

〔葡〕若昂·德·马图斯·安图内斯·瓦雷拉/著
马　哲　陈淦添　吴奇琦　唐晓晴/译

国际公法

〔葡〕欧天奴·苏亚雷斯/著　冯文庄/译

刑法总论（第一卷）：基本问题及犯罪一般理论

〔葡〕乔治·德·菲格雷多·迪亚士/著　关冠雄/译

继承法

〔葡〕弗朗西斯科·曼努埃尔·佩雷拉·科埃略/著　曹锦俊/译

宪法与宪法理论

〔葡〕若泽·若阿金·高美士·卡诺迪略/著　孙同鹏　李寒霖　蒋依娃 等/译

商法教程（第二卷）：公司法

〔葡〕智治·曼努埃尔·高迪姆·德·阿布莱乌/著　王　薇　王荣国/译

刑法总论（第二卷）：犯罪的法律后果

〔葡〕乔治·德·菲格雷多·迪亚士/著　翁文挺/译

法律关系总论（第一卷）（2025年版）

〔葡〕曼努埃尔·德·安德拉德/著　吴奇琦/译

法律关系总论（第二卷）（2025年版）

〔葡〕曼努埃尔·德·安德拉德/著　吴奇琦/译

图书在版编目（CIP）数据

　　法律关系总论.第一卷／（葡）曼努埃尔·德·安德拉德（Manuel de Andrade）著；吴奇琦译.--北京：社会科学文献出版社，2025.4.--（澳门特别行政区法律丛书）.-- ISBN 978-7-5228-4485-5

　　Ⅰ.D955.2

　　中国国家版本馆 CIP 数据核字第 2024RD9057 号

澳门特别行政区法律丛书·葡萄牙法律经典译丛
法律关系总论（第一卷）

著　　者／［葡］曼努埃尔·德·安德拉德（Manuel de Andrade）
译　　者／吴奇琦

出 版 人／冀祥德
责任编辑／易　卉
责任印制／岳　阳

出　　版／社会科学文献出版社·法治分社（010）59367161
　　　　　地址：北京市北三环中路甲 29 号院华龙大厦　邮编：100029
　　　　　网址：www.ssap.com.cn
发　　行／社会科学文献出版社（010）59367028
印　　装／三河市龙林印务有限公司

规　　格／开　本：787mm×1092mm　1/16
　　　　　印　张：17.25　字　数：280 千字
版　　次／2025 年 4 月第 1 版　2025 年 4 月第 1 次印刷
书　　号／ISBN 978-7-5228-4485-5
著作权合同
登 记 号／图字 01-2025-0160 号
定　　价／128.00 元

读者服务电话：4008918866

版权所有 翻印必究